「渉外離婚の実務―離婚事件の基礎からハーグ条約まで―」
お詫びと訂正

　本書に下記の誤りがございました。読者の皆様に深くお詫び申し上げますとともに、謹んで訂正をさせていただきます。

日本加除出版株式会社

記

- 3頁5行目
- (誤) 約2万8,000万組　　→ (正) 約2万8,000組
- 31頁14行目
- (誤) 家を出ること自体が違法であるとか
- → (正) 家を出ること自体は違法ではないとされていることや
- 56頁7行目, 59頁4行目
- (誤) 東京家裁平成19年9月11日審判（家月60-1-108）
- → (正) 東京家裁平成19年9月11日判決（判タ299-1255）
- 97頁10-11行目
- (誤) …予備的に慰謝料請求…申し立てることは認められていない
- → (正) …予備的に慰謝料請求…申し立てることも認められている
- 118頁下から4行目
- (誤) 後記7記載の通り　　→ (正) 後記8記載の通り
- 123頁1行目
- (誤) （DV防止16条15項, …）　→ (正) （DV防止16条1項, …）
- 192頁17行目
- (誤) 今後は個別の事案ごとに「主たる監護者」による監護の継続の必要性、つまり(1)の基準の検討によって判断されていく……
- → (正) 今後は個別の事案ごとに、すべての事情（187頁表）を総合考慮して、判断されていく……
- 193頁下から6行目
- (誤) （民770条1項3号）　→ (正) （民770条1項2号）
- 207頁18行目
- (誤) （我妻336頁）　→ (正) （新大系②336頁）
- 280頁3行目 (誤)（戸71条の3）　→ (正)（入管法71条の3）　　以上

渉外離婚の実務

離婚事件の基礎から
ハーグ条約まで

渡辺 惺之●監修
大谷美紀子・榊原富士子・中村多美子●著

日本加除出版

は じ め に

　近年，あらゆる領域で国際化がすすむにつれ家族も国際化し，日本においても国際（渉外）離婚は増加し続けている。国際離婚の増加に伴い，日本における離婚の手続，特に離婚に伴う子どもの問題についての法制と実務について，諸外国からも注目が集まり，日本の法制の特殊性が批判の対象となることすらある。さらに，ＩＴ技術の向上により誰でも遠方からさまざまな情報にアクセスすることが容易になったことから，海外から日本の弁護士へ相談が持ち込まれることも，その逆に日本の実務においても海外へ問い合わせなければいけないケースも増えている。しかし，渉外離婚事件や渉外家事事件一般の実務に精通している弁護士は，そのニーズに比べて，まだほんのわずかである。

　これから渉外離婚事件に携わろうという弁護士の中には，家事事件には精通しているものの渉外事件の経験がない方，逆に，渉外事件を得意とし渉外家事事件も扱い始めているものの家事事件については未知という方も少なくないと思われる。

　そこで，渉外家事事件の実務に携わるあらゆる方々にとって，基本的な渉外離婚の実務を一冊の本で完結して理解できるようにと願って，著者自身が欲しいと感じた実務解説書を目指し，本書を執筆した。

　「渉外離婚」というと，弁護士がよく思い込んでしまうのは，各国の家族法や手続法を知らなければ事件や相談を担当できないのではないかというものである。実際，相談の中には，外国での離婚手続や離婚裁判に関するものも少なくはない。しかし，日本の弁護士が代理人となって扱う渉外離婚事件のほとんどは，日本に国際裁判管轄があるケースである。持ち込まれた事案について，日本に国際裁判管轄があるか，日本で離婚手続ができるかどうかを正確に判断し，その助言を適切に行えることがまず基本である。そして，日本に国際裁判管轄があれば，その後の手続は，日本において，日本の人事訴訟法や家事事件手続法により行えることとなる。

　したがって，渉外離婚の実務といっても，実際には，日本の家事事件の手続・実務がわかっていることが基本であり不可欠である。家事事件手続

は訴訟と非訟にまたがり，やや複雑であるけれども，外国人依頼者に対して，日本の家事事件の手続・実務をきちんと説明できることが必要となる。

　他方，準拠法が日本法である場合には，外国法についての詳細な知識は必要ではない。しかし，外国人依頼者の不安や疑問に丁寧に答え，合意を促し，より良い解決に至るためには，弁護士がある程度，当該外国人の属する国の家族法と日本の家族法との違いや習慣の違いを理解し，要点を押さえた説明をすることが必要であり，その都度，外国法の勉強も欠かせない。

　本書は，上記趣旨から，まず，日本の離婚事件の実務の基本を解説し，その上で，渉外事件特有の理論的及び実務上の問題点をいわば応用編として解説している。その基本となる国内離婚の実務の基本的なことも同時に押さえられる構成となっているのが特徴である。

　さらに詳細に紹介すると，第Ⅰ部は総論であり，第1章では渉外離婚事件増加の背景や私たちの実務の現状に触れ，第2章と第3章では，日本の離婚制度の特徴に照らし，渉外離婚事件を扱うに際し，特に国内事件と異なり弁護士が留意しておくべき問題を総論的に概観する。第Ⅱ部は，渉外離婚の実務各論であり，離婚の種類や成立と手続，財産分与，子どもの問題，在留資格への影響等，各項目ごとに解説する。各章では，前述のとおり，特に国際離婚を扱う弁護士が本書を読むことを念頭に置き，まず国内離婚の基礎を解説し，次に渉外家事事件に特有の理論上及び実務上の問題点を解説している。第Ⅱ部の各論の解説は，第Ⅰ部の総論の解説が前提となっている場合があるので，必要に応じ，第Ⅰ部の解説を適宜参照しながら読んでいただきたい。

　なお，刊行時期に隣接して法改正がなされ，施行までの移行期にある民法，非訟事件手続法などの諸法については，できるだけ改正後の内容を踏まえて述べている。

　本書が，これまで渉外離婚を扱うことに躊躇していた多くの弁護士が一度挑んでみようというきっかけになれば，また，既に扱っている方にとって実務の一助となれば，何よりも嬉しい。そして，実務は刻々と変化するので，読者の皆様から本書への御批判や御助言もいただき，今後の研鑽を

重ねたいと思う。

　なお，本書の刊行にあたっては，特に国際私法の観点から，研究者として御見識が深く，また弁護士としても御活躍の渡辺惺之先生に御監修を賜った。大変お忙しい中，細部にわたり丁寧な御指導・御助言をいただき，刊行へのエールをくださった先生に，心から感謝を申し上げます。

　最後に，刊行を引き受けてくださった日本加除出版と，本書の編集を担当し，ほとんど著者の１人であるかのように内容に深く入って編集に取り組み，熱くかつ温かく励まし続けてくださり，かけがえのない私たちの親友となってくださった増田淳子さんに，心からお礼を申し上げたい。

　　平成24年１月

著 者 一 同

渉外離婚の実務 ―離婚事件の基礎からハーグ条約まで―

目　次

第Ⅰ部　日本における渉外離婚とは

第1章　はじめに　〔大谷〕

第1　国際結婚と国際離婚の増加と現状 …………… 3
1　統計に見る現状と傾向 …………………………… 3
2　弁護士実務の中で見る国際離婚 ………………… 3

第2　渉外離婚事件の類型と紛争の特徴 …………… 5
1　渉外離婚事件の類型 ……………………………… 5
2　日本人夫とアジア人妻の離婚事件の紛争の特徴 … 5
3　日本人妻と欧米人夫の離婚事件の紛争の特徴 … 5
4　渉外離婚に特有の共通の問題点 ………………… 6

第2章　渉外離婚事件の相談に際しての
　　　　　初歩的ノウハウ　〔大谷〕

第1　受任にあたって …………………………………… 9
1　渉外離婚事件に特有の問題を念頭に置いた相談対応 … 9
2　海外にいる相談者からの受任 …………………… 10
3　日本にいる外国人からの受任 …………………… 10
4　翻訳費用の問題 …………………………………… 11
5　法律扶助 …………………………………………… 12

第2　受任後の注意事項 ………………………………… 13
1　委任状の作成 ……………………………………… 13
2　外国人に対する差別（その懸念）への対処 …… 15
　　column　守秘義務　15

第3章　渉外離婚事件の実務における留意点　〔大谷〕

第1　国際裁判管轄 …………………………………………………17

1. 国際裁判管轄とは………………………………………………………17
   column　世界の国際裁判管轄　17
2. 国際裁判管轄に関する規律…………………………………………18
   column　アメリカで最も離婚のための管轄要件が緩い州　18
3. 国際裁判管轄の競合と管轄争い……………………………………18
   column　国際裁判管轄の法令化の動きと渉外身分関係事件　19
4. 直接管轄と間接管轄…………………………………………………19
5. 国際裁判管轄は法律関係ごとに決定………………………………21
6. 離婚事件の国際裁判管轄……………………………………………21
   (1) 日本の国際裁判管轄決定のルール　21
   (2) 離婚の国際裁判管轄が日本に認められる例(類型的な主要パターン)　24
   (3) 国際裁判管轄の検討における注意(間違いやすい例)　25
   (4) 国際裁判管轄決定における住所の基準　26
   (5) 遺棄・行方不明　27
   (6) 合意管轄と応訴管轄　29
7. 子の監護事件の国際裁判管轄………………………………………30
   (1) 離婚請求の附帯請求として申し立てる場合　30
   (2) 子の親権者指定等を離婚と別に申し立てる場合　30
8. 養育費請求の国際裁判管轄…………………………………………32
9. 調停の国際裁判管轄…………………………………………………32
10. 執行のことを考える…………………………………………………33

第2　準拠法 ………………………………………………………35

1. 抵触法とは………………………………………………………………35
2. 法律関係の性質決定…………………………………………………35
   (1) 先決問題　35
   (2) 性質決定とは　35
   (3) 性質決定における注意点　36
3. 本国法の決定…………………………………………………………37
   (1) 身分関係についての本国法主義　37

(2)　重国籍者　37
4　不統一法国……………………………………………………………38
5　子どもの本国法……………………………………………………40
6　分裂国家……………………………………………………………40
7　常居所地の決定……………………………………………………43
8　反　　致……………………………………………………………44
9　公　　序……………………………………………………………45
　　　(1)　公序則の適用と適用判断例　45
　　　(2)　公序則による適用排除後の準拠法　47

第3　通則法各論 …………………………………………………………49

1　離婚の準拠法………………………………………………………49
2　子の親権（監護権）………………………………………………49
3　財産分与……………………………………………………………50
　　　column　アリモニー（離婚後扶養）　51
4　慰謝料………………………………………………………………51
5　養育費………………………………………………………………51
　　　column　管轄及び準拠法をめぐる争い　52

第4　外国法の適用 ………………………………………………………53

1　外国法の主張立証責任……………………………………………53
2　外国法の調査方法…………………………………………………54

第5　外国判決の承認など ………………………………………………55

1　外国判決の承認・執行……………………………………………55
　　　(1)　どのような場面で問題となるか　55
　　　(2)　外国判決の承認の要件と執行の手続　55
2　民事訴訟法118条……………………………………………………55
　　　(1)　要件1（管轄）　55
　　　(2)　要件2（送達）　56
　　　(3)　要件3（公序良俗）　58
　　　(4)　要件4（相互の保障）　60
3　非訟事件への適用・準用…………………………………………60
4　外国裁判所の離婚判決の届出……………………………………61

第6 外国送達 ……………………………………………………62
1 外国送達の特殊性……………………………………………62
2 外国送達の根拠法——条約と国内法………………………62
3 外国送達について知っておくべきこと……………………64
4 日本から外国への送達の実務………………………………65
- (1) 外国送達の種類とその違い　65
- (2) 翻訳文の添付と実務上の留意点　66
- (3) 送達に要する期間と実務上の留意点　67

5 外国公示送達…………………………………………………69
- (1) 外国公示送達の要件・手続・効力発生時期　69
- (2) 公示送達による判決を回避したい場合　71

6 調停・審判事件における外国にいる相手方への書類の送付………72
7 外国から日本への送達の実務………………………………73
- (1) 外国からの送達の実際　73
- (2) 外国からの送達の効力が問題となる場合　75
- (3) 不適法な外国からの送達に関する相談への対応　75

第Ⅱ部　渉外離婚における実務

第1章　日本の離婚の制度の概要　〔榊原・大谷〕

第1　離婚の種類 ……………………………………………79
1 協議離婚（民763条）……………………………………………79
- (1) 日本の協議離婚とその問題　79
- (2) 不受理申出制度　80
- (3) 公正証書　81

2 調停離婚（家審17条，家事244条）…………………………81
3 審判離婚（家審24条，家事284〜287条）……………………82
4 判決離婚（民770条）……………………………………………82
5 和解離婚（人訴37条1項）………………………………………83
6 認諾離婚（人訴37条1項）………………………………………84

第2　外国から見た日本の離婚制度 ……………………………85
1　日本法の特色………………………………………………………85
2　外国人当事者への説明の留意点…………………………………85
 (1)　渉外的な協議離婚　86
 (2)　調停事項や訴訟手続　88
 (3)　その他，調停手続に関する外国人からの疑問点　89
  column　公正証書を用いた離婚　90

第3　裁判離婚しか認めていない国の外国人の日本における離婚 ……………………………91
1　問題の所在………………………………………………………91
2　考え方と対処……………………………………………………91

第2章　離婚に関連する手続　〔榊原〕

第1　人事訴訟 ……………………………………………93
1　人事訴訟の特色…………………………………………………93
2　処分権主義の制限………………………………………………94
3　職権探知主義……………………………………………………95
4　訴訟集中原則……………………………………………………96
5　調停との関係……………………………………………………97
6　離婚訴訟の実際…………………………………………………97

第2　家事審判 ……………………………………………99
1　離婚事件に関連する審判事項…………………………………99
2　家事審判の手続…………………………………………………99

第3　民事訴訟 ……………………………………………101
1　離婚事件に関連する民事訴訟事件……………………………101
2　離婚にまつわる損害賠償請求訴訟……………………………101

第4　家事調停 ……………………………………………102
1　家事調停とは……………………………………………………102
2　付調停……………………………………………………………102

3 職権主義 ·· 103
4 調停の不成立とその後の手続 ··· 103
　　　　column　離婚の本人意思確認　104

第5　保　全 ··· 105

1 審判前の保全処分 ·· 105
2 離婚訴訟に併合請求する損害賠償請求金の保全 ································ 105
3 離婚訴訟に附帯申立てをする財産分与請求事件の保全 ························ 106
4 被差押（仮差押）不動産・被差押（仮差押）債権 ······························ 106
5 保全の国際裁判管轄 ··· 106

第6　履行勧告等 ·· 107

1 履行勧告 ··· 107
2 履行命令 ··· 107

第7　強制執行 ·· 108

1 直接強制執行 ·· 108
2 間接強制執行 ·· 108
　　●　離婚関連裁判の手続の比較一覧表　109

第3章　別居中の問題　〔榊原〕

第1　婚姻費用 ·· 111

1 渉外事案の裁判例 ·· 111
2 婚姻費用分担義務とは ·· 111
3 未成熟子とは ··· 112
4 義務の程度──生活保持義務 ··· 112
5 始　期 ··· 113
6 終　期 ··· 114
7 有責配偶者からの婚姻費用分担請求 ··· 114
8 持ち出し預金との関係 ·· 114
9 住宅ローンとの関係 ··· 115
10 調停・審判の手続 ··· 115
11 離婚調停との関係 ··· 116

12	財産分与，離婚訴訟との関係	117
13	強制執行	117

第2 配偶者間暴力（DV） … 118

1	DV防止法の外国人への適法と支援の利用	118
2	日本のDV防止法	118
3	関連法規	119
4	DV防止法の「配偶者からの暴力」の定義	119
5	保護命令申立ての要件	119
6	保護命令発令要件としての暴力	120
7	配偶者とは	121
8	保護命令の内容	121
9	手続の実際（DV防止13条〜16条）	122
10	再度の保護命令（DV防止18条）	123
	(1) 再度の退去命令　123	
	(2) 再度の接近禁止命令　123	
11	子への接近禁止（DV防止10条3項）	123
12	親族等への接近禁止（DV防止10条4項・5項）	123
13	外国人が被害者である場合の注意点	124
	(1) 在留資格　124	
	(2) 外国人の住民票（2012年7月8日までは外国人登録原票）の非開示　125	
14	外国にいるDV加害者に対する保護命令　125	

第4章　離婚の成立　　〔榊原〕

第1　離婚の方式・成立と準拠法 … 127

1	離婚の方式	127
2	離婚の成立の準拠法	128

第2　日本における判決離婚 … 129

1	民法の離婚原因（民770条）	129
2	日本の離婚法制の特徴と位置	130
3	日本の判例の現状	131

第3　離婚法の解釈 …………………………………………………………133
- *1*　離婚法の解釈の指針 ……………………………………………133
- *2*　不貞行為（民770条1項1号）………………………………………133
- *3*　悪意の遺棄（民770条1項2号）……………………………………133
- *4*　3年以上の生死不明（民770条1項3号）…………………………134
- *5*　強度の精神病（民770条1項4号）…………………………………134
- *6*　その他婚姻を継続し難い重大な事由（民770条1項5号）………135
- *7*　有責配偶者からの離婚請求 ………………………………………136

第5章　離婚に伴う財産問題　〔榊原〕

第1　財産分与 ………………………………………………………………139
- *1*　離婚給付の種類 ……………………………………………………139
- *2*　財産分与の準拠法 …………………………………………………139
- *3*　財産分与を認めた渉外離婚裁判例 ………………………………139
- *4*　夫婦財産制――共有制と別産制，夫婦財産契約 ………………140
- *5*　日本の財産分与 ……………………………………………………141
- *6*　慰謝料との関係 ……………………………………………………143
- *7*　日本の別産制と財産分与の対象財産 ……………………………144
- *8*　形成権 ………………………………………………………………145
- *9*　財産分与の手続 ……………………………………………………145
  - (1) 管轄裁判所　145
  - (2) 請求期間　146
  - (3) 予備的財産分与申立て　146
  - (4) 分与義務者からの申立て　146
  - (5) 控訴審における財産分与の附帯申立て　146
  - (6) 申立ての趣旨の記載方法　147
  - (7) 財産分与の主張整理表　147
  - (8) 財産の調査　147
  - (9) 事実婚への準用　148
- *10*　清算的財産分与の対象財産 ………………………………………148
  - (1) 不動産　148
  - (2) 債　務　149

　　　　(3) 預　金　151
　　　　(4) 株式・投資信託　152
　　　　(5) 法人名義の資産・事業用資産　153
　　　　(6) 保険・学資保険　153
　　　　(7) 債　権　153
　　　　(8) 車　153
　　　　(9) 退職金　154
　　　　(10) 退職年金　155
　　　　(11) 企業年金・確定拠出年金・厚生年金基金等　155
　　　　(12) 外国の年金　155
　11　賃借権・使用借権の設定 ……………………………………………156
　12　過去の未払い婚姻費用と財産分与 …………………………………156
　13　婚姻開始時財産との差額計算 ………………………………………157
　14　評価の基準時 …………………………………………………………157
　15　清算割合 ………………………………………………………………158
　16　扶養的財産分与 ………………………………………………………159
　17　財産分与と税金 ………………………………………………………160
　18　所得水準や物価水準の違い …………………………………………160
　19　共有物分割請求と財産分与 …………………………………………160

第2　慰謝料 …………………………………………………………162

　1　渉外離婚の慰謝料の準拠法 ……………………………………………162
　2　渉外離婚の慰謝料の裁判例 ……………………………………………162
　3　日本における離婚の慰謝料とは ………………………………………163
　4　請求方法 …………………………………………………………………164
　5　消滅時効と遅延損害金の基点 …………………………………………164
　6　財産分与と慰謝料の関係 ………………………………………………165
　7　慰謝料額 …………………………………………………………………166
　8　日本人間の離婚慰謝料 …………………………………………………166
　　　　(1) 民法770条1項1号――不貞行為の場合　166
　　　　(2) 民法770条1項5号――その他婚姻を継続し難い重大な事由の場合　167

第3　年金分割 ………………………………………………………168

　1　年金分割制度とは――合意分割 ………………………………………168

2 方　法 ……………………………………………………………… 169
3 ３号分割 …………………………………………………………… 169
4 裁判例 ……………………………………………………………… 169
5 外国人が日本の年金分割を受けられるか ……………………… 170
6 外国の年金分割 …………………………………………………… 170

第６章　離婚に伴う子どもの問題　〔榊原〕

第１　親権・監護権の制度 …………………………………………173
1 はじめに …………………………………………………………… 173
2 親権・監護権の国際比較 ………………………………………… 174
3 日本の親権・監護権制度の概要 ………………………………… 177
　● (1) 日本の親権　178
　● (2) 親権の内容（効力）　179
4 日本法における離婚後の親権・監護権の分属 ………………… 181
5 日本法における離婚後の共同監護 ……………………………… 182
6 渉外離婚における共同監護的合意 ……………………………… 183
　● 外国人に日本法の親権や親子の制度を説明するポイント　185

第２　親権・監護権の決定・変更の基準 …………………………186
1 はじめに …………………………………………………………… 186
2 決定基準の概要 …………………………………………………… 186
3 調査方法 …………………………………………………………… 187
4 子からの聴取・意思の把握 ……………………………………… 188
5 子の手続参加・子の手続代理人 ………………………………… 189
6 親権者・監護者の決定基準 ……………………………………… 190
　● (1) 監護の実績・継続性（現状の尊重）　190
　● (2) 子の意思　191
　● (3) 母親優先・母性的監護から主たる監護者へ　191
　● (4) 奪取の違法性　192
　● (5) 他方の親の同意のない単独監護の開始（子連れ別居）　193
　● (6) 面会交流の許容性（寛容性）―フレンドリーペアレント・ルール　196
　● (7) きょうだいの不分離　197
　● (8) 経済的能力　197

(9)　監護補助者　197
　　　(10)　語学力　198
　　　(11)　在留資格　198
　　　(12)　婚姻破綻の有責性　198
　7　親権者変更・監護者変更の基準 …………………………………………198

第3　面会交流 ……………………………………………………………201
　1　面会交流とは …………………………………………………………………201
　2　面会交流の国際比較 …………………………………………………………201
　3　面会交流の法的性質 …………………………………………………………204
　4　面会交流の認容基準と判例 …………………………………………………205
　　　(1)　子の事情　205
　　　(2)　監護親・非監護親の事情　206
　　　(3)　子からの請求　207
　　　(4)　第三者の立会い・間接面会交流　208
　　　(5)　渉外事案における面会交流についての裁判例　208
　5　面会交流の調停の実際 ………………………………………………………210
　　　●　面接交渉が問題となる事件の進行フローチャート　212
　6　面会交流の執行・間接強制執行 ……………………………………………213
　　　column　面会交流の条項と間接強制執行　214
　7　面会妨害の不法行為 …………………………………………………………214

第4　子の引渡し請求 …………………………………………………215
　1　子の引渡し請求の方法 ………………………………………………………215
　2　子の監護に関する処分 ………………………………………………………215
　3　審判前の保全処分 ……………………………………………………………216
　4　刑事手続 ………………………………………………………………………217
　5　人身保護請求 …………………………………………………………………217
　　　(1)　人身保護請求手続　217
　　　(2)　判例の示す要件　218
　　　(3)　渉外事案における人身保護請求　218
　6　手段の比較 ……………………………………………………………………220
　7　子の引渡しの強制執行 ………………………………………………………220
　　　(1)　間接強制執行　220

(2) 直接強制執行　221

第5　養育費 ……………………………………………………………223
1　養育費とは ………………………………………………………223
　● 生活保持義務と生活扶助義務　223
2　養育費の始期 ……………………………………………………224
3　養育費の終期 ……………………………………………………224
4　具体的算定方法──標準算定表 ………………………………225
5　特別な事情 ………………………………………………………226
　(1) 教育費　226
　(2) 医療費　227
　(3) 義務者の負債　227
6　事情の変更による増減請求 ……………………………………227
7　取立方法 …………………………………………………………228
8　渉外事案の養育費裁判例 ………………………………………228
　　column　国境を越える養育費の請求・回収　230

第7章　国境を越える子の監護に関する問題　〔大谷〕

第1　国境を越える子の監護・引渡し紛争の問題点 ……………231

第2　外国から日本への子の連れ帰り ……………………………233
1　外国から日本への子の連れ帰り事案の類型 …………………233
2　外国における法的手続 …………………………………………233
3　日本における法的手続 …………………………………………234
　(1) 外国裁判所の決定に基づく子の引渡し請求　234
　(2) 家庭裁判所に対する子の監護者指定・引渡しの審判の申立て　237
　(3) 子を連れ帰った親からの家庭裁判所に対する監護者（親権者）の指定・変更の申立て　238
4　外国から日本に子を連れ帰った親からの相談 ………………243
5　外国から子を日本に連れ帰りたいと考えている親からの相談 …246
　(1) 外国法に関する助言は現地の専門弁護士に任せる　247
　(2) 親権・監護権の付与とリロケーション　247
　(3) 国際転居（インターナショナル・リロケーション）と

　　　　　　　　　　　　　　　　　　　　ミラー・オーダー　248
　6　外国に残された親からの相談 …………………………………………249

第3　日本から外国への子の連れ出し ……………………………251
　1　日本の裁判所における手続 …………………………………………251
　2　外国裁判所における手続 ……………………………………………253
　3　子の外国への連れ去りの防止 ………………………………………254
　4　子の外国への連れ去りの回避と対応 ………………………………257
　5　子を外国へ連れ帰りたいと考えている外国人親からの相談 ………259
　　　column　国際社会事業団　261

第4　国境を越える面会交流 …………………………………………263
　1　外国に居住する親と日本に居住する子との面会交流 ……………263
　2　外国にいる子と日本に居住する親との面会交流 …………………265
　　　column　国境を越える子の面会交流に関する条約　266

第5　国際的な子の奪取の民事上の側面に関するハーグ条約 …267
　1　ハーグ条約の概要 ……………………………………………………267
　　（1）ハーグ条約に基づく子の返還申立て手続の流れ　267
　　（2）返還手続の裁判　269
　　（3）ハーグ条約に基づく面会交流の申立て　270
　2　日本がハーグ条約を締結した場合の実務への影響 ………………270
　　（1）外国から日本への子の連れ帰り・留置　271
　　（2）日本から外国への連れ去り・留置　274

第8章　離婚後に必要な諸手続　〔中村〕

第1　戸籍手続について ………………………………………………277
　1　離婚の「届出」 ………………………………………………………277
　2　離婚による復氏について ……………………………………………281
　3　子の氏について ………………………………………………………281

第2　社会保障等の手続について ……………………………………283
　1　医療保険 ………………………………………………………………283

2 子ども手当 ··· 284
3 児童扶養手当 ··· 285
4 その他の社会保障 ··· 285
  - (1) 生活保護　285
  - (2) 母子福祉貸付金　286

第9章　離婚と在留資格　〔中村〕

第1　離婚による在留資格への影響とその対応 ················· 287
1 はじめに ··· 287
2 離婚による在留資格への影響とその対応 ······················· 289
  - (1) 「日本人の配偶者等」の在留資格への影響　289
  - (2) 「日本人の配偶者等」の在留期間中に離婚をする場合　290
  - (3) 別居中に「日本人の配偶者等」の在留期限が満了する場合　290

第2　離婚による在留資格の変更 ·································· 291
1 「日本人の配偶者等」から「永住者」への在留資格変更 ········ 291
2 「日本人の配偶者等」から「定住者」への在留資格変更 ········ 291
  - (1) 一般的要件　291
  - (2) 夫婦間実子がいる場合　291
  - (3) 子がいない場合　293
  - (4) その他実務上のポイント　293
3 別居中の「日本人の配偶者等」の在留資格更新の可否 ········· 293

第3　不許可処分についての不服申立て ························· 295
1 不許可処分への対応 ··· 295
2 出国する場合 ··· 295
3 行政訴訟について ·· 295
4 実務上のポイント ·· 296

判例・先例索引 ··· 297
監修者・著者紹介 ·· 302

凡　　例

1. 法改正・施行の移行期である法律については，以下の方針で記述しています。
   - 民法（2011年5月一部改正，2012年4月1日施行予定）については，改正後の民法として記述。
   - 家事審判法（2011年5月改廃，2013年1月1日に家事審判手続法（新法）が施行予定）については，移行時期であるため，内容が変化したものについては説明を付し，参照条文は両方を併記。
     例：家事審判法第9条第1項乙類審判事項：乙類審判（乙類）
     ↔　家事事件手続法別表第二：別表二表審判（二表）

2. 文中に掲げる法令・裁判例・文献等については，次のように略記しています。

【法令】

民　…　民法	刑　…　刑法
家事　…　家事事件手続法	非訟　…　非訟事件手続法
家審　…　家事審判法	家審規　…　家事審判規則
民訴　…　民事訴訟法	民保　…　民事保全法
民執　…　民事執行法	通則法　…　法の適用に関する通則法
人訴　…　人事訴訟法	人訴規　…　人事訴訟規則
戸　…　戸籍法	国　…　国籍法
入管　…　出入国管理及び難民認定法	住基　…　住民基本台帳法
厚年　…　厚生年金保険法	厚年規　…　厚生年金保険法施行規則
DV防止　…　配偶者からの暴力の防止及び被害者の保護に関する法律	

【判例】
- 最大判昭和39. 3. 25民集18－3－486
  - →　最高裁判所大法廷判決昭和39年3月25日・最高裁判所民事判例集第18巻3号486頁
- 最二小決平成17.12. 6刑集59－10－1901
  - →　最高裁判所第二小法廷決定平成17年12月6日・最高裁判所刑事判例集第59巻10号1901頁
- 仙台高秋田支判平成17. 6. 2家月58－4－71
  - →　仙台高等裁判所秋田支部決定平成17年6月2日・家庭裁判月報第58巻4号

71頁
・新潟家長岡支審平成10. 3. 30家月51－3－179
　　→　新潟家庭裁判所長岡支部審判平成10年3月30日・家庭裁判月報第51巻3号179頁

【先例】

昭和51.11. 4民二5351号通達
　　→　昭和51年11月4日付け法務省民二第5351号民事局長通達

平成15.11.17管総1671号通知
　　→　平成15年11月17日付け法務省管総第1671号入国管理局長通達

【出典】

民集	…	最高裁判所民事判例集	刑集	…	最高裁判所刑事判例集
家月	…	家庭裁判月報	裁判集民(刑)	…	最高裁判所裁判集民事(刑事)
判時	…	判例時報	行裁集	…	行政事件裁判例集
判タ	…	判例タイムズ	下民集	…	下級裁判所民事裁判例集
法時	…	法律時報	戸時	…	戸籍時報
民商	…	民商法雑誌	ジュリ	…	ジュリスト
家族	…	家族＜社会と法＞	判解	…	最高裁判所判例解説民事篇

【文献】

秋武　　秋武憲一『離婚調停』日本加除出版2011年

秋武・岡　秋武憲一・岡健太郎編著『リーガル・プログレッシブ・シリーズ離婚調停・離婚訴訟』青林書院2009年

石川　　石川稔ほか編『家族法改正への課題』日本加除出版1993年

石田ほか　石田文三監修／大江千佳・大田口宏・小島幸保・渋谷元宏・昇慶一・檜山洋子著『「子どもの引渡し」の法律と実務』清文社2010年

岩志　　岩志和一郎執筆代表『家族と法の地平——三木妙子・磯野誠一・石川稔先生献呈論文集』尚学社2009年

大杉　　大杉麻美『「フランスの離婚制度」破綻主義離婚法の研究』成文堂2008年

大津　　大津千明『離婚給付に関する実証的研究』日本評論社1990年

大村　　大村敦志『家族法　第3版（有斐閣法律学叢書）』有斐閣2010年

岡口　　岡口基一『要件事実マニュアル（第3版）第5巻　家事事件・人事訴訟・DV』ぎょうせい2010年

梶村　　梶村太市『第3版　離婚調停ガイドブック—当事者のニーズに応える』日本加除出版2007年

梶村・徳田　梶村太市・徳田和幸編『家事事件手続法　第2版』有斐閣2007年

| 加藤 | 加藤美穂子『中国家族法問答解説［婚姻・養子・相続］』日本加除出版2008年
| 加藤文雄 | 加藤文雄『新版 渉外家事事件整理ノート』新日本法規2008年
| 小出 | 小出邦夫『新しい国際私法』商事法務2006年
| 佐上 | 佐上善和『家事審判法』信山社2007年
| 澤木・道垣内 | 澤木敬郎・道垣内正人『国際私法入門』有斐閣双書2006年
| 清水 | 清水節『判例先例親族法Ⅲ—親権—』日本加除出版2000年
| 杉山 | 杉山初江『民事執行における「子の引渡し」』商事法務研究会2010年
| 田村 | 田村精一『国際私法及び親族法』信山社2008年
| 二宮・家族法 | 二宮周平『家族法 第3版』新世社2009年
| 二宮・事実婚 | 二宮周平『事実婚の判例総合解説』信山社2006年
| 野田 | 野田愛子『現代家族法—夫婦・親子』日本評論社1996年
| 松岡 | 松岡博『国際家族法の理論』大阪大学出版会2002年
| 松本 | 松本博之『人事訴訟法＜第二版＞』弘文堂2007年
| 南 | 南敏文編著『全訂 Q&A 渉外戸籍と国際私法』日本加除出版2008年
| 本沢 | 本沢巳代子『離婚給付の研究』一粒社1998年
| 我妻 | 我妻栄『親族法』有斐閣1962年
| 韓国家族法 | 在日コリアン弁護士協会編著『Q&A 新・韓国家族法』日本加除出版2009年
| 共同親権 | 財団法人日弁連法務研究財団離婚後の子どもの親権及び監護に関する比較法研究会編『子どもの福祉と共同親権—別居・離婚に伴う親権・監護法制の比較法研究』日本加除出版2007年
| 研究 | 司法研修所編『渉外家事・人事訴訟事件の審理に関する研究』法曹会2010年
| 現況と課題 | 右近健男・小田八重子・辻朗編著『家事事件の現況と課題』判例タイムズ社2006年
| 講座 | 川井健ほか編『講座現代家族法第3巻（親子）』日本評論社1992年
| 在日家族法 | 『「在日」の家族法 Q&A 第3版』日本加除出版2010年
| 実務マニュアル | 東京弁護士会法友全期会家族法研究会編『離婚・離縁事件実務マニュアル（改訂版）』ぎょうせい2008年
| 新大系①〜⑤ | 野田愛子・梶村太市編著『新家族法実務大系（全5巻）』新日本法規2008年
| 調査研究報告 | 『親子の面会交流を実現するための制度等に関する調査研究報告書』商事法務2010年
| 東京家裁家事6部 | 東京家庭裁判所家事第6部編著『東京家庭裁判所における人事訴訟の審理の実情 改訂版』判例タイムズ社2008年
| 年金分割 | 堀勝洋・本沢巳代子・甘利公人・福田弥夫『離婚時の年金分割と法—先進諸国の制度を踏まえて』日本加除出版2008年
| 変貌する家族 | 生野正剛・二宮孝富・緒方直人・南方暁編『変貌する家族と現代家族法—有地亨先生追悼記念論文集』法律文化社2009年
| 離婚判例ガイド | 二宮周平・榊原富士子『離婚判例ガイド第2版』有斐閣2005年

引用参照以外の参考文献のうち，とくに以下を掲げる。

木棚照一・松岡博・渡辺惺之「国際私法概論」有斐閣ブックス2007年

木村三男監修・篠崎哲夫・竹澤雅二郎・野崎昌利著「全訂　渉外戸籍のための各国法律と要件（上中下3巻箱入）」日本加除出版2007年

佐藤やよひ・道垣内正人編「渉外戸籍法リステイトメント」日本加除出版2007年

棚村政行・小川富之編集代表「中川淳先生傘寿記念論集　家族法の理論と実務」日本加除出版2011年

東京都外国人相談研究会編「最新　外国人よろず相談事例と回答120」日本加除出版2009年

中山直子「判例先例親族法―扶養―」日本加除出版2012年

年金分割問題研究会編著「年金分割の考え方と実務」民事法研究会2007年

野田愛子「家族法実務研究」判例タイムズ社1988年

「問答式　国際家族法の実務」（加除式）新日本法規出版

＜雑誌＞

石川稔「離婚による非監護親の面接交渉権」別冊判タ8号『家族法の理論と実務』286頁

大阪家庭裁判所調査官ら研究「離婚調停事件における子の調査の在り方の検討に向けて―子の福祉に資する子の調査を目指して―」家月63巻12号103頁

大谷美紀子「別居・離婚に伴う子の親権・監護をめぐる実務上の課題」ジュリ1430号19頁

大谷美紀子「子の連れ去りに関するハーグ条約――国際人権法の視点から」法時1040号36頁

大谷美紀子「国際離婚に伴う法的諸問題」東京弁護士会 LIBRA（2011年11月号）

岡健太郎「年金分割事件の概況について」判タ1257号5頁

岡健太郎「養育費・婚姻費用算定表の運用上の諸問題」判タ1209号4頁

榊原富士子「離婚時の年金分割制度の概要」東京弁護士会 LIBRA（2007年4月号）

中山直子「子の引渡しの判断基準」判タ1100号182頁

早川眞一郎「『ハーグ子奪取条約』断想――日本の親子法制への一視点」ジュリ1430号12頁

松原正明「家裁における子の親権者・監護者を定める基準」判タ747号305頁

松本哲泓「子の引渡し・監護者指定に関する最近の裁判例の動向について」家月63巻9号1頁

レビン小林久子「ハーグ条約と国際家事調停」戸時676号15頁

渡辺惺之「国際的な子の奪取の民事面に関する条約の批准をめぐる検討問題（上・下）」戸時674号24頁，同675号28頁

「焦点：家族の国際化への対応―子の奪取に関するハーグ条約および日本の対応」国際問題607号

「夫婦・親子215題」判例タイムズ臨時増刊747号

I

日本における渉外離婚とは

第1章　はじめに

第1　国際結婚と国際離婚の増加と現状

1　統計に見る現状と傾向[1]

　近年，国際結婚及び国際離婚が増加している。日本国内での結婚に占める国際結婚（夫又は妻が外国籍）数及び割合は，1996年には結婚総数約79万5,000組のうち約2万8,000万組（約3.5％）であったのが，2006年には結婚総数約73万1,000組のうち約4万5,000組（約6.1％）と全体に増加傾向で推移した。また，外国における日本人の国際結婚は，1996年の約7,500件から2006年には1万件を超え，その後も毎年1万件近くにのぼる。他方，国際離婚は，1996年には離婚総数約19万9,000件のうち国際離婚約8,000件（約4.0％）であったのが，2006年には離婚総数約25万7,000件のうち約1万7,000件（約7.0％）と約1.7倍になり，一貫して増加傾向にあり，国際結婚が2006年をピークにその後減少傾向を示し始めてからも，国際離婚の件数は相変わらず増加の一途をたどっている。本書発行時における最新の統計によれば，2010年の国際離婚の件数は1万8,968件である。

　国際結婚は，夫が日本国籍で妻が外国籍という組み合わせが約75％を占める。外国籍配偶者（妻又は夫）の国籍は，多い順に上から1位が中国，2位がフィリピン，3位が韓国・朝鮮である。国際離婚の方も1位が中国，2位がフィリピン，3位が韓国・朝鮮というパターンを示している。

2　弁護士実務の中で見る国際離婚

　弁護士実務の中で現れる国際離婚（以下，日本人同士の離婚でも住所地が外国であるなど，渉外的な要素を含む離婚と併せて，「渉外離婚」という）の事件では，明確な統計はないものの，以前は，夫婦の一方又は双方が在日韓国人のケース，在日米軍基地の軍人が当事者の一方であるケース，日本人男性

---

[1] 司法統計年報家事編・渉外，人口動態統計年報（平成22年）等より

とフィリピン人女性のケースなどが多かったように思われる。しかし近年は、従来からの日本人夫とアジア人女性の離婚のケースに加え、日本人女性と外国人男性の離婚のケースの相談も増えており、なかでも後者のケースで夫が欧米人の場合に、子どもの親権や監護権、面会交流をめぐって高葛藤の争いとなるケースが増えてきている。その他、最近の傾向として、日本にいる外国人同士の夫婦の離婚（1,739件）、海外にいる日本人と外国人、又は海外にいる日本人同士の離婚（1,954件）の相談が増えている（いずれも平成21年度統計より）。

その背景には、グローバリゼーションに伴う人の移動により、家族の国際化と家族の国境を越えた移動が増えていることが指摘できるが、その中で家族の問題も複数の国にまたがり複雑化の様相を帯びている。また、情報へのアクセスやコミュニケーション技術の発展により、海外から日本の弁護士への相談も容易になり、逆に日本の弁護士の側から見れば、海の向こうから電話やインターネットを通じて相談が持ち込まれることも珍しくなくなった。

さらに近年、国際的な家事事件の増加に伴い、日本における離婚の手続、特に、離婚に伴う子どもの親権についての法制と実務への関心が高まっている。もちろん、国内でも弁護士が渉外離婚の相談を受けることも多くなっている。渉外離婚の場合、日本国内での日本人同士の離婚（以下、「国内離婚」という）の場合と異なる管轄権や準拠法など渉外離婚に特有の法的な問題があるほか、国内離婚に比べ、日本の家族法と外国の家族法との違いを意識した依頼者への説明や助言が必要となる場面も多い。

そこで、本章では、離婚法一般の基礎的知識を基本として、渉外離婚に特有の法的問題や実務上の注意点を解説することを目的としている。

第2　渉外離婚事件の類型と紛争の特徴

1　渉外離婚事件の類型

　渉外離婚と一口に言っても，夫婦の一方が外国人か夫婦の双方が外国人か，また，双方が日本に居住しているか一方のみが日本に居住しているかにより，法的問題や手続が異なる。また，外国人配偶者の国籍も多様化しており，渉外離婚に特有の問題点を共通に述べることは難しい。他方で，下記の類型の渉外離婚事件では，ある程度，紛争に共通の問題点が見られる。

2　日本人夫とアジア人妻の離婚事件の紛争の特徴

　夫が日本人，妻が外国人の夫婦の離婚の場合，妻の国籍は多い順から中国，フィリピン，韓国・朝鮮であり，オーバーステイであるなど，弱い立場に置かれていることが少なくない。妻が知らない間に，夫に勝手に協議離婚届を出されてしまう，夫から家を追い出され離婚を迫られる，ドメスティック・バイオレンスの被害者である，逆に妻が失踪してしまうといった事例のほか，中には，事実上の重婚状態により複雑な婚姻や親子関係が生じていることも多い。夫婦に子どもがいる場合，妻の日本語能力や子育ての仕方についての不満，妻が子どもを連れて本国に帰ってしまう懸念等から，日本人夫やその家族が子どもを妻から取り上げ，妻に会わせようとしない等のトラブルが起きることも多い。また，妻は自分が外国籍であることから，子どもの親権者になれないのではないかと不安に陥っている場合が多い。

3　日本人妻と欧米人夫の離婚事件の紛争の特徴

　妻が日本人，夫が外国人，中でも特に欧米人の夫婦の離婚の場合において最もよくトラブルとなっているのは，特に近年，子の親権・監護・面会交流の問題である。国内離婚でも，離婚する夫婦の間で，子どもの親権問題が最大のネックとなることが非常に多く，最近，子の奪い合い等子どもの監護をめぐる紛争が増加している。これが渉外離婚になると，さらに，次のような特徴とともに当事者間の高葛藤が目立つ。①日本では，離婚後

は，単独親権であることから，離婚して親権を失えば二度と子どもと会えなくなるという不安にかられる外国人親が多い。②特に，外国人父の場合，日本では親権者の決定において母親が優位にあると言われていること，外国人であることが不利に働くとの懸念が強く働く。③外国人父の母国が共同親権制を採用している国の場合，自国の離婚・親子観へのこだわりが強いため，日本人母の離婚・親子観との間のギャップが大きく，話合いが平行線になる。

また，日本人同士の離婚の場合，離婚に先立ち母親が子どもを連れて家を出て別居に至ることが多く，別居に際し，他方親の同意なく子どもを連れ出すこと自体は違法とはされてこなかったが，この類型の渉外離婚の場合は，こうした日本的な別居のスタイル自体が極めて大きな紛争・葛藤の引き金となることが多い。

日本人同士の離婚の場合，子どもの問題については，両親の一方を親権者と指定するほかは，せいぜい，面会交流の回数と養育費の金額について定める程度であるが，渉外離婚の場合は，当事者の一方が再婚した場合，子どもの面会交流を外国で行う場合，離婚後の家族が日本以外の国に居住した場合等，将来起こりうる様々な場合を想定した事細かな取決めを行おうとする場合も多い。いわゆるリロケーション（転居）と呼ばれる問題など，日本の一般の国内離婚実務では普段扱わない問題についての理解と処理についての法的アドバイスが日本の弁護士や裁判所に求められることがある。

日本法の単独親権制の下でも，離婚に際し指定された親権者の変更を求めて後に裁判を起こすなど，離婚後の子の監護をめぐる紛争が継続することはもちろんあるが，一般的に，親権者が確定したら，いったん紛争は終わるという印象がある。これに対し，渉外離婚の場合，共同親権制の国出身の外国人親は，子の親権・監護の問題は，一度裁判所で決まっても，子どもが成人に達するまでは，いつでも見直すものと考えており，そのため子の監護をめぐる紛争が長期化しやすい傾向がある。

4　渉外離婚に特有の共通の問題点

国内離婚の場合には弁護士が意識しないが，渉外離婚では必ず検討しな

ければならない問題として，国際裁判管轄の問題，準拠法の問題がある。さらに外国送達，外国判決の承認・執行の問題，その逆の日本で成立した離婚の外国における効力の問題などが複雑に絡み合う。また，手続の中でも，裁判書類の外国語への翻訳の問題，法律扶助の利用可能性等，国内離婚事件を扱う場合に加えて知っておくべき実務上の問題がある。

第2章 渉外離婚事件の相談に際しての初歩的ノウハウ

第1　受任にあたって

1　渉外離婚事件に特有の問題を念頭に置いた相談対応

　国内で日本人又は外国人から離婚事件の相談を受ける場合，それが渉外離婚事件である場合には，国内離婚事件のように最初から日本法の適用を前提とした助言をしてしまうことのないよう，初期対応の時点で留意が必要である。相談の中には，外国でしか離婚手続ができないような事件の場合もあるし，外国の裁判所で提起された離婚事件についての相談の場合もあるからである。

　まず最初に，そもそも日本の弁護士が対応可能な相談かどうかを見極める必要がある。中には，外国における離婚事件や子の監護に関する事件についての相談で，当該外国の弁護士に事件を委任するしかない場合であっても，相談者は母国語でコミュニケーションができる日本の弁護士に相談したいという場合がある。とりわけ，外国の弁護士に委任する場合，通訳を通してのコミュニケーションに不安があったり，日常レベルでは外国語によるコミュニケーションが可能という当事者でも，法律用語になると理解や意思の疎通に不安があるとして，日本の弁護士のサポートが求められることもある。日本語であっても，法律用語や法的手続の理解は容易ではないのであるから，このような相談者の不安やニーズは理解しうる。しかし，このような場合にも，相談者に対して，外国の裁判所における手続については，あくまで当地の弁護士の助言を受けるべきであることを最初に明確にしておくべきである。

　外国の裁判所における離婚手続や外国と日本にまたがって離婚や子の親権・監護権の紛争が起きているような場合に，外国法の内容や解釈について，日本の弁護士が生半可な知識で相談者にアドバイスすることは危険である。家族法の実務は，日本法についても言えることであるが，条文の規定を読んだだけでは正確なところはわからないことが多く，中途半端な知

識で助言することは後に大きな問題となりかねないので，避けるべきである。

　渉外離婚の相談の場合，そもそも国際裁判管轄権が日本にあるか，準拠法が日本法になるかという入り口の問題があるため，その点を相談者に明確に伝える必要がある。国際裁判管轄が日本にあるかどうか明確でない場合，あると言えるかも知れないが外国で手続を行った方が利点があると思われる場合などは，相談者に対して，外国の弁護士に相談することを提案した方がよい。当該外国に国際裁判管轄があるかどうかは当該外国法の問題であり，日本の弁護士が安易に判断できないため，正確なアドバイスは当該国の弁護士に確かめてからでなければできない。

　日本に国際裁判管轄があり，かつ，準拠法が日本法であることが確実な場合は，日本法を前提とした助言を行うことになる。準拠法が外国法になる場合，あるいはその可能性がある場合は，そのことを相談者に断り，調査が必要な場合は，調査のうえ回答すべきである。

2　海外にいる相談者からの受任

　海外にいる依頼者からの相談の場合，面談での相談が容易でないという問題がある。直接面談ができない場合，本人確認の方法は本人であることが確認できる書類を送ってもらう等の方法によることとなろう。海外からの依頼の場合，コミュニケーションの方法が，電話やＥメール，ファックス等に頼らざるを得ない場合が多い。国際電話や国際郵便等にかかる費用負担についての取決め等をしておく必要があるほか，スカイプ等，コストの低いコミュニケーションの方法の利用も有用である。その他，時差のために打合せがしにくい，委任状の取得，書類の提出等についても，国内にいる依頼者の場合に比べて時間が掛かることが多いので，配慮が必要である。

　また，調停や審判，訴訟等，日本における裁判手続への出席の可能性についても受任時点で確認しておくことが必要である。

3　日本にいる外国人からの受任

　日本にいる外国人から相談を受ける場合，身分確認はパスポート，外国

人登録証明書（平成24年7月9日の改正入管法施行後は在留カード）等にて行う。在留資格のない外国人の中には，裁判手続をとることにより入国管理局に通報され，退去強制になるのではないかと不安に思っている場合もあるため，不安を解消してあげることが必要である。

　外国人からの相談については，言葉の問題もある。基本的には，相談者自身に通訳を連れてきてもらうか，弁護士が相談者と共通の外国語でコミュニケーションが可能な場合には，そのような方法による。いずれの場合も，法的な説明を通訳を介して，あるいは弁護士の母国語でない言語により行うのであるから，間違いや誤解が生じやすい。重要な点について誤解が生じないよう，丁寧に確認しながら行うべきである。

　依頼者が日本人でも外国人でも，受任の範囲や内容を明確にしておくべきであるし，弁護士報酬及び費用について説明し，委任契約書を作成しなければならないが（弁護士職務基本規程30条），特に，外国人の依頼者の場合，外国では，時間制による弁護士費用が一般的であることがあり，着手金と報酬金の意味や報酬金の算定の仕方について誤解のないように，明確に説明しておく必要がある。また，時間制による弁護士費用を希望する依頼者もあると思われ，協議して取り決めることになる。

4　翻訳費用の問題

　通訳については，依頼者の方で手配してもらうのが一般的であると思われるが，その他，特に渉外離婚事件の場合に留意の必要があるのが，翻訳を誰が行うのかと，その費用である。例えば，相談者が日本人であるが，相手方が外国人である場合，相手方に対し，外国語で手紙を出したり，書面を送る必要があることがある。あるいは，裁判手続の中で，裁判書類を外国語に翻訳したり，外国語の文書を日本語に翻訳する必要が生じることがある。そこで，受任にあたっては，日本語から外国語への，外国語から日本語への翻訳が必要となる場合があることの説明とともに，依頼者側で翻訳の手配を行うのか，弁護士が自分自身又は法律事務所の職員等により行うのか，外注するのか，その場合の費用の負担等について，あらかじめ取り決めておくことが必要である。

5　法律扶助

　渉外離婚事件を受任する場合，当該当事者及び事件に法律扶助が利用できるかについて理解しておき，適切な説明及び助言を行う必要がある（法律扶助制度について説明するのは，弁護士の義務である。弁護士職務基本規程33条）。

　勝訴の見込みや資力要件は渉外離婚事件にも同様に適用される。外国人の場合は，総合法律支援法による法律扶助の対象となるのは，日本に居住する外国人であり，そのため，適法な在留資格が要件となる（総合法律支援法30条1項2号本文）。適法な在留資格を有しない外国人で法律扶助の必要がある場合は，委託援助事業の対象となる。委託事業とは，日本弁護士連合会の資金により総合法律支援法の対象とならない事件についての法律援助を行うものであるが，その運営は日本弁護士連合会から日本司法支援センター（法テラス）に委託されているため，申込みや審査等の手続は，法律扶助と同様に法テラスで行う。海外に居住する日本人の場合，総合法律支援法の文言上は扶助の対象からは除外されていない。個別の審査において，償還の可能性等を指摘される可能性はあるが，法律の文言上は除外されていないのであるから，各地方の法テラス事務所に相談してみるべきである。

　法律扶助の範囲にも注意が必要である。通訳・翻訳費用は扶助の対象となるが，10万円が上限とされている。

　また，外国の裁判所における手続は法律扶助の対象とならない。

　なお，法律扶助の制度は国によって異なり，日本の法律扶助制度のような原則償還制は必ずしも一般的ではないので，依頼者に対し，日本の制度は立替制であり償還が原則であることを説明する必要がある。外国人依頼者の場合，可能な限り，法テラスでの審査に弁護士が同席して，依頼者が法テラスとの契約内容や立替金額・報酬決定について十分理解できるよう，法律扶助制度の利用自体についても弁護士が支援することが望ましい。

第2 受任後の注意事項

1 委任状の作成

　外国人の依頼者の場合，裁判所に提出する委任状の作成は，日本語及び外国語の併記で行うのが適切である。外国人の場合，普段から印鑑を持ち使用している場合は押印でよく，そうでない場合，押印に代えてサインをもらう。日本人の配偶者の場合，戸籍に外国人配偶者の氏名のカタカナ表記が記載されているので，裁判手続に際し当事者名の表記はそれによる。外国人同士の離婚事件の場合は，外国人登録原票にも外国人の名前は母国語で表記されているだけであるが，裁判手続のための当事者名表記はカタカナで行う必要がある。どのように表記すべきかは，外国人本人に名前を日本語的に発音してもらい，それに近いカタカナ表記にすることになる。なお，中国人や韓国人など，名前が漢字表記される外国人の場合の氏名の表記は漢字のままでよい。

　弁護士が「依頼者を説得する」という言い方をすることがあるが，外国人が依頼者の場合，弁護士が依頼者を説得するという考え方が通用しないように思われる。本来，依頼者が日本人の場合でも，弁護士と依頼者との関係は，委任契約に基づき，依頼者は弁護士に弁護士費用を支払って事件の処理を委任し，弁護士は事件処理の義務を負う契約当事者としての対等な関係であるはずである。しかし，日本では弁護士を「先生」と呼び，依頼者が弁護士に遠慮している場合が多いように思う。

　一般的とまで言うことはできないが，外国人の中には，こうした日本的な依頼者と弁護士の関係とは異なり，弁護士には費用を支払って仕事をしてもらうという感覚で接してくる場合がある。このような依頼者に対しては，説得ではなく，いくつかある選択肢のメリット・デメリットを説明し，依頼者にその選択を委ねる方が，依頼者との意思疎通がしやすいように思われる。また，外国人の中でも，在留資格がない依頼者の場合など，日本人の依頼者の場合以上に，弁護士に対しても対等ではなく立場が弱いと感じていて，言いたいことが言えないことがある。日本人依頼者の場合でも注意が必要であるが，依頼者が外国人の場合，依頼者が弁護士に対して質問したり意見を言うことに気兼ねをしていないか，より配慮が必要な場合

がある。

　また，日本人の依頼者の場合でも，法律用語や概念，手続はわかりにくいため，正しく理解してもらうためには，わかりやすい言葉で丁寧に説明する必要がある。外国人の場合，外国人が日本とは異なる離婚や親子の考え方を背景に持っていることから，思わぬところで誤解が生じる場合があり，より一層丁寧な説明が必要である。さらに，日本人の依頼者の場合でも，特に聞かれなければわかっているだろうと安易に考えて説明をせずに済ませてしまうことがあるが，実は依頼者が遠慮して尋ねていないだけという場合も多い。外国人の依頼者に質問されて説明する中で，実は日本人の依頼者も質問したいと思いながら，遠慮してしまい質問しないでいたのではないかと思うことがある。外国人が依頼者の事件を扱うことは，弁護士にとっては，そうした日頃の実務のあり方についての気付きにつながることもある。

　外国人が当事者の場合に，頻繁に起こる誤解の例としては，日本の裁判所で調停や和解が成立する場合，当事者が書類にサインすることはなく，裁判官が宣言するだけで成立するというものがある。裁判官がサインすることもない。日本の弁護士にとっては当たり前の光景であるが，外国人の当事者は，自分がサインしていないのに和解（調停）が成立するということに違和感を覚えることが多いようである。このことは重要であり，気を付けないと，外国人依頼者の場合，サインするまでは調停・和解が成立していないと誤解している可能性がある。日本の調停・和解は当事者も裁判官もサインすることなく成立するのだということを説明しておく必要があるし，本人が読んでサインするのではないため，調停条項・和解条項を本人が十分に理解していることを慎重に確認する必要がある。

　依頼者が外国人の場合，弁護士に外国人が持っているであろう離婚や親子についての考え方について基本的な理解（情報や確認）があり，それと日本法との違いに留意しながら説明や助言をすると，依頼者も安心である。それだけでなく，依頼者は日本人で相手方が外国人の場合にも，同様に，弁護士が外国人相手方が抱いているであろう考え方や不安等を理解して，自分の日本人依頼者に助言することで，事件が高葛藤になるのを防ぎ，円満な解決に至ることができる場合がある。

2 外国人に対する差別（その懸念）への対処

　依頼者が外国人である場合，司法手続の中で差別的な対応に出会う場合がある。また，依頼者は，外国人であるということで，差別されたと感じやすい。特に渉外離婚事件では，依頼者の考え方や意見が日本の離婚制度と大きく異なり，調停委員や調査官，裁判官からの理解が得られず，そのような場合に差別されたと感じることが多いようである。自国の家族法の考え方を持ち込み，押し付けようとしていると受け取られ，否定的な目で見られることもある。弁護士としては，外国人依頼者に対する差別的取扱いや発言があった場合には適切に対処することと同時に，依頼者が差別でないのに差別されたと感じているような場合には，その旨を依頼者に説明することも必要であろう。また，相手方が外国人の場合，弁護士自身も差別的発言等のないよう注意が必要である。

> **Column　守秘義務**
>
> 　日本の弁護士にとっては，依頼者から聞いた話を口外しないことは「守秘義務」の観念から当然のことであるが，外国人の法律相談においては，話に入る前に，まず話した内容の秘密は守られるのかを確認されることがある。そのような場合は，弁護士は守秘義務を負っていることを説明し，相談者の不安を取り除いてあげるのがよい。
>
> 　また，日本では，調停においてどのような主張や協議をしたか，どの点が合意できなかったか等の交渉経過を訴訟で主張することが珍しくないが，外国では許されていないことがあり，外国人当事者がルール違反と感じることがあるようである。最近では，裁判離婚しか認めない外国においても調停の手法が積極的に活用されるようになってきているが，調停に関与した裁判官は訴訟を担当してはいけないとされていたり，アメリカやカナダ，香港，オーストラリアなどで広がっているコラボラティブ・メディエイション（collaborative mediation）という新しい調停手法では，調停に当事者の代理人として関与した弁護士は，調停が不成立となった場合，その後の訴訟手続を受任してはならないというルールがある。

第3章 渉外離婚事件の実務における留意点

第1 国際裁判管轄

1 国際裁判管轄とは

　国内離婚事件の処理では意識しない渉外離婚事件に特有の問題として，最初に検討しなければならないのは，国際裁判管轄の問題である。国際裁判管轄とは，渉外事件に関連のある複数の法域（国）のうち，どの国の裁判所が当該事件を扱うことができるかという問題である。裁判権の行使は国家主権の発動であり，どのような場合にその国が裁判権を行使するかという国際裁判管轄の有無は，その国自身の自主的な規律に委ねられている。

　国際裁判管轄は訴訟要件の1つであるが，国際的な移送制度がないので，国際裁判管轄がなければ訴えは却下される。そして，国際裁判管轄の決定について，世界共通のルールはない。

> **Column　世界の国際裁判管轄**
>
> 　国際裁判管轄を国際的に統一しようという試みが成功している例として有名なのは，EUのブリュッセルⅠ規則として結実した「民事及び商事に関する裁判管轄及び外国判決の承認に関する条約」（ブリュッセルⅠ条約），その姉妹条約で，ほぼ同じ内容の規定をEU以外の諸国にも拡大したルガノ条約である。EUにおいては通常民事事件に関するブリュッセルⅠ規則の他に，国際離婚にも適用される2005年の「婚姻事件の裁判管轄及び裁判の承認・執行並びに子どもに対する夫婦の親責任に関わる裁判手続に関する規則」など，地域が限られてはいるが，裁判管轄に関する国際的ルール化が成功している。世界規模の国際裁判管轄ルールの条約として，ハーグ国際私法会議における「民事及び商事に関する裁判管轄権及び外国判決に関する条約」（ただし身分関係事件を除く）があったが，ヨーロッパ大陸型のルール化と米国型の溝を調整することができず，2005年に国際裁判管轄合意のみに関する「合意管轄条約（Convention on Choice of Court Agreement）」が作成されるに止まった（日本は未署名）。なお，日本には，渉外離婚事件の裁判管轄に関する条約はない。

2 国際裁判管轄に関する規律

　例えば，A国では，当事者の一方が自国民であれば，当事者が国内にいようと国外にいようとその離婚事件について国際裁判管轄を持つという管轄規律があるとしよう。B国では，当事者の国籍に関わらず，当事者の一方が6か月以上居住していれば，その離婚事件について管轄を有するという規律があるとする。C国では，被告がC国内にいればその離婚事件について管轄権を有するが，原告がC国内にいるだけでは管轄権がないという規律があるとする。このように，ある国が渉外離婚事件について国際裁判管轄を有するか否かは，その国の国際裁判管轄に関する規律による。そうした国際裁判管轄の規律が法令で規定されている場合もあれば，明文規定がない場合もある。

> **Column　アメリカで最も離婚のための管轄要件が緩い州**
>
> 　アメリカでは家族法が州ごとに異なるので，注意が必要である。離婚訴訟が認められるための管轄規律も州ごとに異なる。共通するのは，どの州も，一定期間の居住がその州の裁判所に離婚訴訟を提起するための要件となっていることである。例えば，ニューヨーク州は居住要件が1年間，カリフォルニア州は6か月などである。アメリカ50州のうち，この居住要件が最も短い州はネバダ州である。実に，6週間である。

3 国際裁判管轄の競合と管轄争い

　このように，国際裁判管轄の規律に世界共通基準はなく，国ごとの自主的な規律に委ねられていることから，国際裁判管轄の競合が起こりうる。例えば，上記の例でいえば，A国籍の夫とD国籍の妻の夫婦がおり，夫はB国に住み，妻はC国に住んでいるとする。夫から妻に対し離婚訴訟を起こしたい場合，この国際離婚事件について国際裁判管轄を有する国として考えられるのは，A国，B国，C国である。逆に，関連するいずれの国の国際裁判管轄の規律によれば，どの国にも国際裁判管轄が認められないということも起こりうる。

　日本の場合，通常民事訴訟に関して，二重起訴の禁止（民訴142条）は，国際裁判管轄の競合には適用されないと解されている。日本に国際裁判管

轄があれば，外国の裁判所で同一事件について裁判が行われているということだけで，直ちに日本の訴訟が却下されるということにはならない。しかし，外国で既に裁判が行われていることは，日本の裁判所が国際裁判管轄を行使するかどうかの判断に影響を及ぼすことは考えられる。例えば，外国の裁判所が先に離婚判決をなし，その判決が日本において承認され，効力を有する場合には（外国判決の承認については，後記第 5・55頁を参照），たとえ，日本に国際裁判管轄があるとしても，訴えが却下される可能性がある。

また，外国の国際裁判管轄決定のルールの中には，他国の裁判所が同一事件について先に裁判を行っている場合には，原則として国際裁判管轄を行使しないというものもある。そのような場合，外国と日本のいずれにも国際裁判管轄が認められるとすれば，どちらで先に裁判を起こすかが，国際裁判管轄の争いにおいて大きな意味を持つ場合がある。

なお，国際裁判管轄の検討は，たとえ当事者が日本人同士の場合でも，一方又は双方が外国に住んでいる場合などには必要となるので注意が必要である（後述→本節 6 (3)・25頁）。

> **Column　国際裁判管轄の法令化の動きと渉外身分関係事件**
>
> 　日本の場合，国際裁判管轄については2011（平成23）年改正により民事訴訟法 3 条に明文規定が設けられるまでは，航空運送契約に関する条約規定などの一部を除けば，規定化されていなかった。そのため，条理解釈として個別的な対応がなされ，判例ルールが形成されてきた。しかし，身分関係事件の裁判管轄については2011年改正の対象外であり，今後も条理解釈によらざるを得ない。身分関係事件の国際裁判管轄に関しては，昭和39年 3 月29日の最高裁大法廷判決以来，通常民事訴訟の裁判管轄の場合と違い，国内土地管轄規定からの類推という条理解釈手法によらずに判例法が形成されてきている。したがって，事件ごとに先例を調べることが必要となる。

4　直接管轄と間接管轄

　国際裁判管轄には，直接管轄と間接管轄という 2 つの側面がある。直接管轄とは，日本の国際裁判管轄の規律に照らし，日本の裁判所が渉外事件を扱うことができるかという問題である。間接管轄とは，日本の国際裁判

管轄の規律に照らし，外国の裁判所が当該渉外事件を扱うことができるかという問題である。

日本の弁護士にとって実務的に問題となるのは，専ら直接管轄である。渉外離婚事件の相談を受けた時，日本の弁護士としては，日本の裁判所で当該離婚事件の手続を行うことができるかという直接管轄の問題を検討する必要があるからである。

間接管轄が問題となるのは，外国判決の承認の場面である。外国の裁判所でなされた確定判決が日本で効力を有するかという場合に，民事訴訟法118条の外国判決の承認要件が問題となる。その要件の1つが管轄であるが（同条1号），ここでの管轄は，判決を下した外国が，日本の国際裁判管轄決定規準からみて当該事件について国際裁判管轄を有していたかであり，この場合の管轄が間接管轄の問題である。したがって，日本の弁護士が間接管轄の有無を検討すべき場面として典型的なのは，外国判決の承認執行について相談を受ける場合である。

しかしながら，外国判決の承認執行以外の場面でも，日本の弁護士が渉外離婚事件について相談を受け，間接管轄の観点から助言を求められる場面があるので注意が必要である。そのような場合として比較的多いのが，日本にいる相談者が，外国にいる配偶者が外国で提起した離婚訴訟の訴状の送達を受けた場合である。このような場合，外国の裁判所における離婚訴訟であるから，その送達の外国法上の有効性，送達を受けて放置した場合の敗訴の危険，どのように対応すべきか等の問題は，基本的に当該外国の資格を有する弁護士に相談すべきである。ただし，相談者は弁護士の費用の負担その他の理由から，外国の弁護士に相談しないで日本の弁護士への相談だけで対応を決めようとする場合もある。このような場合，日本の弁護士としての立場からなすべき（可能な）助言としては，仮にそのまま放置して外国裁判所で敗訴の判決がなされた場合に，その確定判決が日本において効力があるかという点であり，その判断において，日本の国際裁判管轄決定規準から見て，当該外国の裁判所に国際裁判管轄権があると言えるかという間接管轄の有無の検討が必要となる。

5　国際裁判管轄は法律関係ごとに決定

　国際裁判管轄の決定は，法律関係ごとになされることに注意が必要である。渉外離婚事件の場合，一般に，離婚とともに，子の親権者指定（監護の決定），財産分与請求，慰謝料請求，養育費の請求，子との面会交流の全部，又は一部を併せて求めることが多い。この場合，本来，国際裁判管轄の有無は，その請求の項目ごとに判断する必要がある。しかし，渉外離婚事件の場合，最も中心的な離婚請求について日本の裁判所に国際裁判管轄があると認められれば，これに付随する附帯請求の管轄もほぼ自動的に肯定される傾向が強い。これは，国内事件については離婚に伴う附帯処分の併合審理が義務づけられていることから生じていると思われる。

　渉外離婚事件の場合には，附帯請求であっても別個の法律関係として準拠法も異なる場合もあり，当然に併合請求管轄が認められるとは限らない。通常民事事件の場合は，国際裁判管轄についても民事訴訟法3条の6により客観的併合が認められることが明らかにされたが，人事訴訟法にはそもそも国際裁判管轄に関する規定がない。特に問題なのは，子の親権者指定・監護・面会交流等についての請求である。民法771条の準用する766条の規定は，日本法が準拠法となった場合の附帯強制の規定であり，渉外離婚事件の場合，準拠法は日本法でないこともあり，また，国際裁判管轄が日本に認められないこともある。ハーグ条約（第Ⅱ部第7章第5・267頁）が批准された場合には，条約により子の監護処分についての裁判を禁止される場合もあるので注意が必要である。

6　離婚事件の国際裁判管轄
(1)　日本の国際裁判管轄決定のルール

　日本では，国際裁判管轄のルールは通常民事訴訟事件と離婚事件とで異なった展開過程をたどってきた。通常民事訴訟事件に関しては，2011（平成23）年の民事訴訟法改正で国際裁判管轄に関する制定規定が新設された。この改正以前は，国際裁判管轄に関する明文の規定がないため条理によるほかないとし，民事訴訟法の規定する国内土地管轄に関する裁判籍規定を国際裁判管轄の判断の基準として解釈上利用する方法が広く用いられてきた。特に，最高裁昭和56年10月16日判決（民集35-7-1224）により条理に

より判断という形式が確立され（条理説），最高裁平成9年11月11日判決（民集51-10-4055）により民事訴訟法の規定する裁判籍のいずれかが日本国内の裁判所に認められる場合は原則として日本に国際裁判管轄を認められるとしながら，日本で裁判を行うことが当事者の公平，裁判の適正・迅速の理念に反する特段の事情がある場合は，裁判管轄を否定することができるという解釈手法が確立していた。2011（平成23）年改正も，このように定着した個別管轄の判例ルールが基礎となっている。

　このような通常民事訴訟事件とは異なり，離婚の国際裁判管轄については，現在も明文規定はなく，条理によるほかない状態にある。また，その条理の具体的な解釈手法も通常民事訴訟事件で用いられてきたのとは異なっている。これは，人事訴訟法における土地管轄の規定が当初は戸籍筆頭者の普通裁判籍所在地の裁判所の専属管轄となっていたため，戸籍のない外国人を当事者とする離婚訴訟には基準とすることができなかったという事情に起因している。そのため，第2次大戦後に急増した渉外離婚事件についての国際裁判管轄の判断が区々に分かれ法的安定を欠く状態が生じた。最高裁は，昭和39年3月25日大法廷判決（民集18-3-486, 後掲）により判例統一を図った。この大法廷ルールは，原則として被告の住所が日本国内にある場合に国際裁判管轄があるとしながら，被告が原告を遺棄した場合，被告が行方不明である場合，その他これに準じる場合には，被告の住所が日本国内になくても原告の住所が日本国内にある場合国際裁判管轄を認めるというものであった。これまでこの大法廷判例を変更する大法廷判例はなく，これが判例法として定着してきた。

　しかし，渉外離婚を取り巻く社会全体の状況も変化してきて，大法廷判例の妥当範囲などについて学説では議論がされている。判例でも，例えば最高裁平成8年6月24日判決（民集50-7-1451, 後掲）のように，大法廷判例との関係について議論される例も生じている。この平成8年判例については，これを緊急的な場合として大法廷ルールの例外とする見方，大法廷判例の基本線上であり特別な例外ではないとする立場，大法廷判例とは異なる新たなルールが立てられたとする見解など，学説では評価が分かれている。

　このように離婚の国際裁判管轄に関しては条理によると言っても，通常

民事訴訟事件の場合とは異なり，必ずしも明確とはいえない法状態が続いている。特に見解が分かれるのは，外国で婚姻生活を営んでいた夫婦の一方が分かれて日本に来て住所を有している場合に，外国在住の相手を被告として日本の裁判所に離婚訴訟を提起する類型である。

　弁護士としては，具体的事案に応じて，2つの最高裁判決が示した基準のいずれかによって，国際裁判管轄が肯定できること，あるいは管轄を争う場合には，いずれの基準によっても否定されるべきことを主張すればよい。

【最高裁大法廷昭和39年3月25日判決（民集18－3－486）】

　本件は，もと日本国民であった朝鮮人妻が中国で朝鮮人夫と婚姻し，その後朝鮮で婚姻生活を送った後，夫から事実上離婚の承諾を得て日本に帰国し，1回の音信もなく所在不明となった夫に対し離婚請求訴訟を提起したという事案である。裁判所は，「離婚の国際的裁判管轄権の有無を決定するにあたっても，被告の住所がわが国にあることを原則とすべきことは，訴訟手続上の正義の要求にも合致し，またいわゆる跛行婚の発生を避けることにもなり，相当の理由のあることではあるが，他面，原告が遺棄された場合，被告が行方不明である場合その他これに準ずる場合においても，いたずらにこの原則に膠着し，被告の住所がわが国になければ，原告の住所がわが国に存していても，なお，わが国に離婚の国際的裁判管轄権が認められないとすることは，わが国に住所を有する外国人で，わが国の法律によっても離婚の請求権を有すべき者の身分関係に十分な保護を与えないこととなり（法例16条但書参照），国際私法生活における正義公平の理念にもとる結果を招来することとなる」と述べて，日本の裁判所の国際裁判管轄を肯定した。

【最高裁第二小法廷平成8年6月24日判決（民集50－7－1451）】

　本件は，ドイツでドイツ人妻と婚姻し婚姻生活を送っていた日本人夫が，子を連れて日本に帰国した後，妻がドイツの裁判所に離婚訴訟を提起したが，夫の所在が不明のため公示送達により訴状が送達され，夫が欠席のまま離婚判決が下された一方で，夫が日本の裁判所にドイツ在住の妻に対する離婚請求，日本在住の子についての親権者指定，及び慰謝料請求の訴訟を提起したという事案である。裁判所は，「離婚請求訴訟においても，被告の住所は国際裁判管轄の有無を決定するに当たっ

て考慮すべき重要な要素であり，被告が我が国に住所を有する場合に我が国の管轄が認められることは，当然というべきである。しかし，被告が我が国に住所を有しない場合であっても，原告の住所その他の要素から離婚請求と我が国との関連性が認められ，我が国の管轄を肯定すべき場合のあることは，否定し得ないところであり，どのような場合に我が国の管轄を肯定すべきかについては，国際裁判管轄に関する法律の定めがなく，国際的慣習法の成熟も十分とは言い難いため，当事者間の公平や裁判の適正・迅速の理念により条理に従って決定するのが相当である。そして，管轄の有無の判断に当たっては，応訴を余儀なくされることによる被告の不利益に配慮すべきことはもちろんであるが，他方，原告が被告の住所地国に離婚請求訴訟を提起することにつき法律上又は事実上の障害があるかどうか及びその程度をも考慮し，離婚を求める原告の権利の保護に欠けることのないよう留意しなければならない」と述べた。本件の原告は，ドイツでドイツ人妻と婚姻生活を送っていたが，子どもを連れて日本に帰国した日本人夫であり，ドイツでは，ドイツ人妻が提起した離婚訴訟において，既に離婚判決がなされ，確定していた。しかし，同判決は，公示送達のために，日本においては外国判決承認の要件（旧民訴200条（現118条）2号）を欠き効力が認められず，婚姻が終了していない。しかし，日本人夫がドイツで離婚訴訟を提起しても不適法とされる可能性が高く，我が国で離婚訴訟を提起する以外に方法がないという事情を考慮すると，我が国の国際裁判管轄を肯定することは条理にかなうとされた。

(2) 離婚の国際裁判管轄が日本に認められる例（類型的な主要パターン）

日本国内での渉外離婚事件の場合，判例の国際裁判管轄決定基準によれば，当事者双方が日本国内に居住している限り，その国籍に関わらず，日本の裁判所に国際裁判管轄が認められる。外国人同士の離婚事件でも同様である。外国での渉外離婚事件について外国の裁判所に国際裁判管轄が認められるかは同地の国際裁判管轄決定基準による。ただし，外国に居住する日本人同士の離婚事件の場合，協議離婚の方法による離婚が可能である（通則法27条）。そして，協議離婚ができない場合，当該国の国際裁判管轄決定基準によれば管轄が認められるのであれば，日本人同士の離婚事件であっても，当該外国の裁判所に離婚訴訟を提起することが可能である。

問題は，外国に居住する日本人同士の離婚事件について，日本の裁判所

が国際裁判管轄権を有するかという点である。この場合，日本の国際裁判管轄決定基準によれば，当事者双方とも日本にいないのであるから，日本の裁判所に国際裁判管轄権が認められないようにも思われる。当事者の国籍を基準に日本の裁判所に国際裁判管轄権が認められるべきであるとする見解もあるがあるが，公刊された裁判例では例がない。

　実務上，最も問題になるのが，夫婦の一方が日本に居住し，他方が外国に居住している場合の渉外離婚事件の国際裁判管轄である。外国に居住している当事者が原告となって，日本に居住している当事者を被告として日本の裁判所に離婚訴訟を提起する場合，日本の裁判所に国際裁判管轄が認められることは問題がない（被告の住所基準）。この場合，当事者の国籍は関係ない。逆に，日本に居住している当事者が原告となって，外国に居住している当事者を被告として日本の裁判所に離婚訴訟を提起する場合は，前述の2つの最高裁判決の規準に照らし，事案の具体的な事情に応じて管轄の有無を検討することになる。

　まずは昭和39年大法廷判例によることになる。大法廷ルールによると，被告が原告を遺棄した場合，被告が行方不明の場合，その他これに準じる場合には，原告の住所のみが日本にある場合でも，日本に国際裁判管轄が認められるとしていた。したがって，日本で婚姻生活を営んでいた夫婦の一方が他方を「遺棄」して外国に居住しているような場合，判例は日本に国際裁判管轄を認めてきた。しかし，外国で婚姻生活を営んでいた夫婦の一方が日本に帰国し外国に居住する他方を被告として日本の裁判所に離婚訴訟を提起する場合についても，日本に国際裁判管轄を認めることには学説の一部からは疑問が呈されており，夫婦の最後の共通住所地国で原告が現在も住所を有している国に管轄を認めるべきであるという立場も有力である（石黒一憲「家事事件における国際裁判管轄」自由と正義35－6－4，道垣内正人「家事事件における国際裁判管轄」法律のひろば39－11－13，同「渉外判例研究」ジュリ877－126）。

(3)　国際裁判管轄の検討における注意（間違いやすい例）

　日本の国際裁判管轄決定基準は，基本的に被告の住所を原則としており，当事者の国籍を基準とするものではないことから，日本人同士の夫婦で

あっても，居住地が日本以外である場合には，国際裁判管轄が問題となることに注意が必要である。

　また，比較的よくある誤解の例は，離婚手続は，婚姻の手続を行った国でしなければならないというものである。婚姻手続を外国で行った夫婦は離婚手続も当該外国でする必要があるのかという質問を受けることがある。しかし，婚姻手続地により国際裁判管轄が定まるものではない。同様に，外国人同士の夫婦が，日本で婚姻手続を行ったために日本で離婚手続が可能か，あるいは，日本で離婚手続をしなければならないのかという質問を受けることもしばしばある。この問題は，国際私法の問題として解説すれば，外国で行った婚姻手続の有効性は，法の適用に関する通則法の婚姻についての準拠法（方式，実体要件）に照らし，日本法から見て当該婚姻が有効かという問題を最初に検討すべきである。そして，当該婚姻が有効であるとすれば，この場合の婚姻の有効性を離婚事件の先決問題というが，これを前提に離婚は離婚で管轄や準拠法を考えることになる。

　中には，外国で結婚式を挙げて同地の婚姻の方式で行い，日本の本籍地にその届出を行っていない場合がある。戸籍上，婚姻したことになっていないため，日本での離婚手続ができないのではないか，婚姻した地で離婚するしかないのではないかという相談を受けることがしばしばあるが，外国での婚姻が日本法から見て有効に成立していれば，戸籍への届出は報告的届出にすぎず，この届出がなされていなくても，婚姻自体は有効に成立している（ただし，戸籍法上，外国で成立した婚姻を届け出る義務があるから，その違反について過料の制裁を受ける可能性があることは別問題）。外国で挙式する夫婦は，婚姻の手続，戸籍の届出等には注意が必要である。

　別のよくある誤解は，先に準拠法について考え，準拠法が日本法になるので，日本に国際裁判管轄があるというものである。理論的には，国際裁判管轄が日本にある場合に初めて，どの法が適用されるかという準拠法決定の問題となる。

(4) 国際裁判管轄決定における住所の基準

　日本の国際裁判管轄決定において重要なのは，住所である。そこで，国際裁判管轄決定の基準としての住所とは何を指すのかが問題となる。

例えば，被告が日本人で，日本にかつて住んでいたが現在は外国に住んでいるという場合，それが一時的な居住で，日本に住民票がある場合はどうか。逆に，外国から日本に帰国した場合，帰国してすぐに住民登録すれば，日本に住所があるといえるのか。それとも，日本に居住しているとして管轄が認められるためには，一定期間日本に居住していることが必要か。必要であるとして，どのくらいの居住期間が必要か。また，外国人の場合は，在留資格は関係あるのか。

裁判例を見ても，この点について，明確な基準を示したものは見当たらない。また，問題となっている住所が原告の住所か被告の住所か，日本人のものか外国人のものかといった誰の住所を問題にしているかや，日本における住所か外国における住所か，また事案によっても判断が異なる可能性がある。

例えば，外国にいる夫婦の一方が，日本に帰国してしまった日本人配偶者を被告として日本の裁判所に離婚訴訟を提起する場合，帰国してすぐであっても日本に被告の住所があるとして，日本の裁判所に国際裁判管轄が認められることになろう。また，日本に居住しているオーバーステイの外国人が，他方配偶者から遺棄されたとして，外国にいる他方配偶者を被告として日本の裁判所に離婚訴訟を提起する場合，原告の外国人が日本に居住している実体がある限り，オーバーステイ状態であることは，国際裁判管轄の基準との関係で原告が日本に住所を有すると認定することの妨げにはならないと考えられる。

また，どの程度の期間，日本に居住していれば，日本に住所があると認められるかが争点となった裁判例は特に見当たらないが，渉外離婚事件について日本に国際裁判管轄を認めた事案からは１年未満の居住でも日本に住所があると認められていることが窺われる（東京家審昭和61.9.17判時1225―73。日本在住の外国人が在外日本人妻を相手取った事案だが，調停に応じていることもあり，１年未満で住所が日本にあると認めた）。

(5) 遺棄・行方不明

昭和39年最高裁判決は，被告の住所が日本になくても原告の住所が日本にあれば日本の裁判所に渉外離婚の国際裁判管轄が認められる例外事由と

して，①被告が原告を遺棄した場合，②被告が行方不明の場合を挙げた。以来，この2つの事由は，日本に居住する原告が外国に居住する被告に対して提起する離婚訴訟において，日本に国際裁判管轄があることを主張する根拠としてよく用いられており，渉外離婚の実務において重要な意味を持っている。

①の被告が原告を遺棄した場合とは，原告と被告が日本で婚姻生活を送っていて被告が原告を日本に残したまま自国に帰ったり，外国に移住してしまったような場合が典型例である。

問題となるのは，夫婦が外国で婚姻生活を送っていたが，外国で被告から遺棄された原告が，日本に帰国した場合である。外国における遺棄が，昭和39年判決が示した例外事由の遺棄にあたるのかという問題である。この場合も遺棄にあたると考える余地もある（例えば，浦和地判昭和60．1．29判タ596−73は遺棄にあたるとした）が，このような事案について，昭和39年判決基準の遺棄にあたるとして，日本の国際裁判管轄を認めた裁判例は見当たらない。

しかし，学説では，「遺棄」という概念を基準として用いることを疑問とする見解も有力である。判例でも，厳密には「遺棄」にあたらない場合でも，個別事情を考慮して裁判管轄を肯定する例も見られる（前掲最二小判平成8．6．24，東京地判平成16．1．30判時1854−51（フランスDV判例））。学説では，「遺棄」を基準とせず，いわゆる「逃げ帰り離婚」類型では，婚姻共同生活が営まれていた元の国に原則として裁判管轄を認めるべきであるとする見解が有力である。

次に，②の被告が行方不明の場合である。どのような場合に行方不明と言えるかは，外国公示送達の要件の行方不明の場合と同内容ととらえて問題ないであろう。被告が外国で行方不明であると言うためには，日本から出国していることが前提となるが，出国の事実は，法務省に対し出入国管理記録の弁護士会照会で証明することが可能である。なお，言うまでもないが，被告が日本から出国した記録はなく，日本国内にはいると思われるものの，行方がわからない場合は，日本に国際裁判管轄があることについては問題がなく，通常の公示送達によるべきこととなる。

⑹ **合意管轄と応訴管轄**

　離婚や子の親権事件のような身分関係についても，合意管轄や応訴管轄（民訴3条の7・3条の8）による国際裁判管轄が認められるかについては，学説・実務上，明確ではない。身分関係事件は国内管轄についても専属管轄とされており，公益的要素が強く当事者主義が制限されていることから，合意管轄による国際裁判管轄を直ちに認めてよいかは問題である。公刊された裁判例では，離婚事件につき合意管轄による国際裁判管轄を肯定してよいかが論点となったものは見当たらない。

　これに対し，応訴管轄については，実務上は，日本の裁判所に国際裁判管轄が認められるかどうか明確でない場合に，被告が応訴し管轄の点を特に争わなかった場合には，明示的に応訴管轄により国際裁判管轄を肯定すると判示した例はないが，管轄があることを前提に本案の判決をした判例はある。これをもって応訴管轄を認めたと言ってよいかどうかは疑問であるが，実務上は，実際には被告が応訴して国際裁判管轄を争わないという態度は，日本の国際裁判管轄を肯定する方向に働く要素として考慮されているように思われる。そのため，国際裁判管轄の有無の判断が難しいケースで原告側から相談を受けた弁護士としては，被告の対応によっては管轄の点は特段問題とならずに審理が進む場合があるということを依頼者に相談のうえ，提訴してみるという方法をとることが考えられる。被告も早く離婚を成立させることを望んでいるとか，あるいは，日本に財産分与の対象となる婚姻財産があるとか，養育費の支払義務や履行確保の点からその義務者（原告）が居住する日本で離婚判決を得た方が有利である等の理由で，国際裁判管轄の点を争わずに応訴してくる可能性もある。

　なお，裁判所に国際裁判管轄の問題を指摘される場合もある。裁判所によっては，とりあえず外国にいる被告に送達をしてみて，被告が応訴するかどうか被告の反応を見るという場合と，そもそも送達する前提として管轄について原告に釈明を求め，原告の主張の補充によっても，国際裁判管轄が認められないという心証が開示されることもある。国際裁判管轄がない場合には，裁判所としては訴訟要件を欠くとして訴えを却下することになるが，訴状の記載事実自体から国際裁判管轄がないことが明らかな場合でない限り，被告に送達せず却下するという扱いは，実際には多くはな

いであろう。

7　子の監護事件の国際裁判管轄

親権者・監護者の指定や，面会交流など，子どもの監護に関する事件の国際裁判管轄については，離婚訴訟における附帯請求の場合と，別居中の監護者指定やその変更，離婚後における親権者・監護者の指定・変更など独立の事件として申し立てられる場合とで取扱いが異なる。

(1)　離婚請求の附帯請求として申し立てる場合

子の親権・監護の問題が，離婚訴訟において附帯請求として申し立てられる場合には，離婚請求について国際裁判管轄があることを理由に日本の裁判所に子の親権・監護についても国際裁判管轄を肯定するのが実務の取扱いである。国際離婚裁判の場合も，子の監護権者の指定処分を附帯すべきだと考えるためと思われる。しかし，民法の規定は日本法が準拠法となる場合に適用されるべきであり，また，子の監護処分事件は，通則法32条により準拠法が決定されるから離婚準拠法と一致するとは限らない。国際裁判管轄も，離婚事件と同じではなく子の住所が日本にある場合が原則とされている。したがって，子どもの住所が日本にあれば国際裁判管轄を認めても問題はない。しかし，子どもの住所が国外にある場合は問題となる。

子どもの住所が海外にあるのに，日本の裁判所が，離婚事件に附帯させて，監護権者指定処分の管轄を認めた事例には2パターンがある。1つは，日本にいる原告が外国にいる被告（子どもも被告とともに外国に居住）に対し，遺棄等を理由に日本の裁判所に離婚及び子の親権者指定の裁判を提起し，管轄が認められる例。もう1つは，外国にいる原告（子どもも原告とともに外国に居住）が日本にいる被告に対し，日本の裁判所に離婚及び子の親権者指定の裁判を提起し，管轄が認められる例である。

(2)　子の親権者指定等を離婚と別に申し立てる場合

次に，離婚とは別に，子の親権者指定・変更，監護者指定・変更，面会交流が問題となる場合については，学説・判例ともに子の住所地国に国際裁判管轄を認める傾向にある（子どもが複数いて，日本に居住する子どもについては管轄を認め，外国に居住する子どもについては管轄を否定した例がある。ま

た京都家審平成６．３.31判時1545―81は，間接管轄だが，日本に居住する子どもについてフランスの裁判所の面会交流の決定（判決）の国際裁判管轄を否定した）。外国から日本に子を連れ帰った場合の国際裁判管轄の問題については，後記第Ⅱ部第7章第2（233頁以下）を参照されたい。

　子の監護に関する事件の国際裁判管轄は子が現に居住する国にあるとの日本の実務における考え方は，従来，逆に，日本から子どもが外国に連れ去られた場合にもそのまま適用されてきたように思われる。例えば，大阪地裁昭和55年6月16日決定（家月33－1－86）は，親の一方による国際的な子の連れ去り事案ではないが，外国にいる拘束者に対し人身保護の手続が及ばないとして，外国にいる子についての引渡しを求めた人身保護請求を棄却した。

　このような，離婚請求とは別になされた子の監護に関する申立てについては，子どもの住所地国にのみ国際裁判管轄を認める日本の裁判実務の考え方は，他方親の同意を得ずに子どもを連れて家を出ること自体が違法であるとか，監護者指定において別居の際に子どもを連れ出したこと自体が不利に扱われることはないという日本の実務とあいまって，他方親によって子を国外に連れ去られた親は，日本の裁判所に対し何の救済も求めることができないことを意味してしまう。

　しかしながら，それまでの子どもの居住地が日本であるならば，本案の判断の結果がどうなるかは別として，日本の裁判所が子の監護者指定について最も適切な判断をなしうるとの考え方も可能であろう。

　日本の裁判所は，国内事件においても，子どもの引渡しを命ずる審判や判決を出しても任意に引渡しがなされなければ執行はほとんど不可能であり意味がないとして，引渡しを命ずること自体に消極的な傾向があるように思われる。実際，現実的に子の引渡しの執行の可能性まで考えると，現に外国に居住する子どもについて引渡しの審判を出しても，執行は不可能又は著しく困難であろう。また，現に日本にいない子どもの監護事件について日本の国際裁判管轄を認めることは，子どもの状況の調査の実効性という点からも問題がないとは言えない。

　しかしながら，外国にいる子どもの状況を調査することが可能な場合もある（社会福祉事業団の活用その他，様々な調査の可能性）。実際に，前述のと

おり，離婚の附帯請求としての親権者指定の請求の場合，外国に居住する子どもについて，子どもと外国において同居する親を親権者に指定する判決をなす場合もあるのであるから，子どもが連れ去られた場合に子どもが日本に現に居住しないことをもって，直ちに日本の裁判所にもはや国際裁判管轄はないとしてしまうことでよいのか，事案によっては再考の余地があるように思われる。

　この点で，最近の裁判例として福岡高裁那覇支部平成22年2月23日決定（家月63-1-134）が注目される。日本人父が日本人母との間の子の親権者を母と指定して離婚したが，離婚後も共同で子を監護していたところ，母が家を出て行方がわからなくなったため，親権者変更の審判を申し立てたところ，渡米し米国人と再婚していた母が子を米国に連れ去ったという事案において，親権者指定の経緯，母の渡米後9か月間父が子を監護しており監護者として適格性が認められること，母は父の意思を無視して子を従前の環境と異なり負担のかかる外国にいきなり連れて行っており，外国における監護状況には不明の点が多いこと等を理由に，子の親権者を母から父に変更することを認めた原審審判について，「相手方（父）と同居して安定した生活を送っていた未成年者らを，相手方（父）の意向に反し，原審裁判所における審判手続を無視する形で，未成年者らにとって未知の国であるアメリカ合衆国に連れ出した。このような行為態様にかんがみると，抗告人（母）の親権者としての適格性には重大な疑義があるといわざるを得ない」と述べて原審の判断を維持した。

8　養育費請求の国際裁判管轄

　養育費請求については，義務者である相手方の住所地国のほか，権利者である子の住所地国に国際裁判管轄が認められるとするのが実務の扱いである。

9　調停の国際裁判管轄

　調停の国際裁判管轄は，訴訟・審判の場合と異なる。調停の場合は，厳密に国際裁判管轄があるとは考えられない場合でも，相手方が任意に調停に出頭して調停手続に応じていることを理由に，国際裁判管轄を肯定した

例が多数見られる。これは，調停が，裁判手続ではあるが当事者の合意を基本にした手続であり，また国内土地管轄について管轄の合意が認められていることが，国際裁判管轄の考え方にも影響しているとも考えられる。

　そのため，申立人及び相手方の双方が日本に住所を有しない場合であっても，双方当事者が合意すれば，日本の裁判所に調停についての国際裁判管轄が認められると考えることも可能であり，特に，後述の国際転居のためのミラー・オーダーに代わる方法としての調停では，このような場合に日本の裁判所に調停の管轄を認める必要性が高い。ただし，その場合でも当事者本人の出頭は原則として必要とされる。

10　執行のことを考える

　日本の裁判所に国際裁判管轄があるか否かを考える場合，日本の裁判所で得た判決を，外国で承認・執行する必要があるかについても留意しておく必要がある。

　例えば，外国に居住する被告に対し日本の裁判所に離婚裁判を起こす場合，離婚についての国際裁判管轄は認められる可能性が高いとする。このような場合，日本の弁護士が日本で裁判を提起したいという相談を受けると，日本の裁判所で離婚訴訟が提起できるかどうかだけに目がいきがちである。しかしながら，相手方名義の婚姻財産が外国にあり，財産分与の請求が日本の裁判所で認められても執行は外国で行う必要があるような場合には，日本で得た判決が当該外国で承認され執行可能かどうかまでを視野に入れて助言することが望ましい。

　逆の場合を考えればわかるように，外国の裁判所の判決を日本で執行する場合には，外国判決の承認要件が問題となり，執行判決を得る必要がある。その場合，当該外国判決が承認要件を満たしていなければ執行できない。同様に，日本の裁判所が下した判決が外国でそのまま承認執行されるかは，当該外国法によることになる。そのため，執行の点まで考慮すると，最初から外国の裁判所で（当該外国に管轄があることが前提となる）離婚訴訟を提起した方がよい場合がある。

　さらに言えば，どちらの国で裁判を行うことが適切かを比較検討したうえで，日本の裁判所で離婚訴訟を提起することになった場合でも，最初か

ら執行の可能性を視野に入れて，当該外国の弁護士に相談をしながら，将来の承認執行に問題のないよう留意しながら手続を進めていく必要がある場合もある（外国での財産への執行が重要な事案など）。

　また，執行の問題ではないが，例えば外国の裁判所にも国際裁判管轄があるのであれば，アリモニー（離婚後扶養）や財産分与の基準財産関係書類の開示手続，養育費の算定基準金額や給与からの天引きによる取立ての手続等の面で日本法によるより原告にとって有利な場合がある。そうだとすると，弁護士としては日本に国際裁判管轄が認められる場合であっても，被告の居住地国での訴訟提起の検討を助言すべき場合があろう（外国で弁護士を探して日本から依頼するのは容易ではないことや弁護士費用の負担から躊躇する依頼者もいる。最終判断は依頼者に委ねることになるが，弁護士としては外国と日本での訴訟提起の可能性とその比較検討について，情報提供すべきであろう。ただし，もちろん，外国における訴訟提起の可否（管轄）と見込みについては，外国の弁護士に助言を求めるよう示唆すべきである）。

第2　準拠法

1　抵触法とは

　渉外事件では，事件と何らかの連結点で関連のある法域が複数存在する。その中からどの法域の法律を当該事件に適用するかという法の選択の規準を定めたものが抵触法であり，抵触法により選択された，当該事件に適用するよう指定された法を準拠法という。国際裁判管轄について世界に共通のルールがないのと同様，抵触法についても世界に共通のルールはない。

　日本の抵触法は，以前は「法例」という名称で定められており，平成18年に改正され，名称も「法の適用に関する通則法」（以下，「通則法」という）に改められた。日本の抵触法の特徴は，身分関係については，当事者の国籍を連結点とする本国法主義を原則としながら，常居所地を副次的連結点としている点である。これに対し，外国の抵触法には，身分関係について住所地法主義を採用するものが少なくない。例えば，離婚を例に取ると，日本の通則法では，当事者の本国法が共通の場合，共通本国法が適用され，日本の裁判所が外国の離婚法を適用するということがありうる。ところが，離婚の抵触法として住所地法主義を採用している国の場合，当該外国に住所を有していれば，日本人同士の離婚であっても当該外国の離婚法が適用されることになる。

2　法律関係の性質決定

(1)　先決問題

　先決問題とは，ある法律問題（本問題）を判断するために不可欠の前提問題がある場合に，まず前提問題について本問題とは別に法律関係を性質決定し，準拠法を適用して判断するというプロセスにおける前提問題のことをいう。

(2)　性質決定とは

　準拠法は，問題となっている法律関係ごとに，その法的性質に応じて決定される。抵触法規定は，個別法律関係より包括的な法律関係を単位として準拠法を指定している。例えば，通則法を見ると，24条（婚姻の成立及

び方式),25条（婚姻の効力),26条（夫婦財産制),27条（離婚）等のように,ある法律関係・法律問題についての準拠法の指定のルールが定められている。そのため,抵触法の準拠法決定規準に従い,準拠法を選択するためには,まず,当該事案において法の適用により判断すべき問題・法律関係の性質を決定する必要がある。これを,法律関係の性質決定という。

　具体的な事案から見ると,例えば,協議離婚無効確認訴訟を提起する場合,離婚無効という法律関係は離婚の成立の問題として,「離婚」と性質決定して27条の準拠法指定ルールにより準拠法を選択するということになる。また,婚姻関係が成立しているかが問題となる場合は,婚姻関係の成立に関する準拠法により判断することになる。ただし,婚姻関係の成立にも形式的要件（方式）と実質的要件があり,準拠法はそれぞれについて指定される。

　渉外離婚に関する問題で,法律関係の性質をどう考えるかにより準拠法の指定ルールが異なるため,法律関係の性質決定が問題となるものとして,婚姻費用,財産分与,離婚に伴う慰謝料請求,離婚に伴う親権者指定がある。婚姻費用は,夫婦財産制(26条)の問題と考えることもできるが,判例実務は扶養義務の問題と性質決定し,「扶養義務の準拠法に関する法律」により準拠法が指定されるとする。財産分与については,清算的財産分与は「夫婦財産制」(26条)と性質決定すべきという考え方が学説では有力であるが,実務では,財産分与全般について,離婚の効果の問題と性質決定し,離婚についての準拠法(27条)が財産分与にも適用される例が多い。離婚に伴う慰謝料請求は,不法行為(17条)の問題とする考え方と,離婚の効力(27条)の問題とする考え方があるが,判例実務では,離婚の効力の問題として離婚の準拠法が適用されるのが一般である。また,離婚に伴う親権者・監護者の指定については,かつては,離婚に伴う法律問題であることから「離婚」(27条)と性質決定する考え方が有力であったが,現在の実務では,親子間の問題と性質決定し,「親子の法律関係」(32条)によって処理されている。

(3) **性質決定における注意点**

　渉外事件の実務においては,抵触法に特有な構造から,事案の中から法

律関係を1つひとつモザイクのように切り分け，その個別の法律関係の性質を決定し，個々の法律関係ごとに定められている準拠法指定のルールに従い準拠法を決定し適用していくという作業が必要である。この考え方に不慣れな場合，準拠法の指定について混乱しやすいので注意が必要である。

　例えば，日本国内の離婚事件の場合，離婚訴訟の中で，同時に親権者の指定，慰謝料，財産分与，養育費を請求することが多いが，渉外離婚事件の場合，各請求ごとに準拠法決定規準で準拠法を1つずつ決定していかなければならない。時折，離婚についての準拠法をそのまま親権者指定の準拠法として主張する例が見られるが，親権者指定という法律関係を離婚の成立と別の法律関係として性質決定し，準拠法指定ルールにより準拠法を決定するという国際私法の考え方に慣れておらず，離婚と親権者指定を一体のものと扱う日本法の考え方に引きずられているために起こる間違いである。

3　本国法の決定

(1)　身分関係についての本国法主義

　日本の国際私法（通則法）は，身分関係について，当事者の国籍を連結点として準拠法を指定する本国法主義を原則としている。身分関係については日本のように本国法主義によっている国のほか，住所地法主義によっている国もある。国籍の確定は容易のように思えるが，実際には，次のような場合に問題となる。

(2)　重国籍者

　まず第1に，重国籍者の場合である。日本の国籍法は二重国籍を認めていないが，国籍の取得喪失は各国の法律に委ねられており，国籍唯一の原則が唱えられてはいるものの，アメリカやカナダ，フランス，オーストラリアなど二重国籍を認める国は多い。また，日本の国籍法の下でも，未成年の間は二重国籍を保有できる（20歳までに二重国籍者となった場合は満22歳までに，20歳以後に二重国籍者となった場合はその時から2年以内に国籍を選択しなければならない。国14条）。

　国籍の取得喪失に関する各国の制度は，親の国籍を子どもが継承する血

統主義の国と子どもが生まれた地の国の国籍を取得する生地主義とに分かれて併存している。そのため，子どもは両親のそれぞれの国籍を取得し，かつ生まれた国の国籍を取得するなどして，複数の国籍を保有することになることがある。特に国際結婚から生まれた子どもの場合は，複数の国籍の保有が頻繁に起こる。

このような重国籍者の本国法の決定について，通則法38条はルールを定めている。まず重国籍のうちに日本法があれば，日本法が本国法とされる（1項ただし書）。日本法がない場合，重国籍のうち常居所地国法が含まれていれば常居所地国法が本国法となる（2項）。それもない場合は，重国籍のうち，当事者に最も密接な関係がある国の法が本国法となる（3項）。当事者が重国籍者の場合，日本法又は常居所地国法が本国法となる場合は比較的容易に本国法が決定できるが，当事者に最も密接な関係がある国の法を本国法として決定すべき場合，当事者から，生まれた国，育った国，教育を受けた国，働いたことのある国，家族が住んでいる国，使用言語等の事情を聴取し，当事者が複数有する国籍の中から，当事者に最も密接な関係がある国の法を本国法と決定することになる。外国人登録においてどの国が本国として登録されているかも，有用な考慮要素の1つである。

4 不統一法国

本国法が準拠法として指定される場合，本国法の中に地域的に複数の法域がある場合や，属する宗教によって異なる法が適用される場合がある。このような場合には，具体的にどの法域やどの法律が本国法として適用されるかを決定する必要がある。

まず，地域的に複数の法域がある国の場合の本国法の決定については，通則法38条3項が規定する。連邦制で家族法が州によって異なるアメリカ，カナダなどがこれにあたる（オーストラリアも連邦制であるが，家族法は西オーストラリア州を除き統一されているため，問題があまり生じない。英国もスコットランド及びアイルランドは法が異なるので注意）。どの地域の法律を本国法として適用するかについて，その国に規則がある場合は当該規則により，そのような規則がない場合は，当事者に最も密接な関係がある地域の法律を本国法とする。

アメリカについては，かつて，どの地域の法律を本国法として適用するかについての規則があると判断した判決もあったが，現在では，アメリカにはそのような規則はなく，当事者に最も密接な関係がある地域の法律を本国法とするというのが実務である。この場合，当事者に最も密接な関係がある地の法律の決定は，前述の重国籍者の場合の最も密接な関係がある国の法を本国法と決定すべき場合の要素と同じような要素によりなされる。すなわち，生まれた州，育った州，教育を受けた州，働いていたことのある州，家族が住んでいる州などの要素を考慮し，どの州が当事者に最も密接な関係があるかを判断することになる。

　次に，属する宗教によって適用される法律が異なるなど，人的に法が不統一な国の本国法の決定については，通則法40条1項が定める。当該個人がどの人的集団に属するかによってどの法律が本国法として適用されるかを定めたその国の規則がある場合は当該規則により，そのような規則がない場合は，当事者に最も密接な関係がある法を本国法とする。地域的不統一法国の場合は，常居所や行為地等，国籍以外の連結点により当該国法が準拠法と決定された場合は，直接連結点を通じてどの地域の法が準拠法となるかが定まる。これに対し，人的不統一法国の場合は，連結点が国籍以外の場合でもなお，どの法律が適用されるかを決定する必要が生じる。そのため，通則法40条2項は，このような場合にも同条1項の本国法決定方法が準用されると定める。

　渉外離婚の事案において，この人的不統一法国の準拠法の決定が問題となることはあまりない。なぜなら，日本人と外国人の夫婦が日本で婚姻生活を送ってきて日本で離婚する場合の離婚の準拠法は，日本法となるからである。離婚の準拠法が人的不統一法国の法になる場合の例としては，マレーシア国籍者同士の夫婦の離婚など，夫婦が同一の人的不統一法国の国籍を有する場合がある。例えば，ある国では，夫婦の一方がムスリム（イスラム教徒）で他方が非ムスリムである場合，ムスリムの身分関係にはシャリア法が，非ムスリムの身分関係には一般の民法が適用されることとなっているとしても，当該国の規則において，ムスリムと非ムスリムの離婚に適用される法律が定められていれば，当該規則が定める法律を，両当事者の共通本国法として適用することになる。

5 子どもの本国法

　子どもの場合，重国籍者の場合，及び地域によって法が異なる国の本国法の決定が困難なことが多い。特に，国籍の異なる国際結婚から生まれた子どもが両親それぞれの国籍を保有している場合や，両親がいずれも米国籍であるが出身州が異なる場合などで，日本で生まれ日本で育ち，両親の国籍国・出身州のいずれにも住んだことがないといった場合に，子ども自身にとって，両親のいずれの国籍国や州が最も密接な関係があるかの決め手に欠けることがあるからである。

　言語や宗教，日本における外国人コミュニティーとの結びつきなどから，両親の本国のいずれか一方との間により強い結びつきがある場合などは，当事者に最も密接な関係があるとして子どもの本国法の決定が可能である場合もあろう。しかし，そうした決め手に欠ける場合，実務では，特に親権・監護権の問題の準拠法決定の場面では，子の本国法が父又は母の本国法と同一である場合にあたらないとして（通則法32条），子の常居所地法である日本法を準拠法として適用する傾向が見られる。いずれかの国や州を優先させる決め手に欠ける以上，やむを得ず，現実的な解決とも言えるが，日本との結びつきがそれほど強くなく，いずれ今後は両親の出身国に移住することが予想されるような子どもの場合，安易に日本法を適用する解決が果たして適切かは疑問がないわけではない。とりわけ，両親のそれぞれの国・州が共同親権制を採用している場合に，子どもの常居所地法である日本法を適用した結果，日本の単独親権制の下で両親のいずれか一方を親権者に定めなければならないことになるといった問題も生ずる。

6 分裂国家

　本国法が準拠法となるが，当該国家が分裂国家である場合の準拠法をどう考えるべきかという問題がある。分裂国家とは，中華人民共和国と中華民国（台湾）や大韓民国と朝鮮民主主義人民共和国がこれにあたる。分裂国家の本国法については，準拠法の決定においては２つの国家が並存するものと捉え，通則法38条１項により重国籍者の本国法の決定により処理する考え方と，又は，１つの国家内に２つの政府が存在する地域的不統一法国と捉え，通則法38条３項により不統一法国者の本国法の決定により処理

する考え方がある。なお，国際法上の国家承認の問題と，その国の法律を準拠法として適用しうるかとは別の問題であり，未承認国家の法律も準拠法として適用できることについて現代では争いはない。したがって，結論的には，この2つの考え方のいずれをとっても，当該個人が中華人民共和国と中華民国，大韓民国と朝鮮民主主義人民共和国のいずれかに常居所を有し，又はその出身であり，あるいは親族がいずれかに居住している等の結びつきを有していれば，その国（地域）の法律が本国法として適用されるという結論になる。

　実際，実務においては，当該個人の出身が中華人民共和国又は中華民国，大韓民国又は朝鮮民主主義人民共和国の出身であることが外国人登録の記載から明らかである場合，わざわざ分裂国家の本国法の問題を論じることなく，外国人登録における国家の記載に従い，その法律を本国法として適用している。

　例えば，東京高裁平成12年7月12日判決（家月53－5－174）は，双方とも中華民国国籍の夫婦の離婚における財産分与について，協議離婚に際し財産分与を認めないことは，我が国の公序に反するとして，財産分与を認めない中華民国民法の適用を旧法例30条により排除し，日本国民法を適用したが，財産分与の準拠法として，当事者双方の共通本国法である中華民国法の適用があることが，この判断の前提となっている。また，最高裁昭和59年7月20日判決（民集38－8－1051）は，朝鮮国籍の妻と韓国国籍の夫の夫婦の離婚事件について，特に分裂国家の問題に触れることなく，旧法例16条によって夫の本国法である韓国法を準拠法として適用した。

　問題となるのは，国籍記載が「中国」，「朝鮮」である場合のように，中華人民共和国と中華民国，大韓民国と朝鮮民主主義人民共和国のいずれの法が当事者に最も密接な関係がある国の法律となるかの決定が困難な場合である。特に，日本で生まれた在日コリアンの場合に問題となることがある。在日コリアンの場合，外国人登録において国籍と記載された国名や，本国における住所又は居所に記載された地が大韓民国と朝鮮民主主義人民共和国のいずれの支配下にあるかということよりも，本人の帰属意識などの観点から当事者に最も密接な関係がある国を本国法とすべきことがある。同様の問題が中国人についても問題となることがある。

この問題に関する裁判例としては、高知家裁昭和37年1月8日審判（家月14-4-221）は、養子縁組の養子の本国法について、国籍は朝鮮であるが、日本で生まれ、韓国と朝鮮のいずれにも一度も住んだことのない事件本人の意思に従い、旧法例27条3項を類推適用して、大韓民国法を本国法として適用した。福岡高裁昭和47年12月22日決定（判時705-63）は、いずれも外国人登録上の国籍が中華民国である中国人夫婦の離婚に関し、本籍が中国大陸にあり地縁的に中華人民共和国との結合が強い当事者の本国法として中華民国法を準拠法として適用した原審について、分裂国家の国民の本国法を決定するにあたっては、いずれの地域を支配する実定法が当事者の当該身分行為に密接な関係を有するかの観点から決定するのが相当と解されるところ、本籍の所在地はその判定の一基準ではあるが、それだけで決定されるものではなく、当事者が外国人登録法上中華民国を国籍とし、婚姻の身分登記も中華民国領事館になされているという事実関係の下で、本件においては、本籍地を基準とするよりも、客観的に表明された当事者の国家帰属意思を基準として決定するのが相当であり、本国法は中華民国法というべきであるとした。

　また、仙台家裁昭和57年3月16日審判（家月35-8-149）は、いずれも外国人登録上の国籍を朝鮮とする夫婦の離婚後における親権者変更申立ての事案において、子どもの父親の本国法を決定するにあたり、同人が外国人登録上本国での住所又は居所として韓国の支配圏にある場所を登録しているが、同所に居住した事実あるいは帰往する意思は窺知されず、かえって外国人登録において国籍を朝鮮とし、積極的に在日朝鮮人民総連合会に所属し活動していることから、朝鮮民主主義人民共和国との結びつきを重視して、同国法を本国法として適用すべきであるとした。なお、同審判は朝鮮民主主義人民共和国を日本が承認していないことにも触れたうえで、国際私法上適用の対象となる法律は、その法律関係の性質上、国際法上の承認をしているものに限られないとして、朝鮮の法律を適用した。

　さらに、最高裁昭和59年7月6日判決（家月37-5-35）は、認知請求における父の本国法の決定において、台湾で生まれ来日した中国人である父親の本国法について、外国人登録において国籍が中国と記載されていることをもって直ちに本国法として中華人民共和国の法律を適用すべきとは言

えないと判示した。

7　常居所地の決定

　常居所とは，相当長期間居住することが明らかな地を意味する国際私法上の概念であり，住所の概念が国によって異なり，英米法では本源住所（ドミサイル）と呼ばれる住所概念があることから，これと区別される事実的概念として創設された概念である。しかし，常居所の定義や認定基準について世界的に共通の規定はなく，各国に委ねられている。

　日本の通則法では，準拠法の決定に常居所が補充的連結点として用いられている場合がある（離婚の準拠法決定における夫婦の共通常居所地法，親子関係の準拠法決定における子の常居所地法，重国籍者の本国法の決定における常居所がある国等）が，39条で常居所地が知れないときは居所地法によると規定するのみで，常居所の定義や認定基準については定めがない。

　そのため，日本に住んで間もない外国人の場合，外国に仕事や留学のために居住している日本人の場合等について，常居所の認定が問題となる。常居所の認定基準について論じた裁判例もほとんどなく，実務上，特に渉外事件を初めて扱う弁護士にとって悩むことの多い問題である。しかしながら，実際には，外国人が数か月間でも日本に居住し，今後も日本に居住する意思をもって居住していれば日本に常居所があると認定されると言ってよいと考える。

　この点，渉外家事事件に関する書籍の中には，「法例の一部を改正する法律の施行に伴う戸籍事務の取扱いについて」という法務省民事局長通達が示す常居所の認定基準に従うことを示唆するものがある。同通達は，形式審査がなされる戸籍事務の取扱いのために，日本人については主として住民票の有無を基準に，また外国人については在留資格に応じて滞在期間により常居所の認定基準を示している（平成元.10.2民二3900号通達）。

　例えば，日本人については，原則として，日本に住民票があれば日本に常居所があると認定し，国外に転出して住民票が削除された場合でも，出国後1年以内であれば，日本に常居所が認定される。また，出国後1年以上（5年以内）であっても，外国人についての常居所の認定基準により外国に常居所が認められる場合を除いて，日本に常居所が認定される。外国

人の場合は，永住者や日本人の配偶者等の在留資格を有する配偶者で1年以上在留すれば日本に常居所が認められるが，基本的には日本に常居所が認められるためには5年以上の在留を要する。また，同通達によれば，在留資格のない外国人，オーバーステイの外国人は，何年日本に居住していようとも日本に常居所は認められない。

　しかしながら，身分事件について通則法が常居所地国法を準拠法として定める場合の常居所の認定は，居住期間や居住の意思等，個別の事情を考慮してなされるべきであり，形式審査を旨とする戸籍実務における常居所の認定基準をそのまま持ち込むことは適当ではない。とりわけ，外国人について日本に常居所が認められるための在留期間を在留資格の種類にかからせ，オーバーステイの外国人については日本に常居所を認めないとしている点において，外国人の入管行政と国際私法における連結点としての常居所の認定を混同するものと言え，訴訟等において，同通達の基準をそのまま常居所の認定に用いることは適切ではないと考える。

　実際に，裁判例で，この通達の基準を用いて日本に常居所があることを否定した例は，公刊されたものとしては見当たらない。

8　反　致

　渉外事件を扱うために必要な知識である国際私法には，普段耳慣れない用語が出てくる。その1つが反致である。反致とは，日本の国際私法が指定する準拠法がA国法である場合，A国の国際私法によれば，日本の法律が準拠法として指定される場合に，日本法を準拠法とすることである。

　通則法41条は，この反致のルールを採用しているが，反致の適用を通則法において本国法として準拠法の指定がされる場合に限定している。国際私法の概説書では，反致について，二重反致や隠れた反致，転致などの概念や，これらを認めるべきかという問題が論じられている。

　しかしながら，通則法41条は，ただし書で，25条（婚姻）の場合，同条が26条（夫婦財産制）で準用される場合，同じく27条（離婚）で準用される場合，ならびに，32条（親子間の法律関係）には反致が適用されないとしている。そのため，渉外離婚の実務においては，離婚の成立，効力，財産分与，別居中の子の監護者指定，面会交流，離婚に伴う親権者の指定，離婚

後の親権者変更，面会交流等のいずれについても，準拠法の決定において反致の適用はないことを理解しておけば足りる。

9　公　序

　国際私法においては，公序則という考え方がある。国際私法が定める準拠法の指定ルールに従い決定された準拠法が外国法である場合，外国法の規定を当該法律関係に適用した結果，日本の法秩序に反することになる場合は，当該外国法規定の適用を排除するというものである。通則法42条が，「外国法によるべき場合において，その規定の適用が公の秩序又は善良の風俗に反するときは，これを適用しない」と規定するのは，この公序則を定めたものである。

(1)　公序則の適用と適用判断例

　公序則を実際に適用する際に特に注意すべきポイントが2点ある。第1は，準拠法として指定された外国法の内容を抽象的に見て判断するのではなく，当該法律関係に具体的に適用した結果が日本の公序に反する場合に初めて外国法の適用を排除することになるという点である。第2は，準拠外国法を適用した結果が日本法の公序に反すると一般的に判断するのではなく，当該法律関係が日本社会との間に密接な関連を認められる場合に初めて公序則が発動されるという点である。

　これを，離婚という制度を欠くフィリピン法が準拠法と指定された場合に則してみると，第1の点からは，当該の事案が日本法の下でも離婚請求を認めがたい事例であればあえて公序則を発動してフィリピン法の適用を排除する必要はなく（新潟地判昭和63.5.20判時1292-136），第2の点からは，フィリピン人夫婦の日本在住が短期間で定住しているというのではない事例では，日本社会との関連度が低いと評価するということになろう。

　公序則の適用に関する離婚関連判例として，例えば，東京地裁平成17年2月18日判決（判時1925-121）は，日本に居住する米国籍夫婦の離婚事件において，旧法例16条に基づき，テキサス州法が準拠法となるべきところ，同州法では，法廷侮辱罪の制裁をもって夫婦共有財産を開示させ離婚判決と同時にその分割判決をしなければならないことや，調停やマリッジ・カ

ウンセリングをしてからでないと離婚判決をしてはならないことが定められている点について公序則により同州法の適用を排除すべきかが争われた。裁判所は，日本の裁判所は法廷侮辱罪を科すことはできないが適切な証拠調べによって夫婦財産を把握することができ，本件においては原告から財産分与の申立てがなされているため離婚と同時に財産分与の判決をなすべきであること，同州法の調停やマリッジ・カウンセリングの実施が離婚判決をするにあたっての必要的な要件とまで解されないことや，本件当事者は日本の家庭裁判所において夫婦関係調整調停を経ていること等を指摘して，テキサス州法の離婚及び財産分与の規定は適用可能であるとした。

また，最高裁昭和59年7月20日判決（民集38-8-1051）は，日本で婚姻生活を送ってきたいずれも大韓民国国籍の夫婦の離婚に伴う財産分与請求について，財産分与についての準拠法となる大韓民国民法は財産分与請求権を認めてはいないが，有責配偶者から相手方に支払うべき慰謝料の額の算定において婚姻中に協力して得た財産の有無・内容を斟酌することができるとされており，本件の場合慰謝料として支払うべきものとされた金額が，慰謝料及び財産分与を含む日本の離婚給付についての社会通念に反して著しく低額であるとは認められないから，旧法例30条により，大韓民国民法の適用を排除し，日本民法768条を適用して財産分与の額及び方法を定めるべき場合にあたらないと判示した。

東京地裁昭和63年5月27日判決（判タ682-208）も，日本で生まれ育ち日本に永住する，いずれも大韓民国国籍の夫婦の離婚に伴う子の親権者指定について，準拠法は旧法例20条により夫の本国法である大韓民国法となるところ，子の親権者が自動的に父となると定める同法を適用することは，両親及び子の全員が日本に居住してきたこと，別居以来6年以上も母親が子を監護養育してきたことから，父親を子の親権者として指定することは適当ではなく，親権者の指定は子の福祉を中心にして指定すべきものとする日本の社会通念にそぐわないとして旧法例30条により同法の適用を排除し，日本国民法819条2項を適用して，子の親権者を母親と定めた。また，財産分与についても，準拠法は離婚の準拠法である大韓民国民法となるべきところ，いずれも生来日本に居住し，日本で婚姻生活を送り，夫婦が協力して財産を形成してきた本件夫婦について，財産分与請求権を認めない

同法の規定を適用して財産分与を全く認めないことは，夫婦生活における個人の尊厳と両性の本質的平等を基本理念とする日本の社会通念に反する結果となるとして，同法の規定の適用を旧法例30条により排除し，日本国民法771条，768条1項を適用して，財産分与を認めた（後記(2)の神戸地裁平成2年判決も参照）。

なお，上記の2例及び，後記(2)の例は，いずれも改正前の大韓民国民法についての裁判例である。財産分与，子の親権について，同国法はその後，改正されているので注意されたい。

(2) 公序則による適用排除後の準拠法

公序則を適用した結果，準拠法として指定された外国法の規定の適用が排除されるが，通則法42条は外国法を適用しないと規定するのみで，外国法適用排除の後の処理については規定していないため，解釈に委ねられている。この点について学説は分かれているが，最高裁判例は，日本法を適用するものとしている（内国法適用説。韓国人同士の離婚に伴う財産分与につき前掲最二小判昭和59.7.20，最一小判52.3.31民集31－2－365）。

上記判例以降，日本法を適用して事案を処理した下級審判例が散見される。例えば，東京高裁平成12年7月12日判決（家月53－5－174）は，双方とも中華民国国籍の夫婦の離婚事件において，財産分与についての準拠法は中華民国民法となるところ，財産分与を認めていない同法の適用は公序良俗に反するとして，旧法例30条により同法の適用を排除し，財産分与については日本民法が適用されると判示した。また，神戸地裁平成2年6月19日判決（判時1383－154）は，ともに大韓民国国籍を有し，日本で生まれ日本で婚姻をして永住する夫婦の協議離婚に伴う慰謝料及び財産分与について，準拠法は大韓民国民法となるべきところ，協議離婚の場合に慰謝料請求を認めず，離婚一般について財産分与を認めない同法を，日本で生まれ育ち，日本国内に住所を有し，結婚生活もすべて日本国内で行ってきた本件当事者に適用し，離婚に伴う財産給付を一切認めないことは，日本の公序良俗に反するとして，旧法例30条により，その適用を排除し，日本民法を適用して慰謝料請求を認めた。

その他，前項(1)に挙げた裁判例においても，外国法の適用を排除した後，

日本民法を適用して判断がなされている。

　なお，東京地裁平成3年3月29日判決（家月45−3−67）は，日本人妻からエジプト国籍の夫に対し，エジプト法が異教徒間の婚姻を禁止し，かかる婚姻を無効としていることを理由に婚姻無効確認を求めた事案であるが，婚姻の実質的成立要件である各当事者の本国法（旧法例13条1項）として適用されるエジプト法のかかる規定により日本人とエジプト人の婚姻を無効とすることは，信教の自由，法の下の平等を保障した日本の法体系の下では公序良俗に反するとして旧法例30条によりエジプト法の適用を排除し，婚姻無効確認を認めなかった。エジプト法の適用を排除したのみで，日本民法を適用するとは明示していないが，「その他婚姻が無効となる事情」は認められないと判示している。

第3　通則法各論

1　離婚の準拠法

　離婚の成立及び効力の準拠法は，通則法27条が規定する（婚姻に関する25条を準用）。当事者の本国法が共通であれば共通本国法，共通本国法がない場合で共通常居所地法がある場合は共通常居所地法による。それもない場合は，夫婦に最も密接な関係がある地の法による。ただし，当事者の一方が日本に常居所地を有する日本人の場合は日本法による。いわゆる日本人条項である。

　この日本人条項により，当事者双方が日本に居住する日本人と外国人の国際結婚の夫婦の離婚については，常に準拠法が日本法になる。また，国際結婚の夫婦の一方が日本人で日本に居住し，他方配偶者が外国に居住するが日本の裁判所に国際裁判管轄権が認められる離婚の場合も準拠法は日本法となる（本国法の決定，常居所地法の決定については，前記本章第2の3〜7参照）。

　夫婦に最も密接な関係がある地が準拠法となる場合はそれほど多くはないが，夫婦がいずれも外国籍で国籍が異なり，かつ夫婦の一方は日本に居住するが，他方は外国に居住する場合には，共通本国法，共通常居所地法のいずれもないから，夫婦に最も密接な関係がある地の法を決定して準拠法としなければならない。この場合，別居前に婚姻共同生活地がある場合は，その国の法律が，それもない場合は，婚姻地，子どもの居住地，夫婦財産の所在地等の要素を考慮に入れ，夫婦に最も密接な関係がある地を決定することになる。

2　子の親権（監護権）

　子の親権（監護権）の決定を離婚に付随して行う場合であっても，離婚の成立と子の親権（監護権）の決定は別の法律関係であるから，準拠法の選択は別途行う必要がある。子の親権（監護権）は，離婚に伴い発生する問題であるとして，かつては，離婚の準拠法によるとの見解もあったが，現在では，夫婦間の利害の調整ではなく，子の利益保護を中心に決定される親子間の法律関係の問題として通則法32条によるのというのが判例実務

である。

　通則法32条による準拠法決定は，次のとおり行われる。

　子の本国法が父又は母の本国法と同一である場合は，子の本国法による。同一本国法がない場合は，子の常居所地法による。この場合，父，母，子のいずれか又は全員が重国籍者や地域により法が異なる国の国籍を有する場合，まず，各自について前述の本国法決定ルールに従い本国法を決定したうえで，子と父母のいずれかの本国法が同一であるかを判断するという点に注意が必要である。

　例えば，父が英国籍及びシンガポール国籍者，母が英国籍及びオーストラリア国籍者，子どもが英国籍・シンガポール国籍・オーストラリア国籍者の場合，一見すると全員が英国籍を保有していることから，英国法が準拠法となるように見える。しかしながら，実際には，本国法決定ルールに従い，父はシンガポール国籍，母はオーストラリア国籍，子どもはオーストラリア国籍と決定されるとすると，準拠法はオーストラリア国籍になる。

　親子間の法律関係の準拠法（通則法32条）の適用に含まれる事項の範囲には，親権者指定，監護権者の指定のほか，面会交流，子の引渡し等が含まれる。養育費の問題は後述のとおり，準拠法決定の法律関係としては別に扱われる。その他，外国の子の監護に関する法制の中には，親が子どもの居住地を変更する（リロケーションと呼ばれる）ために，他方親の同意又は裁判所の許可を要するとされる場合が少なくない。日本に居住する子についてリロケーションの争いが生じた場合，親が不法な子の連れ去りとならないよう，日本の裁判所にリロケーションの許可決定を求めることも考えられるが，この問題の準拠法は親子間の法律関係の準拠法である。

3　財産分与

　財産分与は，離婚の効果として，通則法27条（婚姻の効力に関する25条を準用）によるとする見解と，夫婦財産制の解消問題として通則法26条によるとする見解があるが，判例実務は前者によっている。

> **Column　アリモニー（離婚後扶養）**
>
> 　外国の法制には，離婚後も夫婦の一方が他方に対し一定期間，扶養料を払うべき義務を定めるものがあり，アリモニー（alimony）やメンテナンス（maintenance）等と呼ばれる。離婚の際に，このような離婚後扶養の請求が認められるか否かは，これを財産分与の一種と見れば，通則法27条の離婚の効力の準拠法によるべきこととなるが，これを扶養と考えれば扶養義務の準拠法に関する法律4条により離婚について適用された法律によるべきことになる。いずれの考え方によっても，離婚後扶養を請求する場合は同じ結論となるが，いったん決まった離婚後扶養の内容の変更を求める場合は，準拠法が異なる可能性がある。

4　慰謝料

　日本法の下での離婚に伴う慰謝料請求には，離婚による慰謝料請求と，離婚に至る経過の中で起きた個々の不法行為（不貞，暴力等）についての慰謝料請求の二種類があるとされる。実際には，不貞や暴力等についての慰謝料請求も，これらが原因で離婚に至ったとして離婚による慰謝料請求に含め，離婚に付随する問題として，離婚の効力の準拠法によらせる例が多い。しかし，例えばピアニストである妻の指の骨折など独立した不法行為性が強い場合は，不法行為の準拠法（通則法17条以下）によることになる。

5　養育費

　養育費は，親子関係から生ずる扶養義務の問題として，扶養義務の準拠法に関する法律（昭和61年6月12日法律第84号）による。なお，別居中の婚姻費用分担も夫婦関係から生ずる扶養義務の問題として，同法による。

　準拠法は，原則として，扶養権利者（養育費請求の場合は，子ども）の常居所地法によるが，常居所地法により扶養請求が認められない場合は当事者の共通本国法，当事者の共通本国法によっても扶養を受けることができない場合は，日本法による（同法2条）。できるだけ，要扶養者の保護を図るためである。なお，扶養請求が認められない場合とは，法律上扶養を受けられない場合であり，事実上扶養を受けられない場合と区別する必要がある。

> **Column　管轄及び準拠法をめぐる争い**
>
> 　管轄争い……つまり，どちらが先にどちらの国で手続を始めるか。管轄がどこになるかで適用される国際私法が異なり，したがって準拠法も異なってくる場合が多い。離婚そのものには争いのない夫婦でも，子の監護について，あるいは財産分与について争いがある場合に，準拠法によって大きく結論が異なるために，管轄争いが熾烈になることがある。

第4　外国法の適用

1　外国法の主張立証責任

　通則法により指定された準拠法が外国法である場合，適用すべき具体的な規定を調査する必要が生ずる。

　実務においては，裁判所は，外国法の調査は裁判所の職責とする考え方が有力であるが，当事者にも適宜協力を求めるという考え方のようである。しかしながら，弁護士としては，特に，調停・審判の申立て，訴訟の提起を行うためには，準拠法が外国法である場合，そのような審判や請求が可能かを検討するため，自ら外国法の内容を調査し確認しなければならないことが多い。また，調停・審判の申立て，訴訟を提起した後も，裁判所から外国法の内容について，根拠となる資料や訳文の提出を求められることが多い。外国法の内容や解釈について，当事者間に争いがある場合は，各当事者が調査し主張立証することになる。

　ところで，調停・審判の申立て，訴訟の提起を検討し，準備している段階で，準拠法となる外国法の内容を調査したがよくわからなかった場合，あるいは一応知り得たがそれが最新のものかどうか確信が持てない場合，条文はわかったが解釈が今一つわからないという場合，弁護士としてはどうすればよいか。準拠法の具体的内容がわからなければ請求の原因も書きようがないところであるが，とりあえず，根拠条文まで特定できなくても文献等から知り得る内容に基づき申し立て，訴訟提起を行うというのが現実的な1つの方法である。

　申立てや訴訟提起後，裁判所が職権で調査を行う場合もあるし，また，調停・審判や訴訟の提起が契機となって話合いが進み，調停や和解が成立することもあるからである。特に，渉外離婚の場合，当事者双方が離婚を望み，あるいは離婚自体には合意しているが，管轄や準拠法の問題等，渉外離婚に特有な問題の解決が必要という場合もある。そうした事案においては，当事者双方及びその代理人と裁判所がいわば協力して，離婚の成立に向けて準拠法の内容を調査し，解決に向けて努力するということもあるのである。

　調査しても外国法の内容がよくわからないからと躊躇して申立てや訴え

提起できないと思い込むのではなく，特に子どもの監護者指定の事案などでは，外国法の調査に時間がかかって申立てが遅くなってしまう前に，まずは申立てしてしまうことが重要という場合もあるだろう。

2　外国法の調査方法

　裁判所が行う外国法の調査方法としては，最高裁判所図書館からの資料の取り寄せ，最高裁判所への照会，調査官による調査，研究所への照会，在外公館に対する調査嘱託の方法等が用いられているようである。

　弁護士による調査の方法としては，各国の家族法の日本語訳がある程度文献でも紹介されているため，最初の手掛かりとして活用するとよい（例えば，木村三男監修ほか「全訂　渉外戸籍のための各国法律と要件」日本加除出版2007年）。特に，韓国や中国の家族法の日本語訳は充実している（加藤，在日家族法，韓国家族法など）。ただし，日本語に翻訳されているものは，便利である反面，その後に改正がなされておらず最新のものかどうかの確認ができない場合や，抄訳の場合，前後の関連規定が確認できない場合がある。そうした場合の確認や，そもそも日本語訳が存在しない外国法については，直接原典にあたることが間違いがなく望ましい。

　外国法の原典の入手方法としては，最高裁判所の図書館のほか，最近では，直接，調査対象国の国会図書館，法務省のホームページ等にアクセスして入手できることが多い。これら政府関係の公式ウェブサイトから得られる法令情報は信頼性が高いため，利用できる場合は最も推奨されるが，法令の表題や法令番号等がわからないと検索が容易でない場合もある。このような場合には，二次的な情報として，大学の図書館や，家族法専門の法律事務所のホームページの利用も有益である。二次的な情報源で得た情報を，公式ウェブサイトの法令情報で確認できる場合は，そこまでしておけば確実である。

第5 外国判決の承認など

1 外国判決の承認・執行
(1) どのような場面で問題となるか

渉外離婚事件では，外国判決の承認・執行が問題となることがある。問題となるのは，次の3つの場合である。第1に，外国ですでになされた外国判決に基づき，日本でその承認・執行の可否を相談される場合。第2に，外国の裁判所に提起された訴訟の訴状が送付されたが，その対応について相談される場合。第3に，これから離婚しようという当事者から，外国で離婚判決を得た場合の日本における効力や届出手続について相談された場合。いずれも，日本における外国判決の効力の問題であり，外国判決の承認要件については，民事訴訟法118条が規定している。

(2) 外国判決の承認の要件と執行の手続

民事訴訟法118条は外国判決の「承認」について定めた規定であり，外国判決の執行には，民事執行法24条により執行判決が必要とされる。民事執行法24条は，外国判決が民事訴訟法118条の各号の要件を満たすことを執行判決の要件としている。

外国の判決の効力を自国内でも認めるために特別な承認手続（承認判決，判決登録など）を要求する外国法制もあるが，日本法は，承認に関しては特別な手続を要求せず，法律の規定による自動的承認制度を採用している。外国判決が給付命令を含む場合には，その強制執行のために「執行判決」が必要となる。

2 民事訴訟法118条

ここでは，民事訴訟法118条の各号の条文を参照しながら，各要件について判例等も踏まえて説明する。

(1) 要件1（管轄）

第1の要件は，判決をした外国裁判所が当該事件について国際裁判管轄を有していることである。ここで注意すべきは，当該外国裁判所は，当該外国法の下で当該事件について国際裁判管轄権を有しているからこそ判決

をなしたのであって、当該外国法の立場からすれば国際裁判管轄を有していることは当然である。民事訴訟法118条1号がいう「外国裁判所の裁判権が認められること」とは、日本法の立場から見て、当該外国裁判所が当該事件について国際裁判管轄を有していることの意味である。

これが、いわゆる間接管轄と呼ばれるものである。そして、その要件は、直接管轄、すなわち、日本の裁判所が当該事件についての国際裁判管轄を有するかという場合と同じ基準により判断される。例えば、東京家裁平成19年9月11日審判（家月60-1-108）では、日本在住のオーストラリア人夫が日本在住の日本人妻に対してオーストラリアの裁判所に提起した離婚訴訟についての判決が、管轄要件を満たしていないと判断された。この事件の場合、日本法における離婚事件についての国際裁判管轄の基準によれば、被告（日本人妻）の住所を有する日本が原則として国際裁判管轄権を有するのであり、原告の国籍国というだけで当事者のいずれも住所を有してもいないオーストラリアの裁判所には国際裁判管轄は認められないからである。

(2) 要件2（送達）

第2の要件は、敗訴の被告に対し適切な呼出しがなされたことである。当該外国と日本との間に送達に関する条約が締結されている場合には、条約に定められた方式により、条約がない場合は当該外国との間で適式とされる方法により、訴状と呼出し状の送達がなされていることを要する。

この要件との関係でよく問題となるのが、米国から訴状及び呼出状が被告に直接郵送された場合、民事訴訟法118条2号の要件を満たすかという問題である。この問題は、ハーグ送達条約10条aに関わる問題である。外国の被告に司法共助によらず郵便で送ることは、一般的には適法ではないが、同条約10条のa項は、締約国が拒否宣言をしていない場合は裁判上の文書を「郵送（send by post）」することを認めている。日本は、このa項について拒否を宣言しないため（b、c項については拒否を宣言）、当事者送達制を採用する米国等の外国から日本在住の被告に対して書留郵便で訴状及び呼出状という「裁判を開始する文書」が書留で郵送される事例が相次いでいる。この郵送は、当該外国法上は正式の送達として有効である。

そこで，外国判決の日本での承認に関して，この「訴訟を開始する文書」の郵送が民事訴訟法118条2号の要件を満たすかが問題となる。

日本は，1986年にハーグ国際私法会議の特別委員会において，政府声明として「わが国が第10条aにつき拒否宣言をしていないのは，外国から裁判上の文書が直接郵送されてきたとしても，わが国としては，それを主権侵害とはみなさないということを意味しているだけであって，それをわが国においても訴訟上の効果を伴う有効な送達として容認することまでも意味するものではない」との立場を明らかにしている。裁判例（東京地八王子支部判平成9.12.8判タ976―235）も，旧民事訴訟法200条（現118条）2号について，「通常の弁識能力を有する日本人にとって，送付されてきた文書が外国裁判所からの正式な呼出し若しくは命令であると合理的に判断できる体裁を整えたものでなければならず，そのためには，当該文書の翻訳文が添付されていることが必要であり，かつ，右文書の送付が司法共助に関する所定の手続を履践したものでなければならない」とする。一方，2003年10月のハーグ国際私法会議特別委員会は，10条a項の郵送（send by post）は郵便による送達（service）と理解されるべきであると確認している（同時に日本政府の上記声明への留意を記している）。学説では，正式に拒否宣言をすべきであるとする見解も有力である。不明確な状態にあるが，実務上は，送達要件を満たしていないとして争う余地があると解されよう。

他方，外国の弁護士から，外国の裁判所に離婚訴訟を提起した場合，判決が日本において承認されるかとの問合せを受けた場合は，万全を期すため，必ず，当該外国と日本の間に送達に関する条約が締結されている場合には，中央当局送達，領事送達等の当該条約が定める正規の方法によるべきであると回答するのが適切である。外国の弁護士から，当該外国において認められた送達の方法（例えば，交付送達等）を日本において実施したいという相談や要請がなされることがあるが，そのような送達によって得られた外国判決は本号の送達要件を満たさないとして承認が拒否されることになることを説明すべきである。

送達が公示送達による場合は，本号の要件を満たさない。ただし，公示送達や郵便による送達，翻訳文の添付を欠く送達など，本号にいう適法な送達と認められない送達であっても，被告が異議なく応訴した場合は，本

号の要件を欠くとして争うことはできなくなるので，注意が必要である。また，この要件との関係における応訴とは，管轄を欠くとして却下を求めることも含まれるので，注意が必要である（最三小判平成10.4.28民集52-3-853）。

(3) 要件3（公序良俗）

　第3の要件は，外国裁判所の判決の内容及びその成立に至る手続が日本の公序に反しないことである。判決の実体的な内容だけでなく，外国裁判所の手続が日本の手続的公序に反しないことも必要である。裁判例としては，給与からの天引き回収の方法による養育費の支払いを命じた米国ミネソタ州裁判所の判決の執行判決を求めた事件について，給与からの直接の回収を命じた部分は公序に反するとして承認されないとした例や（ただし，養育費の支払いを命じた部分の承認は認め，執行判決が出された。東京高判平成10.2.26判タ1017―273），日本人間の夫婦の離婚に際し，離婚後扶養の支払いを命じた米国カリフォルニア州裁判所の判決の執行判決を求めた事件について，当事者がいずれもすでに日本に帰国しており，日本において離婚後扶養の支払いを強制することは公序に反するとした例（東京高判平成13.2.8判タ1059―232），離婚後単独親権者に指定された母親が米国裁判所の許可を得て子どもを連れて日本に一時帰国したが，そのまま子どもを日本に留め置き米国裁判所の命令に違反して子どもを米国に帰さなかったことを受け，父親を子どもの単独親権者に変更して子どもを父親に引き渡すことを命じた米国テキサス州裁判所の判決の執行判決を求めた事件について，子どもがすでに日本での生活になじんでいることや同判決が日本における人種差別の存在についての偏見に基づく認定によるものであること等を理由に，同判決が公序に反するとして承認・執行が否定された例（東京高判平成5.11.15家月46-6-47）等がある。

　これらはいずれも，外国裁判所がなした判決を日本で執行しようとして執行判決を求めた事例であるが，他に，外国裁判所でなされた離婚判決の効力が日本で問題となる場合がある。この例としては，日本に居住するオーストラリア人夫が有責配偶者でありながら，本国では破綻主義が採られているために本国のオーストラリアの裁判所に離婚訴訟を提起し離婚が

認められた判決について，日本に居住する日本人配偶者が離婚の無効確認を求めた裁判において，かかる外国裁判所の判決は公序に反するとし（他に管轄要件も満たさないとされた），同判決に基づく離婚は無効であることを確認した前述の(1)の裁判例（東京家審平成19.9.11家月60－1－108）がある。従来，外国裁判所の離婚判決が承認要件を欠き，日本における効力を争う手法として，外国離婚判決の無効確認訴訟が用いられてきたが，この判決は，離婚判決の無効を確認するのではなく，判決の効力としての離婚の無効を確認することが可能とした点も実務上注目に値する。

なお，この判決の射程範囲を広く解すれば，破綻主義の国で有責配偶者から起こされた離婚請求を認容した外国裁判所の判決が常に公序に反し，かかる判決に基づく離婚は無効となるようにも思われる。しかしながら，本判決では，夫婦が日本に居住しているのに，有責の外国人配偶者が本国の裁判所に離婚訴訟を提起した事例であり，日本で離婚訴訟を提起すれば有責配偶者からの離婚請求として認容されなかったであろう点が重視されている。単に，外国で婚姻生活を送っている日本人と外国人の夫婦について，有責配偶者である外国人から日本人に対する離婚請求が同地の裁判所に提起され認容された場合，公序に反するとして日本では効力が否定されるということにはならないものと考えられる。日本人同士の夫婦の場合であっても，外国で婚姻生活を送っている間に配偶者の一方の有責によって婚姻が破綻した場合には，やはり，この理は変わらないのではないだろうか。

しかし例えば，日本では離婚が認められないために，離婚判決を得る目的でわざわざ破綻主義を採用している外国に移住し離婚訴訟を提起したような場合は公序に反すると言える場合もあるように思われる。ただし，これまでの移住離婚外国判決の無効確認判例は，多くは，間接管轄がないとして旧民事訴訟法200条（現118条）1号の要件が欠けるとして承認拒絶をした例が多い（東京地判昭和48.11.30家月26－10－83，宇都宮地足利支判昭和55.2.28下民集34－1～4－201など）。

また，この要件との関係で，公刊された裁判例には見当たらないが，外国から日本への子の連れ帰り事案において，外国に残された親が，子どもを連れ帰った親が欠席のままなされた国の裁判所の単独監護者指定と子どもの引渡し命令に基づき日本で子どもの引渡しを求めることがあるが，か

かる命令が，いわゆるチェイシング・オーダーと呼ばれる，相手方親が子を一方的に連れ去ったことを理由に他方親を単独監護者に指定する命令であるとすれば，公序に反するとされる可能性があると考えられる。

(4) **要件4（相互の保障）**

　第4の要件は，相互の保証があることである。相互の保証があると認められるためには，外国裁判所の国において，日本の裁判所がなした同種の判決が，日本における外国判決の承認要件（民訴118条各号）と重要な点で異ならない条件の下に効力を有するものとされていればよい（最三小判昭和58.6.7民集37-5-611）。

　人の身分関係の国際的な安定のため身分関係判決の承認に際しては，相互の保証要件を不要とすべきであるという見解は有力である。実際に，ドイツ民事訴訟法はこれを明らかにしている（ドイツ民訴328条2項）。そのような明文規定はない日本の場合，民事訴訟法118号4号の要件だけを身分関係判決について不要とする解釈は不自然という見方もある。離婚判決の相互承認を促進しようとしている国際的な立法動向を考えると，もともと政策的性格の強い相互保証要件を不要とする解釈は認められる余地がある。

　相互の保証は，同種の判決について検討すべきであり，例えば，中華人民共和国と日本との間には財産関係事件判決に関して相互の保証が欠けると判断した例があるが，離婚裁判に関しては相互の承認をしている。中華民国（台湾）に関しては国家承認の問題はあるが，日本の離婚裁判が承認された例もあり，離婚裁判の承認に関しては相互の保証は満たされている。

　その他，米国オレゴン州の裁判所がなした親権者指定の判決が非親権親と子の面接交渉（面会交流）や非親権親による子の同州からの移動を禁止していることが，公序に反するとは言えないとした裁判例がある（名古屋地判平成11.11.24判タ1068-234）。

3　非訟事件への適用・準用

　ところで，民事訴訟法118条により，外国裁判所の判決が日本で承認・執行されるためには，確定判決でなければならない。このことから，特に，渉外離婚に関連して，外国裁判所がなした監護者指定や面会交流，養育費の決定等，いわゆる非訟事件についての裁判について同条の適用があるか，

言い換えれば，非訟事件についての外国裁判所の裁判はどのような条件の下に承認・執行されるかということが問題となる。

この点，非訟事件の裁判は，訴訟事件とは手続保障の点で異なることや，いつでも変更される可能性があること等を理由に，かつては民事訴訟法118条の適用はないとし，条理により，又は，同条の類推適用により，管轄と公序の2つの要件が満たされれば承認されるという考え方が学説でも有力であり，裁判例にも見られた。

しかしながら，養育費や子の親権者・監護者指定，財産分与等当事者対立的な非訟事件の裁判については，民事訴訟法118条が適用されるとするのが通説・実務である。

4　外国裁判所の離婚判決の届出

外国の裁判所で離婚判決がなされた場合，その届出は当該外国にある日本領事館を通じ，又は，直接本籍地の役所に対し行う（戸40条・41条・42条・76条，27条）。届出には，確定判決の原本，確定証明とその日本語訳，外国にある日本領事館に届け出る場合は，戸籍謄本が必要である。

当該外国が離婚後の子どもの親権について共同親権制を採用し，判決の内容として共同親権が定められている場合，そのような判決の届出により，戸籍には子の親権者は両親と記載される。共同親権制の外国の裁判所がなした共同親権の判決が日本において有効か疑問に思う当事者や弁護士が少なくないようであるが，公序に反するとして承認要件を欠くとされた例は見当たらず，戸籍にも子の親権者は両親と記載される。

また，日本民法では，離婚の際に子どもの親権者指定が必要とされるが，外国の離婚判決では，子どもの親権者の指定がなされていないものもある。外国裁判所の共同親権の判決の届出を行う場合，判決のどの部分の翻訳が必要かや，親権者の指定がなされていない外国裁判所の離婚判決の届出を行う場合，離婚届の記入の仕方については，領事館又は本籍地の戸籍係に相談されたい。

さらに，子どもが日本に帰国後，親権者の指定や親権者の変更を求めたい場合は，親権者変更の審判の申立てを行うことになるが，外国裁判所がなした子の監護に関する命令に反して子どもを日本に連れ帰った場合等，事案によっては，日本の国際裁判管轄が争われる可能性もある（第Ⅱ部第7章・238頁参照）。

第6　外国送達

1　外国送達の特殊性

　渉外離婚事件やこれに関連する子の監護の問題，婚姻費用や養育費の請求等の事件が日本の裁判所で審理される場合，外国にいる被告や相手方に対し，訴状等の裁判文書の送達・送付をしなければならないことがある。同様に，外国の裁判所で行われている離婚事件や子の監護に関する裁判等に関する裁判文書が，日本にいる被告や相手方に対し，送達・送付されることがある。

　しかし，裁判文書の送達は，国家の裁判権の行使という国家主権に関わる手続であることから，日本の裁判所における手続のための送達を外国で日本法に基づいて行うことは，当該外国の国家主権との関係で問題がある。このことは，外国において送達を受けるべき者が外国人である場合だけでなく，日本人であっても同様である。

　外国における送達は，本来，当該外国に対し送達を要請し，当該外国が要請に応じて初めて，当該外国の定める方法によって，その国内で実施されるものである。逆に，外国の裁判所における手続に関し，日本国内にいる被告や相手方に裁判文書が送達される場合には，外国からの要請に応じて，日本の定める方法によって行うべきものである。

2　外国送達の根拠法──条約と国内法

　外国における送達については，民事訴訟法108条が「外国においてすべき送達は，裁判長がその国の管轄官庁又はその国に駐在する日本の大使，公使若しくは領事に嘱託してする。」と規定する。しかしながら，この規定は，外国における送達が，日本国内における通常の送達の手続とは異なり，外国への嘱託が必要であることを定めているに過ぎず，この規定によって，外国における送達が当然可能となるわけではない。他方，外国裁判所の文書の日本国内における送達について要請があった場合に，日本が応諾して送達を行うための要件と手続・送達方法については，外国裁判所ノ嘱託ニ因ル共助法（明治38年3月13日法律第63号）が定めている。

　以上は，外国における送達，及び，外国裁判所の文書の日本における送

達について日本に対し要請があった場合に関する国内法であり，外国における送達を実施するためには，日本及び外国との間で，要請と応諾が必要となる。しかしながら，ある国が外国からの送達の要請に応諾するかが予測できないというのは不便であるし，要請を必ず外交上の経路を通じて行わなければならないとすると手続が煩雑である。そこで，相互に外国送達を確実かつ容易な手続で行うことができるよう，多数国間条約や二国間協定が締結されている。

　日本は，ハーグ国際私法会議において，送達を含む渉外的民事訴訟手続に関する国際司法共助条約として1954年に採択された「民事訴訟手続に関する条約（以下，「民訴条約」という），及び，民訴条約が定める送達手続をさらに簡素化する目的で1965年に採択された「民事又は商事に関する裁判上及び裁判外の文書の外国における送達及び告知に関する条約」（以下，「送達条約」という）を，いずれも1970年に同時に締結している。これらの条約の締約国に対する送達の要請及び外国における送達の実施は，条約の定める手続・方法によることとなるが，この2つの条約は，民訴条約が一般法，送達条約が特別法の関係にあるから，両方の条約を締結している国との間では送達条約が優先的に適用される。また，日本は，米国及び英国との間で，日米領事条約と日英領事条約を締結しており，この二国との間では，領事条約に基づく領事送達が可能である。これらの多数国間条約及び二国間条約を締結していない国との間の外国送達は，外国送達に関する二国間の取決め・協定があればそれに基づき，それもない国との間では個別の司法共助の要請に基づき行うことになる。

　民訴条約及び送達条約に基づく外国における送達の嘱託要請，及び外国からの要請に基づく日本における送達については，条約実施のための国内法として，「民事訴訟手続に関する条約等の実施に伴う民事訴訟手続の特例等に関する法律」（以下，「特例法」という），及び，「民事訴訟手続に関する条約等の実施に伴う民事訴訟手続の特例等に関する規則」（以下，「特例規則」という）が制定されている。

　また，民訴条約及び送達条約や二国間の領事条約等に基づく領事送達の嘱託の方法や，個別の応諾等に基づく管轄裁判所送達の嘱託等の方法，訳文を添付する場合の費用の負担等については，平成3年4月10日最高裁民

二第89号事務総長通達「民事訴訟手続に関する条約等による文書の送達，証拠調べ等及び執行認許の請求の嘱託並びに訴訟上の救助請求書の送付について」（以下，「基本通達」という）が定めている。さらに，その具体的な事務処理の詳細について，最高裁判所事務総局民事局作成の「民事事件に関する国際司法共助手続マニュアル」が作成されている。

3 外国送達について知っておくべきこと

　外国送達は，民訴条約，送達条約，領事条約を締結している国との間ではこれらの条約を根拠として，条約を締結していない国との間では，二国間の取決め・協定があればそれに基づき，それもない国との間では個別の司法共助の要請に基づき行われる。このように，外国送達の方法は，送達先の国ごとに送達を可能とする根拠が異なり，場合によっては，複数の送達方法からの選択が可能である。

　渉外離婚等の人事訴訟や家事審判を日本の裁判所に提起・申立てをする際，外国にいる被告や相手方に対する外国送達が必要となる。送達先の国が民訴条約，領事条約の締約国であるか等によって，どの送達手続が可能かは，外国送達の実務に関するハンドブック等を調べればわかるし，実際に送達を行うのは裁判所である。したがって，弁護士としては，裁判所からの指示に従って必要な翻訳文の提出や費用の予納を行えばよく，外国送達の手続の具体的な詳細や根拠の違いを知っている必要まではない。とはいえ，外国送達の種類に応じた大まかな特徴や違いについて理解しておくことは，大変有用である。

　他方，外国の裁判所からの日本への送達については，外国からの日本に対する嘱託に基づいて，やはり裁判所が国内における送達を行うから，日本の弁護士がその手続に関与することはない。しかしながら，外国の裁判所における裁判の文書を受け取ったとして，その有効性や応訴の要否について相談を受けた場合や，外国の弁護士から日本にいる被告や相手方に対する送達方法について相談を受ける場合がある。そこで，外国から日本に対する外国送達の方法についても理解しておくことが有用である。

4　日本から外国への送達の実務
(1)　外国送達の種類とその違い
①　領事送達

　民訴条約，送達条約，日米領事条約・日英領事条約の締約国との間で，これらの条約を根拠として，又は，それ以外の国との間では，個別の応諾を根拠として行われる送達方法であり，実務上，最も多く利用されている。

　民訴条約・送達条約を根拠とする領事送達の場合，受託国（送達の相手方が所在する外国）は，日本の領事官等が外国人に対し送達を行うことを拒否することができる。日米領事条約・日英領事条約に基づく領事送達の場合は，送達の相手方が日本人か外国人かを問わず送達が可能である。これらの条約の締約国以外の国において，個別の応諾により領事送達を行う場合は，一般に送達の相手方が日本人である場合に限って送達が可能と説明されている。

　領事送達においては，裁判の文書が，受訴裁判所（家庭裁判所等）から最高裁判所，外務省を経て，外国に駐在する日本の領事官等に転達され，領事官等が自ら送達実施機関となり，外国国内において送達の相手方に対する送達を実施する。領事送達は，他の送達方法による場合よりも送達が速く確実であり，かつ，送達の相手方が日本語を解する場合は翻訳文の添付の必要はない。しかし，任意の送達しかできないため，送達の相手方が受領を拒んだ場合は，改めて，強制的な送達の手続をやり直さなければならないというリスクがある。

②　指定当局送達／③中央当局送達

　指定当局送達は，民訴条約に基づく送達方法であり，受訴裁判所から最高裁判所，外務省，外国に駐在する日本の領事官等，受託国の指定当局を経て，受託当局に文書が転達され，受託当局が受託国国内における送達を実施する。

　中央当局送達は，送達条約に基づく送達方法であり，受訴裁判所から，最高裁判所，受託国の中央当局を経て，送達実施当局に文書が転達され，送達実施当局が受託国国内における送達を実施する。日本国内における送達ルートは，民訴条約に基づく指定当局送達と変わらないが，最高裁

判所から受託国の中央当局に対して直接転達できる点で，転達のルートが省略され手続が簡易化されている。

指定当局送達も中央当局送達も，いずれも，領事送達に比べれば時間がかかり，送達の相手方が日本語を解する場合でも翻訳文の添付が必要とされるが，他方，送達の相手方が外国人である場合でも，また，送達の相手方が受領を拒んだ場合でも，送達が可能である。

④　管轄裁判所送達

二国間共助取決めや個別の応諾に基づき行われる送達方法である。受訴裁判所から最高裁判所，外交上の経路を通じて，受託国の管轄裁判所に送達を嘱託し，管轄裁判所が送達を実施する。

⑤　民訴条約に基づく外交上の経路による送達

民訴条約の締約国で，外交上の経路を通じて送達の要請がされることを希望する旨の宣言をしている国に対しては，この方法による送達を行う。受訴裁判所から，最高裁判所，外務省，在外大使等，受託国の外務省という外交上の経路を通じて，受託当局に文書が転達され，受託当局が送達を実施する。

(2)　**翻訳文の添付と実務上の留意点**

領事送達の場合，実務上，送達の相手方が日本語を解することが明らかな場合を除き，送達すべき地の公用語又は送達を受けるべき者が解する言語による翻訳文を添付しなければならないとされている。

指定当局送達の場合，民訴条約上，受託当局の用いる言語又は両関係国で合意する言語による翻訳文と，嘱託国の外交官もしくは領事館，又は受託国の宣誓した翻訳者による翻訳が正確である旨の証明が必要とされている。日本から外国への送達をこの方法で行う場合，当事者の費用負担により，受託国に在る日本大使館がこの証明を行っている。

中央当局送達の場合，送達条約上は，翻訳文の添付は義務付けられていないが，日本では，実務上，送達の相手方が日本語を解するか否かにかかわらず，受託国の公用語又は受託国との間で取り決められた言語による翻訳文を添付するものとされている。ただし，民訴条約と異なり，添付する翻訳文について翻訳が正確である旨の証明は不要である。

以上のとおり，外国にいる被告に対する訴訟を提起すると，日本語を解することが明らかな相手方に対する領事送達の場合を除き，外国送達のために，送達すべき文書の翻訳文を裁判所に提出することが必要となる。原告が提出すべき翻訳文は，訴状と訴状に添付して提出した書証のほか，訴訟の進行として，被告の欠席を予想してあらかじめ人証申請も行い，陳述書を提出する場合は，これらの書類もすべて翻訳文が必要となる。また，期日呼出状は裁判所が作成する文書であるが，事実上，その翻訳文も原告が準備するよう指示される場合がある。

　翻訳は誰が行ってもよいが，指定当局送達の場合は翻訳が正確であることの証明が必要とされており，また，訴状は裁判文書であり法律専門用語を含むことから翻訳の正確性を期するため，翻訳会社やプロの翻訳者に翻訳を依頼する場合も多いと考える。その費用負担を軽減するために，外国送達を必要とする事件では，訴状の記載をできるだけ簡潔にする，提出する証拠も立証のために最低限必要なものにする等の工夫も考慮する必要がある。翻訳文の作成には時間がかかるため，外国送達を急ぐ事情がある場合は，すぐに外国送達ができるよう訴状の提出までに準備しておくことが有用であるが，一般には，訴状の提出後，裁判所と訴訟の進行や外国送達の方法，送達すべき書類について打ち合わせることとなるため，翻訳もその時点で準備すれば足りる。

　なお，領事送達の場合，送達の相手方が日本人であれば翻訳文の添付を要しないことは明らかであるが，送達の相手方が外国人である場合，日本語をある程度解する外国人であっても，翻訳文の添付されていない裁判書類の受領を拒み，あるいは，受領しても翻訳文が添付されていないことを理由に外国送達としての効力を争われる可能性があるため，翻訳文の添付は条約上の義務ではないものの，省略については慎重に検討すべきと考える。

(3) 送達に要する期間と実務上の留意点

　送達に要する期間は，国や送達方法で異なる。領事送達は，他の送達方法に比べれば比較的短い期間で送達ができるが，それでも数か月かかる場合が多く，中央当局送達や，条約の締約国でない国への送達になると，半

年から1年かかることもある。国によって外国送達にかかる期間の目安は，前述のハンドブックに記載されている。

　実務では，被告が応訴せず欠席することが見込まれる場合，第1回口頭弁論期日（訴状陳述，書証の証拠調べ，原告本人尋問証拠申請と採用，原告本人尋問期日の指定），第2回口頭弁論期日（原告本人尋問の実施，弁論終結），判決言渡期日の3回分の期日指定が一度になされ，その呼出状を含むすべての裁判書類を1回の外国送達で送達しておくという扱いがなされる。この場合，外国送達は1回で済む。

　しかしながら，被告が応訴するかどうか予測できない場合や，事件によっては，原告としても，被告との和解の可能性を期待して，あるいは，紛争の1回的解決のために被告が応訴することを望む場合がある。渉外離婚事件の場合は，未成年の子がおらず離婚だけを求めている場合，あるいは，子を実際に監護している配偶者が，外国にいる他方配偶者に対し離婚と自分が親権者に指定されることを求めている場合など，被告が応訴せず欠席のままでも判決が得られればよいという場合もあるが，事案によっては，原告としても，養育費や面会交流，財産分与について和解又は判決により，離婚訴訟の手続の中で1回的に解決することを望み，そのために，むしろ被告が応訴し，訴訟手続に参加することを期待する場合もある。

　後者の場合には，まず，通常の訴状の送達と同様，訴状と訴状添付の書証，第1回口頭弁論期日の呼出状のみを送達する方が適切である場合もあるであろう。その場合には，訴訟の進行とこれに応じた訴状の送達について，原告の希望を裁判官に伝えるとよい。また，裁判官から，日本の裁判所に国際裁判管轄があることが明確とは言えないが，被告が応訴するかどうかを見てその後の訴訟進行を考えるとして，通常の訴状の送達の範囲で外国送達を行うことが指示される場合もある。

　外国送達を行う事件の原告としては，被告が応訴するかどうかの反応を早く知って，和解の可能性があるのであれば，早く協議に入りたいと考える場合もある。また，被告が応訴すると決めて日本の弁護士を代理人に選任し，訴訟委任状が裁判所に提出されれば，送達はその代理人宛てに普通の国内送達を行えばよく，外国送達の途中であっても，被告訴訟代理人弁護士宛てに国内送達を行うことにより，送達が先に完了する。そのため，

原告代理人の弁護士としては，被告に対し，訴訟を提起したこと（裁判所及び事件番号を明記），及び，正式に送達手続をしているところであることを手紙等により通知すること，さらに，適切と考える場合には，事実上の訴状及び証拠を送付して原告の請求の内容を知らせることを検討するとよい。ただし，訴訟提起の事実を知らせることにより，かえって，送達が困難になることが予想される場合もあるから，その適否の判断は事案により，事情に応じて検討すべきである。以上の方法は，後記の審判手続で，外国に居住する相手方に対し外国送達が必要とされる場合にも応用できる。

5 外国公示送達
(1) 外国公示送達の要件・手続・効力発生時期

外国送達をすべき場合において，次のいずれかの要件を満たす場合には，公示送達が認められる。

公示送達は，原則として当事者の申立てにより行われるが，以下の①②③の要件による公示送達の場合は，2回目以降の公示送達は職権で行われ，当事者による申立てを要しない。外国送達を公示送達で行う場合には，訴状等の翻訳は不要である。

国内の公示送達は，公示送達の掲示を始めた日から2週間の経過により送達の効力が生ずるが，外国公示送達の場合は6週間の経過により送達の効力が生じる（民訴112条2項）。ただし，外国公示送達についても，2回目以降の公示送達は民事訴訟法112条1項ただし書の適用により，掲示の翌日に送達の効力が生じるというのが実務上一般的な見解のようである（研究49頁）。

① 被告が外国にいるが，住所，居所その他送達すべき場所が知れない場合（民訴110条1項1号）

被告が日本国内にいて住所がわからない場合と外国にいて住所がわからない場合とでは，日本の裁判所に国際裁判管轄を認める場合の根拠や，公示送達によるとしても効力の発生時期が異なるから，原告訴訟代理人弁護士は，被告の出入国記録を照会する等の方法により，被告が日本国内にいるか外国にいるかを明確にする必要がある。

被告が外国にいることが確認できた場合，住所を調査する必要がある。

外国人であれば，日本における外国人登録に記載されている出身国における住所や実家宛に郵便を出す等の方法により，日本人であれば在留届の照会を行う等の方法による。日本人の在留届は，海外に3か月以上滞在する場合に義務付けられているものであるが，実際には届出がなされていない場合も少なくなく，また，外務省は本人の同意がなければ照会に応じない取扱いとしている。

　どの程度の調査を尽くせば公示送達の要件を満たし，申立てが認められるかは，事案と担当の裁判官により異なるので，訴訟を提起したうえで，担当の裁判官（書記官）と相談しながら必要と指示される調査を行うのがよい。

② 　民事訴訟法108条の規定による外国送達ができない場合（民訴110条1項3号前段）

　送達先の外国と日本との間に国際司法共助の取決めがなく，当該外国の管轄官庁が日本からの送達の嘱託に応じない場合や，当該外国に日本の大使等が駐在していない場合等がこの要件にあたる。ただし，国際司法共助の取決めがなく過去に送達の実施例がない外国における送達の場合でも，当該事件について外交上の経路を通じて送達のための国際司法共助の要請を行い，個別の応諾により送達が実施される可能性があるから，このような方法を試みても送達ができない場合に初めて公示送達の要件を満たすことになる。

　この点，中華民国，及び，朝鮮民主主義人民共和国の場合は，日本と国交がないことから，外交上の経路を通じて国際司法共助を要請することがそもそもできず，したがって，これらの国において送達すべき場合は，公示送達によらざるを得ないとされている。

　なお，領事送達の方法で外国送達を試みたが，被告が受領を拒否したため送達ができなかった場合でも，受託国が民訴条約や送達条約の締約国で，送達の相手方が受領を拒否する場合でも送達が認められる指定当局送達や中央当局送達の方法による送達が可能な場合には，再度，そのような方法による送達を要請することができるから，直ちに本号前段の公示送達の要件を満たすものではない。福岡高裁那覇支部平成21年5月29日決定（判タ1307-302）は，米国在住の被告に対する領事送達が不奏功

であったとしてなされた公示送達の申立てについて，領事送達は簡易な送達手続であり，なお中央当局送達が可能であるとして民事訴訟法110条1項3号の要件を満たさないと判示した。
③ 民事訴訟法108条の規定によっても送達ができないと認めるべき場合（民訴110条1項3号後段）

この要件は，前段と異なり，外国における送達の嘱託は可能であるが，当該外国における天変地異や戦乱，革命等の状態により嘱託しても送達不能が見込まれる場合や，外国に送達の嘱託をしたが，何らかの理由で送達できず，再度の送達嘱託をしても送達できる見込みがない場合等に認められる。
④ 民事訴訟法108条の規定により外国の管轄官庁に嘱託を発した後6か月を経過しても送達証明書の送付がない場合（民訴110条1項4号）

この要件は，管轄裁判所送達の方法により外国送達がなされた場合の規定である。
⑤ 送達条約15条2項の要件が満たされた場合（特例法28条）

送達条約は，訴訟手続を開始する文書又はこれに類する文書を送達すべき場合において，(i)送達条約上の方法によって文書が転達され，(ii)文書の発送から6か月以上の期間が経過し，かつ，(iii)すべての妥当な努力にもかかわらず，受託国の権限ある当局から送達証明書の入手ができない場合は，裁判を進めることができることを宣言することができると規定しており（送達条約15条2項），日本はこの宣言を行っている。

これを受けて，特例法28条は，送達条約15条2項の要件を満たした場合には，公示送達ができると規定している。

⑵ **公示送達による判決を回避したい場合**

被告が外国にいて外国送達を行うべき場合に，原告としては，外国公示送達が認められれば，訴訟手続が進行し，判決が得られることになる。しかしながら，外国送達はできないものの，原告が郵便やEメール等の方法により被告との連絡が可能であり，被告との和解の可能性を期待して，あるいは，紛争の1回的解決のために被告が応訴することを望む場合がある。また，公示送達による判決は外国で承認されない可能性があるため，

財産分与や養育費の請求等，将来，日本の裁判所の判決を外国で執行する可能性のために，原告としても，公示送達による判決を回避したいと考える場合がある。

　原告が被告との連絡はつくが外国送達ができない場合とは，被告が中華民国のように国家承認を欠く国に在住している場合等のほか，外国において実際に居住している住所を原告に知らせないが，郵便物を外国にある実家や私書箱で受け取っていたり，Ｅメールによる連絡は取れるという場合等がある。

　このような場合に，原告が公示送達による手続で被告が欠席のまま判決を取得するのを回避したいと考えるときは，訴訟を提起し，公示送達がなされたことを，原告自身（原告訴訟代理人弁護士）から被告に対し，郵便やＥメール等の方法により通知することにより，被告の応訴を期待する方法が考えられる。中華民国にいる被告に対し公示送達を行う場合には，裁判所によっては，そのような通知を裁判所自身が普通郵便で行うこともあるようである。

6　調停・審判事件における外国にいる相手方への書類の送付

　調停事件及び審判事件の期日の呼出しや審判の告知は，「相当と認める方法」によることとされており（家審7条，非訟18条2項，家事74条1項），民事訴訟法の送達の方法によることを要しない。そのため，送達先の外国が民訴条約又は送達条約の締約国で，直接郵便による送達の方法について拒否の宣言（民訴条約6条1項，送達条約10条(a)）をしていない場合には，直接郵便による送付をすることも可能である。

　調停の相手方が外国に居住している場合は，そもそも，相手方が調停に出席する意向がなければ調停手続が成り立たないことから，申立人において相手方が調停に出席する意向があるか否かを確認するよう，裁判所から求められることもある。このような場合，申立人（申立人代理人弁護士）が相手方と直接連絡を取って調停期日への出席の意思を確認し，調停期日の日時も連絡することで，事実上，期日の呼出しがなされたものとされることもある。このような事実上の連絡でも，裁判所において，「相当と認める方法」として十分であるとされているようである。

これに対し，外国に居住する相手方に対する審判事件の場合は，非訟事件とはいえ，親権者変更，婚姻費用分担請求，子の監護に関する処分（養育費，面会交流）の審判等，相手方の手続保障の観点から，外国送達の方法によることが適切と考えられる場合がある。実際，実務では，一般に，審判事件の場合は，申立書は外国送達の方法によることを指示されるのが通例である。申立人としても，日本の裁判所の審判に基づいて外国における強制執行を予定している場合，その他，審判の効力が外国において承認される必要がある場合には，仮に，裁判所が直接郵便による送付で足りると考えていても，申立人の方から積極的に，正式な外国送達の方法によることを申し出ることを検討すべきである。

7　外国から日本への送達の実務
(1)　外国からの送達の実際
①　指定当局送達／②中央当局送達

　民訴条約の締約国から日本に対し指定当局送達の方法で外国送達がなされる場合，及び，送達条約の締約国から日本に対し中央当局送達の方法で外国送達がなされる場合，日本の指定当局・中央当局は，いずれも外務大臣である（特例法2条・24条）。外務大臣が受けた送達の要請は，最高裁判所を通じて，被告の住所地を管轄する地方裁判所に転達され，地方裁判所が送達を実施することになる（特例法3条・25条）。家庭裁判所が管轄する事件の送達要請の場合は，地方裁判所から家庭裁判所に送達要請が移送され，家庭裁判所が送達を実施する（特例法4条・25条）。

　送達の実施方法は，条約に特別の定めがあればそれに従うほか，日本の法律の定めによる（特例法5条・26条）。民訴条約に基づく送達の場合は任意の交付が原則であり（民訴条約2条），送達条約に基づく送達の場合も任意の交付が可能である（送達条約5条2項）。

　日本では，送達は裁判所が実施するが，任意の交付の方法としては，裁判所書記官が送達の相手方に送達すべき文書を表示してその受領を催告し，送達の相手方は，裁判所に出頭してその文書を受領するか，文書の送付を申し出ることができる（特例規則4条2項）。送達の相手方が文書の送付を申し出たときは，裁判所書記官は民事訴訟法に定める郵便によ

る送達の例によって文書を送付する（特例規則4条3項）。送達の相手方が，催告を発した日から3週間以内に出頭せず，文書の送付の申出もしないときは，文書の受領を拒否したものとして取り扱うことができる（特例規則4条4項）。送達の相手方がその文書の受領を拒否したときは，任意の交付の方法による送達がなされたことにはならない。

　民訴条約に基づく指定当局送達，及び，送達条約に基づく中央当局送達の要請において，翻訳文が添付されたうえで，受託国である日本の国内法の定める方法に基づく送達が要請されている場合は，民事訴訟法に基づく送達として，通常は特別送達が行われる。この送達方法は，任意の交付の方法とは異なり，強制的な送達も可能であるから，送達の相手方が正当な理由なく受領を拒否するときは差置送達（民訴106条3項）が可能であるし，最終的には書留郵便等に付する送達（民訴107条1項）による送達も可能である。しかしながら，実務上は，送達の相手方が不在で，留置期間を過ぎても受取りがない場合は，不送達である旨の証明をする取扱いがなされることがあるようである。

③　領事送達

　領事送達は，日米領事条約・日英領事条約に基づく送達方法であるほか，民訴条約及び送達条約において認められている送達方法である。民訴条約及び送達条約上の領事送達は，受託国は送達を行う領事館等の国民以外の者に対する送達の拒否を宣言することができる（民訴条約6条2項，送達条約8条2項）が，日本は拒否の宣言をしていない。

　領事送達の方法は，外国の在日領事が直接送達実施機関となって，任意の交付の方法により送達を行うものであり（送達条約8条1項ただし書），具体的には，在日領事館職員が送達の相手方の住所で文書を直接交付するか，又は，送達の相手方を領事館に呼び出して文書を交付する方法により行われる。

　この点に関し，在日領事が日本国内において郵便の方法により文書を送付し送達の相手方が任意に受領した場合に，有効な送達と認められるかが争われた事案において，東京地裁平成10年2月24日判決（判時1657-79）は，郵便による送付も送達の相手方が任意に受領する限り有効であると認めた。領事送達の場合，任意の交付による送達しか許されず，送

達の相手方が文書の受領を拒絶した場合は，送達は不奏功となる。郵便による送付の場合，送達の相手方が郵便物を受領拒絶することはできるが，開封前に限られる。

(2) 外国からの送達の効力が問題となる場合
① 直接交付による送達

日本においては，裁判文書の送達は裁判所が送達の名宛人に対し直接行うが，米国を含む多くの国では，送達は私人が名宛人に直接文書を交付する方法により行われる。そのため，裁判所の文書の送達が直接交付の方法によるとされている国から，日本にいる被告や相手方に対し，送達が直接交付の方法でなされることがある。

このような直接交付による送達の効力について，最高裁平成10年4月28日判決（民集52-3-853）は，香港の裁判所がなした訴訟費用負担命令の執行判決請求事件において，外国判決の承認要件としての送達（民訴118条2号）は，日本の民事訴訟法の定めに従った送達方法であることは要しないが，判決国と日本との間に司法共助に関する条約が締結されている場合には，条約に定められた方法を遵守しない送達は要件を満たすとは言えず，香港の裁判所における事件の申立人から私的に依頼を受けて日本の弁護士が日本にいる相手方に対し文書を直接交付したことは，日本と英国（当時香港の主権を有していた）が締約国である送達条約，日英領事条約のいずれにも根拠がないから，同号の要件を満たさない不適法な送達であると判示した。

② 郵便による送達

外国の裁判所の文書が，日本にいる被告や相手方に対し，直接郵便で送付されてくる場合がある。この場合の送達の効力については，外国判決の承認要件に関して前に述べているので，参照されたい（55頁）。

(3) 不適法な外国からの送達に関する相談への対応

外国から裁判文書の送達を受けた相談者から対応について相談を受けた場合は，上記の説明に従い，まず，送達が外国送達として適法なものかどうかを確認する必要がある。

直接交付による送達や翻訳文の添付のない直接郵便による送達である等，適法な送達とは認められない場合は，応訴せずに判決が出ても，外国判決の承認のための送達の要件（民訴118条2号）を欠くとして事後的に当該外国裁判所の判決の日本における効力を争う方法があることを説明することになる。

直接郵便による送達に送達受領書が同封されている場合，後日，判決の日本における効力を争うことを考えるのであれば，送達受領書に署名して返送すべきではない。送達受領書への署名・返送をせずにそのままにしておいた場合，外国裁判所の裁判は，公示送達により，判決が出る可能性があることを説明する。

外国からの送達は，日本で婚姻生活を送っていた外国人配偶者が自国に帰ってしまった後，当該外国の裁判所に離婚訴訟を提起した場合等，当該外国裁判所における裁判が外国判決の承認のための管轄要件（民訴118条1号）を欠く場合も少なくない。しかしながら，管轄の欠如を主張して争う場合も民事訴訟法118条2号の「応訴」にあたるから（前掲最判平成10.4.28），後日，送達要件を欠くことを主張したいと考える場合には，管轄を争うための応訴もすべきではない。

しかしながら，当事者としては，送達が不適法であったとしても，放置しておいて離婚判決が出てしまい，後日その無効を争うよりも，積極的に応訴して管轄がないことを主張して却下を求めることを選択し，あるいは，当事者の方も離婚を希望（同意）しており，子の親権・監護権や養育費，財産分与の問題を外国の裁判所で1回的に解決することを望む場合もある。このような場合，弁護士としては，不適法な送達に対し応訴すれば後に外国裁判所の判決の日本における効力を送達の点については争えなくなることを説明のうえ，当事者の判断に委ねるのが適切である。

II

渉外離婚における実務

第1章 日本の離婚の制度の概要

第1 離婚の種類

日本における離婚の方法には，1.協議離婚，2.調停離婚，3.審判離婚，4.判決離婚，5.和解離婚，6.認諾離婚の6通りの方法があり，2010年におけるその数及び割合は以下の表のとおりである。

【離婚の種類と現状】（厚生労働省人口動態統計より筆者作成　2010年度）

離婚の総数	調停離婚	審判離婚	判決離婚	和解離婚	認諾離婚	協議離婚
251,378件 （比率％）	24,977件 （9.94％）	84件 （0.03％）	2,473件 （0.98％）	3,648件 （1.45％）	30件 （0.01％）	220,166件 （87.58％）

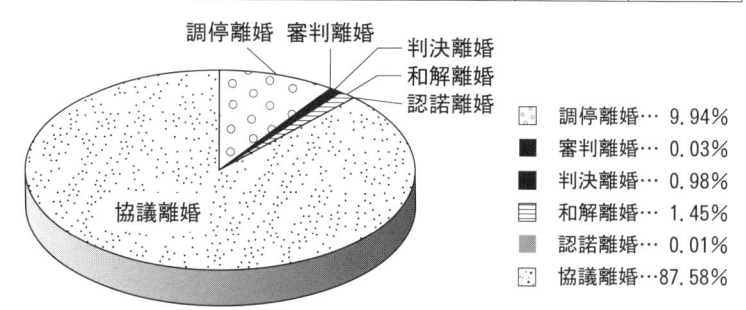

- 調停離婚… 9.94％
- 審判離婚… 0.03％
- 判決離婚… 0.98％
- 和解離婚… 1.45％
- 認諾離婚… 0.01％
- 協議離婚…87.58％

1　協議離婚（民763条）

(1)　日本の協議離婚とその問題

協議離婚は，日本の離婚の約9割を占める。協議離婚は，当事者間の離婚の合意と役所への届出のみによって成立するが，このような簡便な離婚方式は日本独自のものであり，諸外国では何らかの形で裁判所等の公的機関が離婚に後見的に関与することが普通である。

協議離婚制度のある中華人民共和国でも，婚姻登記機関に夫婦双方が出頭して子の扶養教育や夫婦財産の分割等に関する離婚協議書を提出しなければ離婚登記ができないし（加藤78頁），同じく韓国でも，形式化していた裁判官による離婚意思確認が実質化され，2004年以降，熟慮期間を経た上

で、再度の確認が必要となっている（韓国民法836条の2）。

　未成年子については、協議離婚に際して、父母の協議でその一方を親権者と定めなければならず（民819条1項・2項），親権者の決定は離婚の要件とされているので、離婚届にいずれが離婚後の親権者となるかを記載しなければ届出は受理されない。しかし、それ以外の離婚に際して協議すべき事項、すなわち、財産分与、慰謝料及び年金分割などの離婚給付の問題、子の養育費、面会交流及び子の引渡しなどの子の監護に関する事項についての合意の存在は、協議離婚成立の要件ではない。このため、暴力その他の理由により夫婦間の葛藤が高かったり、当事者の力関係に差があるために協議不能である場合には、本来、離婚に際して決めるべき重要な事項が決められないまま離婚が成立してしまうことが少なくない。特に、子の養育費及び面会交流につき合意が形成されず、離婚後の子の福祉についての配慮が著しく欠けたまま成立する離婚が少なくない点が問題視されている。実際、養育費の取決めのあった離婚は子のある離婚の38.8％にすぎない（2006年厚生労働省母子世帯調査）。

　離婚届出後の戸籍には、子の親権者は記載されるが、子の監護者は記載されない。非親権者を監護者とする旨の合意をした場合や、両親が共同監護を行うと合意した場合であっても、これらは戸籍の記載事項ではないため、重要な事項ではあるが戸籍からは判明しない。

(2) 不受理申出制度

　役所に対する離婚届出は、夫婦の一方のみでも、あるいは第三者に託してでも行うことができるため、離婚意思を欠いた無効な離婚届出が勝手になされないよう、離婚届の不受理を申し出ておくことができる（戸27条の2第3～5項）。2010年には24,733件の戸籍に関する届出の不受理申出がなされているが（法務省・戸籍統計），そのほとんどは離婚届の不受理申出である。2008年に不受理の期間制限が廃止されたので（一度申し出ると取り下げるまで有効），申出数は以前より減った。そして、離婚の届出がなされたときは、戸籍係は本人確認をし、確認できなければ届出を受理せず、そうした届出があったことを不受理申出をした本人に通知することとしている（戸27条の2）。この不受理申出制度は、当事者の一方が外国人である場合で

も，利用することができる。

(3) 公正証書

協議離婚においても，財産給付についての合意がある場合，特に養育費のように長期にわたる定期金支払いの条項がある場合には，公正証書を作成し，強制執行可能な債務名義としておくことが望ましい。将来，債務不履行が生じ強制執行を申し立てる場合には，公正証書正本が義務者に送達されていることが必要であるので，公正証書作成時に公証役場に依頼し，「送達」も済ませておくことが有用である。

ただし，同じ債務名義であっても，後記2以下の調停調書・審判・判決等であれば，不履行の場合の家庭裁判所の履行勧告制度（107頁参照）を利用できるのに対し，公正証書にはそのような効果はない。また，調停調書と異なり，公正証書作成には費用を要する。なお，面会交流や子の引渡しの条項については，財産給付の条項と異なり，公正証書で取り決めても，間接強制執行を含め強制執行を申し立てることはできない。後記2以下の調書等であれば，履行勧告制度の利用が可能であり，強制執行も可能である。

義務者が外国人である場合には，強制執行を必要とする債務不履行時には日本には居住していない場合を念頭においておく必要がある。そうだとすれば，公正証書よりも，外国の裁判所において日本の裁判所作成の文書であると認知される後記2以下の債務名義を得ておくことが望ましい。

2　調停離婚（家審17条，家事244条）

当事者間で協議による離婚が成立しない場合，離婚を望む者は，いきなり離婚訴訟を提訴することは認められず，その前に家庭裁判所の調停を経なければならない（調停前置主義。家審18条1項，家事257条1項）。家庭に関する紛争は，公開で対審構造の訴訟において解決するよりも，非公開で，相互の譲歩を基調とする調停において話合いで解決することが望ましいとされるからである。渉外離婚にも調停前置主義は適用される。

しかし，裁判所が事件を調停に付することが適当でないと認めるときは，調停を経ずに提訴することも認められる（家審18条2項ただし書，家事257条2

項)。例えば，相手方が行方不明である場合，相手方に意思能力がなく合意の形成が見込めない場合などがこれにあたるが，相手方が外国に居住し，調停への出席意思のないことが明らかである場合にも，調停を前置しない提訴が認められる。協議離婚をする旨の調停を成立させることも可能である。

調停手続については102頁参照。

3　審判離婚（家審24条，家事284〜287条）

調停に代わる審判ともいう（従前は24条審判とも呼ばれた）。家庭裁判所は，調停が成立しない場合でも，相当と認めるときは調停委員の意見を聴き，当事者双方のため衡平に考慮し，一切の事情を考慮して，職権で，事件の解決のため必要な離婚の審判をすることができる（家審24条1項，家事284条1項）。

ただし，審判離婚数は非常に少なく，2010年で84件，離婚全体の0.03％にすぎず，ほとんど利用されていないと言っても過言ではない。当事者の異議申立てによって当然に審判が失効するためである（家審25条2項，家事286条5項）。

離婚そのものについては合意がありながら，財産分与や養育費などをめぐりわずかな意見の相違によって調停が成立しないとき，当事者の一方は調停に出席しないが従前の経過よりして離婚にほとんど異議はないと推認されるとき，そして，渉外離婚において，準拠法では裁判離婚の方法しか認めていないときなどに審判離婚がなされている（91頁参照）。

なお，離婚自体は審判事項ではなくあくまで人事訴訟事項であり，調停に代わる審判は特殊な審判である。しかし，審判である以上，非訟事件であり，非公開の手続によって行われ，家事審判法（家事事件手続法）により規律される。審判の進行方法は，裁判官裁量によるところが大きい。中には，調停が不調となった当日に直ちに審判に移行して審判が下されるといった速い進行がなされる場合もある。

4　判決離婚（民770条）

毎年，おおむね離婚の約1％が判決離婚によっており，2010年では2,473

件である。2005年の3,245件をピークに漸減している。判決では，①不貞，②悪意の遺棄，③生死不明3年以上，④強度の精神病，⑤その他婚姻を継続し難い重大な事由という法定の離婚原因（民770条）が認められる場合にのみ，離婚が認容される。離婚原因については，129頁以下参照。

　離婚訴訟は，人事訴訟の1つであり（人訴2条1号），審級は，第一審が家庭裁判所，控訴審は通常の民事訴訟と同じく高等裁判所，上告審が最高裁判所である。ただし，上告理由（民訴312条）及び上告受理申立ての理由（民訴318条1項）は厳格に制限されているので，実際には控訴審終了時までに，主張・立証を尽くす必要がある。離婚裁判（人事訴訟）の手続については93頁以下参照。

5　和解離婚（人訴37条1項）

　和解離婚の割合は離婚の約1.45％（2010年）である。提訴後，裁判上で和解をして離婚する場合には，「和解離婚」として終了するものと，「協議離婚」を選んで終了するものがある。前者の和解離婚は，和解日に離婚が成立しており，日本人に関しては，和解調書に基づき市区町村長に離婚の届出を行わなければならないが（戸63条，77条2項，戸規57条2項1号），それは報告的届出にすぎない。

　裁判上で協議離婚の和解をする場合には，財産給付や面会交流の合意があれば，それを裁判所の和解調書として作成し（債務名義となる），調書の中には協議離婚をする旨，離婚届の不受理申出が提出されている場合にはその取下げ及び訴え取下げの条項等を盛り込む。和解離婚のメリットは，和解日から役所への離婚の届出の間に，一方が翻意して離婚不受理申出を役所に対して行おうとしても，すでに離婚が成立しているのでできない点にある。協議離婚をする和解をした場合には，和解日から協議離婚届出日の間に，離婚届不受理申出が取り下げられなかったり，新たに一方から不受理届が提出されたりという危険があり，そうした場合には，再び調停や裁判を行わなければ離婚することができない。このため，いったん調停や裁判になってから協議離婚の和解を選ぶには最低限の双方の信頼関係が必要である。

6　認諾離婚（人訴37条1項）

　訴訟の被告が，離婚請求を「認諾」をした場合には認諾離婚が成立する。
　認諾離婚が認められるのは，子の監護者の指定その他子の監護に関する処分，財産分与に関する処分，又は年金分割についての処分（人訴32条1項の附帯処分），又は親権者の指定（人訴32条3項）についての裁判をすることを要しない場合に限られる（人訴37条1項）。認諾できる場合には和解離婚をすることが多いので，認諾離婚は極めて限られ，2010年には年間30件にすぎない。

第2　外国から見た日本の離婚制度

1　日本法の特色

　日本の民法では，離婚の方法として，当事者の合意のみに基づく協議離婚が認められているが，裁判所が全く関与しない協議離婚制度は，日本や中国など，立法例は多くない。外国では，離婚は裁判所の決定や何らかの関与を要することは，今日，日本の弁護士の間でも一般的に知られている。

　弁護士が，外国人当事者から日本における離婚の手続について説明を求められた場合，次のように説明するのがわかりやすい。すなわち，両当事者が離婚に合意すれば，協議離婚届を提出するだけで離婚が成立する。一方が離婚を希望し，他方が離婚に応じない場合は，まず家庭裁判所での調停を試み，調停で離婚の合意に達すれば調停離婚が成立する。調停でも離婚の合意に達しない場合は，調停は終了し，離婚を求める当事者は離婚訴訟を提起することになる。

　ところで，日本では，外国の離婚制度について，外国では裁判離婚しか認められていないという説明がしばしばなされる。この説明自体，誤りとまでは言えないが，離婚の成立には必ず裁判所の決定が必要であるという国においても，実際には，当事者間に離婚合意がある場合には，合意命令や同意判決などという簡易な手続により離婚が成立する場合も少なくない。このことを念頭に置いて，外国人当事者に日本における離婚の手続について説明する場合に留意すべきと考えられる点を次に挙げておきたい。

2　外国人当事者への説明の留意点

　最近では，インターネット上などで，日本における離婚手続について英語により解説した情報が広まっている。中には，日本における離婚手続は4種類ないし4段階あるとの説明がなされていることもあり，そのように理解している外国人も少なくないようである。つまり，協議離婚，調停離婚，審判離婚，裁判離婚という4種類の離婚があるとの説明であり，このような説明は間違ってはいないが，実務的には，審判離婚が用いられるのは，極めて限られた場合である（本章第1離婚の種類・79頁参照）。外国人当事者に説明すべきポイントとしては，当事者が合意すれば，裁判所の決定に

よることなく離婚の成立が可能であるということ，合意ができない場合は裁判所の手続によるが，その際，まずは調停を試みなければならないことの2点が重要である。

また，控訴について質問されることがあるが，日本の場合，3審制であること，控訴は原審判決に不服があれば自由にできるが，上告理由は憲法違反，判決に影響を及ぼすことが明らかな法令違反等極めて重大な事由の場合に限られていること（民訴312条）を説明しておくべきであろう。

(1) 渉外的な協議離婚

協議離婚について説明する場合，協議離婚が可能であるのは，日本の通則法による離婚準拠法が協議離婚を認めている場合に限られることを説明することが必要である。通則法27条によると，次の3つの場合に限られる。①夫婦の共通本国法が協議離婚を認めている場合である。②夫婦の共通本国法が欠ける場合で，夫婦の共通常居所地国法が協議離婚を認めている場合。例えば，夫婦異国籍の外国人夫婦であるが日本に常居所地があると認められる場合である。この場合，夫婦のいずれの本国法も協議離婚を認めていない場合でも，戸籍への届出による協議離婚は可能である（ただし，日本において行われた協議離婚の効力は日本法上は有効であるが，それぞれの本国でも有効な離婚として承認されるかは，それぞれの本国法による）。③夫婦の共通本国法が欠ける場合で，かつ，夫婦の共通常居所地国法が欠ける場合であっても，夫婦の一方が日本人で日本に常居所を有している場合には，日本方式の協議離婚は可能である（この場合も，離婚は日本法上は有効であるが，他方の外国人当事者の本国法上の効力はその国の法に従う）。

上記①の場合として問題となるのは，多くは中国人夫婦，韓国人夫婦の協議離婚である。中国法も韓国法も協議離婚を許すけれど，その方法が日本での婚姻届の提出とは異なる。中国法では離婚当事者双方本人が出頭し戸籍登録をしなければならず，戸籍担当者が直接に当事者の離婚意思の確認，未成年の子がある場合は離婚後の子の撫育（養育）等について確認することとされている。しかし，日本法では離婚届の提出で足り，届出に当事者双方の出頭は必要ではなく，また，戸籍担当官は実質審査権を有していない。

日本の戸籍実務では，この場合の準拠法である中国法が求める双方出頭による届出は，国際私法で定められている「方式」の問題であるとして，行為地である日本の方式でも可能であるとして届出を受理している（通則法34条2項）。このような離婚届の受理により，日本法の下でこの中国人夫婦の離婚が効力を発生するが，もともと日本戸籍はないので戸籍の記載は行われない。しかし，発行された離婚届受理証明書により在日中国領事館での届出により中国法上も離婚は有効として中国戸籍への離婚登録が行われている。

韓国法の場合，協議離婚の意思確認は裁判官が行うこととされているが，これについても日本の戸籍実務では「方式」の問題として，日本で韓国人夫婦が協議離婚を行う場合は，届出書の提出で足りると解して受理している。ただ，韓国法は従来裁判官による意思確認は実際にはかなり形式的な手続で離婚当事者が裁判所に出頭し，それぞれ裁判官の面前で協議離婚の意思を宣明すればその場で確認印が押印されていたが，これが大きく改正された。現在は，意思確認に出頭した際に離婚教育を受け，その後一定の熟慮期間後に改めて出頭し意思確認を要することとされ，特に未成年子がある場合にはその養育監護の方法，養育費の支払いについての合意を欠く場合には協議離婚を許さない方法に変わっている。しかし，日本の戸籍実務は韓国人夫婦の場合も，中国人夫婦の場合と同じく，韓国法上の意思確認手続を「方式」の問題として，日本ではこれらの手続なしに離婚届書の提出のみで足りるとして，受理をしている（学説では反対説も有力）。このような日本方式の離婚は，韓国人夫婦の場合，韓国法上は有効とは認められていない。韓国人夫婦は在日韓国領事館で意思確認手続を行うことが，韓国法上は必要とされている。

このような準拠法が離婚を許す場合でも，協議離婚の説明をする際には，未成年の子どもがいる夫婦の場合，子どもの親権者をどちらにするかについて当事者が合意できることが前提であるとの説明が不可欠である。外国の法制によっては，離婚と未成年子の親権の問題は切り離されており，親権の問題が決まっていなくても離婚だけ先に成立させることが可能な場合もあるからである。協議離婚＝「合意のみによる離婚」「裁判所が関与しない離婚」という説明によって，離婚のみを成立させる手続であり，子の

親権者の指定は後日，裁判所で行うものと外国人当事者が誤解し，紛争の原因となっている例が少なくない。

　また，協議離婚の場合，離婚と未成年子の親権についてのみ合意ができれば，それだけで足り，それ以外の面会交流や養育費その他子の監護に関する事項や財産分与については取り決める必要はないこと，たとえ取り決めても，その合意を離婚合意の一部として届け出たり登録したりすることはできないということを説明しておくことが望ましい。外国によっては，親権・監護権について取り決める場合は，面会交流についても取り決めることが条件になっていたり，離婚が成立するためには財産分与についても取り決めなくてはならないとなっている場合があるからである。

　何をどこまで説明するかは，弁護士によっても異なるであろうが，特に外国人当事者の場合，日本の協議離婚制度がどういうものか，家族や知人友人の経験や本・テレビ・インターネットの情報などからある程度の共通理解をもっている日本人とは異なり，出身国・社会における離婚のイメージを前提に捉えていることも多いことから，質問されなくても，弁護士の方から積極的に，ここに挙げたようなポイントを説明しておくことが誤解を防ぐために有用である。

(2) 調停事項や訴訟手続

　離婚調停と婚姻費用分担調停が同時に進行している場合に，離婚調停が不成立になると，離婚については離婚を求める当事者から離婚訴訟を提起しなければそのまま婚姻状態が続くが，婚姻費用分担については調停から審判に自動的に移行すること。また，離婚調停や婚姻費用分担調停では，別居中の監護者指定や面会交流といった別居の中で起きてくる法的紛争を総合的に扱うものではなく，調停の中で「事実上」これらの事項について協議することもある程度は可能であるが，協議による合意ができない場合は，正式に，別途，調停や審判を申し立てる必要があること。さらには，離婚訴訟では，子の親権者指定，養育費請求，財産分与が附帯処分として申し立てられ決定されることが多いが，離婚後の面会交流については申立てがない限り，審理の対象・主題になっていないこと等，外国人当事者にとって，手続が非常に複雑でわかりづらい点があるので，丁寧な説明が必

要である。

(3) その他，調停手続に関する外国人からの疑問点

また，調停委員とはどういう人であるのかということ，調停の成立に際して，裁判官が調停条項を読みあげて，当事者はこれを確認するものの，署名をすることなしに調停が成立するということ，調停期日におけるやり取りは公式に記録もされないし，調停で当事者から提出された書類は当然には他方当事者に開示されるものではないことなど，外国人当事者が疑問に思う点は少なくない。

実は，これらの疑問は，外国人だから持つというものではなく，日本人当事者も同じように疑問に思っている場合が多い。そのうえで違いがあるとすれば，日本人の依頼者の中には，弁護士に疑問に思うことを1つ1つ質問し確認することに気後れを感じるという人もいるであろうところ，外国人の依頼者の中には，疑問に思ったことをそのままにせず，なぜそうなのかと確認する傾向があるという点かもしれない。

しかし，ここでも外国人と一括りにして論じるべきではなく，外国人の中にも，弁護士に遠慮や気後れして心の中にたくさんの疑問を持ちながら，質問できないままに手続が進んでしまったという経験を語る場合がある。日本人でさえ，裁判所に呼び出されたり，裁判手続に関わるということに大きな不安と戸惑いを感じる場合が多い。まして，外国人として滞在している国で裁判手続に関わるということは，私たちが想像する以上に，当事者は強い不安を抱えていることが多い。弁護士としては，その点への理解を持ち，丁寧な説明に努めることが大切である。

Column 公正証書を用いた離婚

　外国人だけではなく，日本人の間でもよくある誤解の1つに，口約束だけでは法的な効力がないので，公正証書にしておくと安心というものがある。もちろん，養育費や面会交流についての合意は，口約束より書面にしておいた方が望ましく，また，養育費については，公正証書に強制執行認諾条項を入れておくことにより，不履行の場合に，改めて調停・審判・判決を得ることなく，強制執行が可能になるという法的な利点がある。

　しかし，面会交流の合意については，たとえ公正証書を作成していても，不履行の場合に間接強制を申し立てることはできない。そのことを理解したうえで，公正証書を作成することを当事者が選択する場合は良いが，そうでない当事者に対しては，履行の確保という観点からは，むしろ，調停手続を利用し，調停調書を作成するという選択肢が望ましいことを説明しておくべきである。

　裁判所において裁判官と調停委員の前で合意したことの方が，守らなければならないという心理的効果が期待できるであろうこと，不履行の場合にも，養育費はもちろん，面会交流の条項についても具体的な採定がなされていれば債務名義としての効力があり間接強制執行が可能であること，履行勧告も利用できること等の理由からである。

　なお，公正証書が債務名義としての効力を有するのは，日本国内のみのことである。養育費の合意を公正証書にしても，義務者の財産が外国にしかなかったり，日本に支店のない外国の会社から給与の支払を受けている場合には，強制執行認諾条項があっても，公正証書による強制執行はできない。

第3 裁判離婚しか認めていない国の外国人の日本における離婚

1 問題の所在

外国では，裁判離婚しか認めていない国が多いが，日本では当事者の合意のみにより裁判所の関与なしに成立する協議離婚や，裁判所で行われる手続ではあるが当事者の合意を中核とする調停離婚の制度がある。そこで，外国人が日本において離婚する場合，協議離婚や調停離婚により離婚することで，後に外国人の本国や居住地の外国において日本での離婚の効力が承認されないのではないか，したがって，日本においても必ず裁判離婚によらなければならないのではないかという問題がよく議論され，弁護士もこの問題に直面することが多い。

2 考え方と対処

この問題については，かつては，日本における協議離婚や調停離婚は，裁判離婚しか認めない国では承認されないおそれがあるから，最低でも審判離婚によるべきであるとの説明も見られた。実際，今でも，このような理解は弁護士や裁判官の間で一定程度，通用しているのではないかと考えられる。他方，裁判実務の大勢は，調停離婚でも，「確定判決と同一の効力がある」という条項があれば，裁判離婚しか認めない外国においても承認に問題は生じないとして，審判離婚にする必要はなく調停離婚として成立させれば足りるという理解に立っている。

日本における協議離婚や調停離婚が外国において承認されるかを確認するには，当該外国の弁護士に問い合わせをするのが確実である。

第2章 離婚に関連する手続

　離婚に関する実体法は民法763条以下であるが，離婚に関連する手続法としては，離婚訴訟についての人事訴訟法及び人事訴訟規則，調停・審判についての家事審判法，家事審判規則及び非訟事件手続法がある。離婚慰謝料の請求等は民事訴訟事項であり，民事訴訟法が適用される。

　2011年5月，家事審判法，非訟事件手続法が改廃され，2013年には，家事事件手続法及び改正された非訟事件手続法が施行される。本書の刊行は，その成立と施行の間の時期にあり，施行後の実務は，今後定められる施行規則やこれらの法規の運用に待つところも大きいため，現時点では改正につき最低限必要な情報に触れるにとどめる。

　以下に，人事訴訟，家事審判，民事訴訟，家事調停，調停に代わる審判，保全，履行勧告，及び強制執行について手続の概要を述べる。

第1　人事訴訟

1　人事訴訟の特色

　人事訴訟とは，人事訴訟法2条で定義される身分関係の形成又は存否の確認を目的とする特別の訴訟であり，人事訴訟法は民事訴訟法の特例法として位置づけられている（人訴1条）。その1つの離婚認容判決について言えば，婚姻の解消という身分変動をもたらす形成判決である（離婚請求棄却判決は形成判決ではない）。

　離婚などの身分関係の変動は，極めて個人的な事象である一方，判決の効力が第三者にも及び（対世効），公益性を持ち，また訴訟において真実の発見が重視される。このため，離婚訴訟においては，私的自治の原則が貫かれる通常の民事訴訟とは異なり，処分権主義が制限され，職権探知主義が採用され，弁論主義はそのまま妥当しないという特色を持つ。このため，【表】の通り，適用除外される民事訴訟法の条項がある。

離婚訴訟の土地管轄は,「当事者が普通裁判籍を有する地」を管轄する家庭裁判所に専属する（人訴4条1項）。普通裁判籍は住所により,住所がないとき又は住所不明のときは居所により,居所が知れないときは最後の住所により定まる（人訴4条2項）。これによっても管轄家庭裁判所が定まらないときは,東京家庭裁判所が土地管轄権を有する（人訴4条2項,人訴規2条）。

【表　離婚訴訟で適用されない民事訴訟法の条項（人訴19条・37条）】

157条	時機に後れた攻撃防御方法の却下等
157条の2	審理の計画が定められている場合の攻撃防御方法の却下
159条1項	自白の拘束力　擬制自白
179条中	自白事実の証明不要
207条2項	証人尋問の原則先行
208条	当事者尋問不出頭等の効果
224条	当事者が文書提出命令に従わない場合等の効果
229条4項	筆跡等の対照について当事者が決定に従わない場合の効果
244条	当事者の欠席及び退廷の効果

（以上,人訴19条による適用除外）

266条2項	附帯処分・親権者指定の裁判を必要とする場合の請求認諾
264条	和解条項案の書面による受諾
265条	裁判所が定める和解条項
170条中	遠隔弁論準備手続における出頭しない当事者による和解及び請求認諾

（以上,人訴37条による適用除外）

2　処分権主義の制限

民事訴訟においては,訴えの提起,いかなる権利関係についていかなる形式の判決を求めるか,訴訟手続を判決を待たずに終了させるかについての決定権限は,いずれも当事者にある（処分権主義）。離婚訴訟においても訴訟は訴えの提起により開始し,訴訟物を特定するのは当事者である。

当事者が申し立てていない事項にについて判決することはできない（民訴246条は適用除外されない）。また,民法が協議離婚を認めていることから,判決以外の訴訟の終了方法である訴訟上の和解・請求の放棄・認諾も可能である（人訴37条1項）。ただし,認諾が認められるのは,子の監護者の指定その他子の監護に関する処分,財産分与及び年金分割に関する附帯処分

の裁判又は親権者の指定の裁判をすることを要しない場合のみである（人訴37条1項・32条1項）。すなわち，離婚のみ認諾により成立し，附帯申立事項が未解決のまま放置されることは認められない。特に，親権者の指定は離婚の要件であり（民819条2項），親権者が定まらないまま離婚のみが成立することはあり得ない。

3　職権探知主義

　民事訴訟では，判決の基礎とすべき事実の収集・提出の権限及び責任は当事者にのみあるとする弁論主義が採用されている。弁論主義の下では自白に拘束力が認められ（民訴179条・159条1項），当事者が口頭弁論期日に出頭しない場合には擬制自白が成立する（民訴159条3項）。

　しかし，離婚訴訟においては，弁論主義は妥当せず，「裁判所は当事者が主張しない事実をしん酌し，かつ職権で証拠調べをすることができる」（人訴20条本文）とする職権探知主義を採用し，裁判所は裁判上重要な事実を職権により確定することとしている。自白に拘束されないので，極端な例を挙げれば，不貞を離婚原因とする訴訟の中で，被告が不貞行為を認めても，裁判所は不貞は存在しないと事実認定する場合すらありうる。被告が口頭弁論期日に欠席し，かつ争う書面を提出していなくても擬制自白は成立せず，原告の尋問を実施するなどの証拠調べを行って，裁判所が判断する。ただし，あらかじめ被告の欠席が予想される場合には，事前に裁判所と打ち合わせて初回期日に原告尋問も実施し，1回で結審することは可能である。

　とはいえ，実際には，職権探知主義的な扱いがなされているのは親権に関してであり，他の訴訟物（あるいは審判物）である離婚，財産分与，養育費等については，弁論主義的な訴訟進行がなされている。例えば，離婚訴訟においても要件事実が観念され，民法770条1項各号の事実（旧訴訟物理論），あるいは1項1号ないし4号は5号に収れんするとみて，5号の「婚姻を継続し難い重大な事由」（新訴訟物理論）が，原告が主張すべき離婚原因たる要件事実であり，被告が離婚棄却を求める場合には，訴求原因事実を否認し，それを根拠づける事実を主張するほか，離婚請求が信義則違反であること，あるいは民法770条2項の裁量棄却事由に該当する事実

を抗弁として主張する。また，例えば，財産分与対象である預金の存在につき，当事者から調査嘱託申立て（民訴186条）がなされないのに裁判所が率先して調査をすることはあり得ず，当事者の申立てによってはじめてなされている。

4 訴訟集中原則

　離婚訴訟では，1つの裁判の機会に，できるだけ全面的解決をもたらす工夫がなされている。訴えの変更及び反訴は，民事訴訟のような時期の制限（民訴143条）を受けず，第一審又は控訴審の口頭弁論の終結時まで広く認められる（人訴18条）。また，配偶者の暴力を原因とする慰謝料請求，不貞の相手方に対する慰謝料請求など，離婚請求の原因である事実によって生じた損害賠償請求訴訟を離婚訴訟と併合して提訴することができ（人訴17条1項），離婚訴訟係属後に，訴えの変更や反訴によってこのような損害賠償請求を提起すること（同条2項）も認められる。

　また，家事審判事項である子の監護に関する処分（子の監護者指定，子の引渡し請求，養育費，面会交流），財産分与に関する処分及び標準報酬等の按分割合に関する処分（年金分割）を，当事者が附帯申立てすることにより，離婚訴訟において同時に裁判することが認められている（人訴32条1項）。附帯申立てが認められる審判事項は，人訴32条1項に記載する事項のみである。

【離婚訴訟への附帯申立てが認められる家事審判事項（人訴32条1項）】
- 子の監護に関する処分（子の監護者指定，子の引渡し，養育費，面会交流）
- 財産分与に関する処分
- 標準報酬等の按分割合に関する処分（いわゆる年金分割）

　これらの附帯処分は，離婚訴訟と同時に訴訟手続によって審理されても，審判事項である性質は失われない。したがって，附帯処分に関しては，裁判所は当事者の申立てに拘束されず，控訴審においても不利益変更禁止の原則は適用されない（最二小判平2.7.20民集44-5-975）。また，附帯申立ては事実審の口頭弁論終結時まで行うことが可能であり，控訴審段階で新た

に附帯申立てを行うことができる（最一小判昭和58.3.10家月36−5−63）。審級の利益よりも，同時解決を重視するためである。高等裁判所にも調査官が配されたので原審に差し戻さずに審理がなされる。

　控訴審における反訴提起につき，反訴被告の同意は不要である（人訴18条による民訴300条の適用除外）。被告が，提訴を受けた同一の機会に，自身の納得する事実認定による離婚判決を求めたい，反訴に併合して原告に対して慰謝料請求をしたいという場合に反訴がなされている。離婚請求は棄却を求めるが，仮に原告の離婚請求が認容される場合には予備的に財産分与を求めるという申立ても可能である（京都地判平5.12.22判時1511−131）。

　なお，被告から離婚の反訴提起をせずに予備的に慰謝料請求のみを申し立てることは認められていない。判決に対する不服申立方法については，民事訴訟の上訴に関する一般規定が適用され，一審判決において敗訴した当事者は控訴することができ，控訴審判決において敗訴した当事者は上告及び上告受理申立てを行うことができる（民訴311条・318条）。

5　調停との関係

　人事訴訟は，その提起前に調停の申立てをしなければならない（調停前置主義。家審17条・18条）。また，訴訟中，裁判所はいつでも職権でその事件を調停に付することができる（家審19条1項）。家族に関する紛争はできる限り話合いにより双方が譲歩しつつ合意形成することが望ましく，このような調停との連続性が保たれている。ただし，訴訟前の調停の記録は，訴訟には引き継がれない。調停における自由な協議を担保するためである。

6　離婚訴訟の実際

　双方が裁判所に出席している離婚訴訟の場合，判決に至るまでの平均審理期間は14.8か月であり（最高裁判所事務総局家庭局「人事訴訟事件の概況」平成22年），当事者にとって心理的，物理的，経済的負担の大きな裁判である。東京家庭裁判所は，訴状，添付が望ましい身分関係図，婚姻生活史等の書式例を作成しており，CD-ROMとして販売もしている（東京家裁家事6部）。

　第2回の裁判期日以降は弁論準備期日として非公開で行われ，和解の模

索と平行して進められることが多い。尋問は1回の期日にまとめて原告・被告各1時間ずつ2時間程度実施されることが多く，当事者以外の証人尋問が実施されることはほとんどない。破綻に至る事実経過等は複雑であることが多く，尋問の前に両当事者の陳述書を書証として提出して尋問を補っている。

　財産分与については，パソコンの表計算ソフトを利用した財産表によって双方の主張を対比して整理していくことが多い。裁判所は附帯処分及び親権者決定のために，調査官に調査を命ずることができ，親権者決定のために実施されることが多い。非監護者は親権を争いつつ面会交流の附帯申立てをすることは可能であるが，通常はなされない。面会交流の申立てをすることは，相手が親権者となることを認めるように当事者が感じるからである。また，面会交流は困難事例であればあるほど，試行面会など丁寧な当事者間の調整が必要であるので判決で解決するには適さず，別途，調停や審判で解決することが多い。子の引渡しの申立ての附帯申立てがなされることもほとんどない。判決結果は認容が最も多く，91.5％を占める（最高裁判所事務総局家庭局「人事訴訟事件の概況」平成22年）。離婚訴訟を含む人事訴訟の和解率は48.2％であり，一般の民事訴訟よりも高い。

第2　家事審判

1　離婚事件に関連する審判事項

　離婚事件に関連する審判事項として，婚姻中の婚姻費用分担請求（民760条，家審9条1項乙類3号），同居請求（民752条，家審9条1項乙類1号），離婚に伴う財産分与請求（民768条，家審9条1項乙類5号）子の監護に関する処分としての子の監護者の決定・子の引渡し請求・離婚後の養育費請求・面会交流（民766条，家審9条1項乙類4号），離婚後の親権者の変更（民819条6項，家審9条1項乙類7号）請求すべき按分割合に関する処分（年金分割）等があり，いずれも家事事件手続法別表第二（家審9条1項乙類）に定められた審判事項である。

　審判事件の土地管轄は，事件ごとに定められている。例えば，子の監護に関する処分については子の住所地（家事150条4号），財産分与は夫又は妻であった者の住所地（家事150条5号）である。

　審判は裁判の1つであるが，夫婦親子など近親者間の紛争について，プライバシー保護，子の利益の確保や家庭の平和の維持のため，公開の訴訟ではなく非公開（家審規6条）で解決しようとする手続であり，話合いを基調とする調停との連続的な手続が保障されている。すなわち，調停不成立となり自動的に審判に移行した場合，調停申立日に審判申立てがあったとみなされ（家審26条1項），財産分与や年金分割の除斥期間内であるか否かは調停申立日によって判断され，また，いつでも裁判所は職権で審判から調停へ付することができ，話合いによる解決に戻すことができる（家審11条）。

2　家事審判の手続

　審判は，権利の内容を裁判所が具体的に形成する手続であり，処分権主義は制限され，申立ては当事者が行うが，求める金額（財産分与や養育費）や頻度（面会交流など）の特定も不要である（最二小判昭41.7.15民集20-6-1197）。しかし，裁判の進行をはかるためには，当事者はなるべく早期に求める内容を特定すべきである。

　審判は，家事事件手続法では，当事者や利害関係人の地位が強化され，

手続保障がすすめられたが，基本は，職権主義が採用されており，事実の調査，証拠収集は裁判所の責任とされる。その方法も，調査官調査，官公署その他適当と認める者に対する調査嘱託，審問の実施等，基本的には，裁判所の裁量により決せられる。

　審判事項については，調停前置主義の適用はないが，別表第二の審判事件（従前の乙類審判事件）については通常は話合いから始めることが適切であり，調停申立てが先行することが多い。

　審判（決定）に不服がある場合，高等裁判所に対して2週間以内に即時抗告を申し立てることができ（家審規51条・50条），高等裁判所の決定に不服がある場合，最高裁判所に5日間以内に憲法解釈の誤りがあることその他憲法の違反があることを理由とする特別抗告（非訟25条による民訴336条の準用）又は最高裁判所の判例と相反する判断，その他法令の解釈に関する重要な事項を含むと原裁判所（高等裁判所）が認める場合に許可抗告（民訴337条）を申し立てることができる。

　2010年の乙類審判事件の新受件数のうち，渉外事件は486件である（司法統計年報家事（平成22年）第10表）。

　なお，審判離婚の場合の調停に代わる審判（82頁参照）は，いわゆる審判事項ではない。2週間以内に異議申立てがなされると審判は効力を失い，さらに離婚を望む場合には離婚訴訟を提起しなければならない。異議の申立てがないときは，確定判決と同一の効力を有する（家審25条）。

第3　民事訴訟

1　離婚事件に関連する民事訴訟事件

離婚事件に関連する民事訴訟事件として，以下のものがある。

離婚の原因となった事実に基づく相手方配偶者に対する慰謝料請求，不貞の相手方に対する慰謝料請求（民709条・710条），夫婦間における共有物分割請求（民256条・258条），財産分与後の不動産明渡し請求，財産分与の対象とならない固有財産についての返還請求などである。

2　離婚にまつわる損害賠償請求訴訟

上記のうち，離婚訴訟の原因たる事実によって生じた損害賠償請求訴訟は，離婚訴訟と併合できる（人訴17条1項）。また，こうした家族に関する民事紛争について，一般調停として家庭裁判所への調停申立てが可能である（家審17条，家事244条）。申立人が離婚調停と同じであり，関連すれば，並行して同じ調停委員会で調停を行うことも可能である。

第4　家事調停

1　家事調停とは

　家事調停は，家庭裁判所における調停手続であり（家審17～26条，家審規129条～143条，家事第3編），前記第1ないし第3の事項だけでなく，訴訟や審判ではない家族間紛争についても調停が可能である。家事調停は非公開で当事者が協議して合意を形成し紛争を解決することを目指すものである。

　家事調停の新受件数のうち渉外事件は増加傾向にあり，2010年は3,881件，うち離婚調停等夫婦間の事件が1,854件である（司法統計年報家事（平成22年）第10表）。

　調停を行う調停委員会は，家事審判官1名と男女1名ずつの調停委員2名以上で構成されるが（家審22条1項，家事248条），通常の調停の場面では，小さな部屋で調停委員と当事者及びその代理人が出席して行っており，裁判官が実際に調停室に入るのは調停成立や不成立の場面，重要な論点につき裁判官が直接当事者と面談して調査を行う場面などに限られる。同席調停を積極的に行う裁判所もあるが，おおむね別席調停を原則とし，DV事案などでは，当事者が別期日に出席する場合もある。調停委員と裁判官は絶えず事件につき協議を行い検討している。非常勤の家事調停官（家審26条の3第2項，家事251条2項）も調停委員会に属して調停を行うが，普段は弁護士であり週に1回の勤務であるので，当事者にとって親しみやすいという利点がある反面，調停期日が入りにくい難点がある。子の親権が重要な争点である場合などは，初回期日より調査官が調停に立ち会うことが少なくない。

　調停事件の原則的管轄は，相手方の住所地の家庭裁判所であり（家審規129条1項前段，家事245条1項），合意で管轄を定めることもできる（家審規129条1項後段，家事245条2項）。

2　付調停

　いったん調停が不成立となり，離婚訴訟や審判となっても，前記のとおり，裁判所は職権で当該事件を調停に付することができる（家審11条・18条2項・19条，家事274条）。

即時抗告審において和解の気運が醸成されたたとき，審判には訴訟上の和解の概念がないため，付調停の方法をとることが考えられる。即時抗告審においても審理の状況等をしん酌して調停に付することができると解するのが通説のようである。しかし，高等裁判所と家庭裁判所が連携できている場合でも，付調停よりも，審判の取下げと調停の新件申立てを同時にするなどして家庭裁判所に事件を移す方法をとる地域もあり，各高等裁判所によって，実務は統一されていない。

3　職権主義

家庭裁判所は，職権で事実の調査及び必要があると認める証拠調べをしなければならない（家審規137条・137条の2・7条1項，家事258条による56条ないし62条の準用）。近時，調停合意の形成を促進するためにも，あるいは調停成立が困難であっても後の審判や訴訟手続の円滑な準備のためにも，可能な限り調査を尽くし，調停期間中に銀行預金調査，不動産鑑定，親権決定についての子の意向調査などを行うことが少なくない。

4　調停の不成立とその後の手続

調停が不成立となった場合，別表第二（従前の乙類）調停事件は当然に同じ家庭裁判所において審判手続に移行し，審判の申立ては，調停申立ての時になされたものとみなされる（家審26条1項）。離婚調停事件（夫婦間調整調停事件のうち，離婚を求める調停事件）は，離婚自体は，審判事項ではなく人事訴訟事項であるので，不成立となった場合には，事件はそこで終了し，審判には移行しない。離婚を求める者は新たに離婚訴訟を提訴する必要がある。

Column 離婚の本人意思確認

　身分行為には本人の意思が重要であり，本来代理に親しまない。身分行為の代理が許されるのは，民法に明文規定が特別におかれている場合だけであり，弁護士も離婚訴訟の訴訟行為の代理はできても，離婚自体の代理はできない。また，家事事件では本人しか知らない複雑な事情があったり，本人の感情が解決に大きく左右する。そこで，家事調停及び審判については，「呼出しを受けた事件の関係人は，家事審判の手続の期日に出頭しなければならない。」（家審規5条1項，家事51条・258条）として本人出頭主義を定めている。ただし，実際の実務はかなり柔軟であり，特に渉外離婚では，当事者の一方が外国に住むなど出頭がしばしば困難であるので，「やむを得ない事由があるとき」（家審規5条1項但書，家事51条2項ただし書）として，弁護士が代理して調停や審判が進行することは少なくない。

　しかし，調停や裁判上の和解において離婚を合意する場合には，本人が自ら出頭して裁判所がその意思確認を行うことが必ず必要である（人訴37条による民訴264・265条の適用除外，家事270条2項など）。

第5　保　全

　判決や審判によって，裁判所の財産分与や慰謝料についての判断を得るより前に，相手方配偶者によって財産が処分され，財産が逸失してしまう可能性があり，判決を得ても回収することができなくなるおそれがあるとき，生活費（婚姻費用）が全く支払われずに困っているとき，子が監護者の元から連れ去られたときなど，緊急に財産を保全したり現状を回復する必要があることは，渉外離婚の場合も日本人同士の離婚の場合と同じである（ただし，保全の国際裁判管轄に注意）。

　ここでは，家事事件の保全手続について述べる。子の引渡し請求については215頁以下参照。

1　審判前の保全処分

　本案の家事審判事件が係属する家庭裁判所あるいは高等裁判所は，仮差押え，仮処分等の必要な保全処分を命ずる審判をすることができる（家審15条の3，家事105条1項）。子の監護者の指定や養育費請求等の子の監護に関する処分，婚姻費用分担，財産分与等の家事審判事項に関する保全処分である。家事審判法では，審判事件が係属していなければ保全の申立てはできなかったが，家事事件手続法では，調停段階でも保全申立てができることとなった（家事105条1項）。

2　離婚訴訟に併合請求する損害賠償請求金の保全

　離婚に伴う慰謝料請求等の関連損害賠償請求を本案とする保全事件については，地方裁判所あるいは簡易裁判所と競合して，家庭裁判所にも管轄があり，いずれに申し立てることも可能である。

　つまり，民事訴訟事項であるので，一般の民事保全として地方裁判所あるいは簡易裁判所に仮差押えの申立てを行うことができるほか，「人事訴訟に係る請求と当該請求の原因である事実によって生じた損害の賠償に関する請求とを一の訴えですることができる場合」として，「仮に差し押さえるべき物又は係争物の所在地を管轄する家庭裁判所」（人訴30条2項）にも管轄がある。

3 離婚訴訟に附帯申立てをする財産分与請求事件の保全

離婚前に，離婚訴訟に附帯申立予定の財産分与事件を本案として保全の申立てを行う場合には，審判前の保全処分とは異なり，離婚訴訟をすでに提訴していることは必要ではなく，管轄は，本案つまり離婚訴訟の管轄裁判所又は仮に差し押さえるべき物若しくは係争物の所在地を管轄する家庭裁判所に属する（人訴30条1項）。地方裁判所には申し立てることはできない。

4 被差押（仮差押）不動産・被差押（仮差押）債権

なお，仮差押え，仮処分，強制執行のいずれについても，日本の裁判所で発令できる被差押（あるいは仮差押）不動産，被差押（あるいは仮差押）債権は，国内に存在するものである必要がある。例えば，日本の銀行の海外支店にある預金債権については，差押えや仮差押えは不可能である。一方，外国の銀行の日本における支店に存在する預金については，差押え・仮差押えが可能であるが，申立書に添付する資格証明に訳文を付ける作業が必要な場合がある。

民事保全と同様，給与債権や退職金債権については，仮差押命令が第三債務者に送達されることによって，事実上退職を余儀なくされたり，職場での地位を危うくする場合があり，申立人にとって不利益な結果となる危険がある。不動産や預金が存在する場合は，まずそれらの仮差押えを優先すべきであり，裁判所はそのように当事者を指導している。

なお，退職金債権を被差押債権とする仮差押えにおいて，民事保全法50条5項，民事執行法153条により差押え範囲の拡張（差押え禁止範囲の減縮）を認めた例がある（仙台地決平成6．4．6判タ872-295）。

5 保全の国際裁判管轄

保全の国際裁判管轄については，通常民事事件の保全については民事保全法11条によるが，人事訴訟事件については，人事訴訟法30条により準用が排されているため，原則として，日本国内に所在する財産についてのみ保全命令が可能である。

第6　履行勧告等

1　履行勧告

　家庭裁判所による調停，審判及び離婚判決の附帯処分の裁判で確定した義務（裁判上の和解調書の場合等も含む）について，権利者の申出があるときは，家庭裁判所は，履行状況を調査し，義務者に対してその義務の履行を勧告することができる（家審15条の5・25条の2，人訴38条1項，家事289条）。

　養育費や財産分与など，財産給付に関する義務のみならず，子の引渡し，面会交流などについても申立てが可能である。

　履行勧告には強制力はないが，申立費用を要しないこと，当事者が電話連絡によっても申立てをなしうる簡単な手続であること（本来は書面が望ましい），直接強制執行（例えば給与差押え）により義務者が退職を余儀なくされるなどの双方にとっての不利益を回避できること，裁判所からの勧告であるので効果も小さくないことなどから，強制執行申立ての前に，まず履行勧告の申立てを行う価値は高い。

2　履行命令

　履行勧告で改善されなかった場合，「金銭の支払その他の財産上の給付を目的とする義務」の履行に関し，相当と認めるときは，家庭裁判所は，権利者の申立てにより，義務者に対し，相当の期間を定めてその義務を履行すべきことを命ずることができる（家審15条の6・25条の2，人訴39条1項，家事290条1項）。正当な理由なく履行命令に従わないときは，10万円以下の過料の制裁がある（家審28条1項，人訴39条4項，家事290条5項）。しかし，過料は国家に対して支払われ，権利者に支払われるわけではないため，履行命令の発令数は少ない。また，面会交流や子の引渡しには適用されない。

第7　強制執行

1　直接強制執行

　財産分与，慰謝料，養育費，婚姻費用などの財産給付についての直接強制執行は，民事執行法に基づき，地方裁判所に対する申立てによって行う。
　退職金を被差押債権とする強制執行については，差押え範囲の拡張（差押え禁止範囲の縮減）が認められうる（民執153条）。
　婚姻費用や養育費の将来に向かっての差押えについては，117頁，228頁を参照。
　子の引渡し請求の直接強制執行については，221頁以下を参照。
　財産開示制度が存在するが（民執196条以下），すでに強制執行を実施しても完全な返済を得られなかったことの疎明を必要とする（民執197条1項）など，要件は厳しく，少なくとも家事事件ではあまり利用されていない。

2　間接強制執行

　面会交流，子の引渡し，養育費，婚姻費用等の義務に関し，間接強制執行をすることが可能である。
　間接強制執行は，作為又は不作為を目的とする債務で代替執行（民執171条）ができないものについて，執行裁判所は債務者に対し，遅延の期間に応じ，又は相当と認める一定の期間内に履行しないときは直ちに，債務の履行を確保するために相当と認める一定の額の金銭を債権者に支払うべきことを命ずる方法により行う（民執172条1項）。面会交流や子の引渡しの場合がこれにあたる。
　また，扶養義務に係る金銭債権についても，間接強制執行が認められており（民執167条の15），養育費や婚姻費用にも利用されている。
　民事執行法172条に基づく間接強制の申立ては，家事雑事件であり（平成4．8．21最高裁総三26号通達別表第5・10・(24)），家庭裁判所に対して申し立てる。
　養育費や婚姻費用については，給与に対する直接強制執行を行うことによって，解雇や退職強制等，当事者双方にとって重大な不利益を招くことが予想される場合，直接強制では債務者との関係があまりに悪化することが懸念される場合，あるいは差押債権が発見できない場合等に，間接強制執行が利用されている。

【離婚関連裁判の手続の比較一覧表】

	訴訟		非訟
裁判の種類	民事訴訟 実体上の権利義務の存否を判断する訴訟 確認・給付・形式的形成 ex 不貞の相手方に対する慰謝料請求	人事訴訟 身分関係の形成又は存否確認をする訴訟（人訴2条） 形成・確認 ex 離婚訴訟	非訟事件 （審判） 乙類（別表二表）審判事項につき，権利の具体的内容を形成する裁判 ex 財産分与・子の監護者決定・養育費等
手続法	民事訴訟法	人事訴訟法，民事訴訟法（人訴は民訴の一部を適用除外している）	家審法（家事事件手続法），非訟事件手続法（2011改正・2013施行）
裁判のルール	私的自治 処分権主義 弁論主義	真実発見を目的とし，公益性がある 処分権主義の制限がある 弁論主義はそのままは妥当しない	処分権主義は制限 弁論主義妥当しない
裁判の開始	訴え	訴え	申立て 審判物の特定は必要だが，金額や頻度の特定は不要
主張・証明責任	弁論主義	職権探知主義 当事者が主張しない事実を斟酌でき，職権で証拠調べができる（人訴20条）（実際には親権決定以外，弁論主義的進行）	職権探知主義 （非訟11条，新非訟49条）
裁判の方式	必要的口頭弁論 口頭主義　公開	左同	裁判所の裁量 任意的口頭弁論 非公開
終局判断	判決 当事者に対してのみ効力	判決 対世効（人訴24条1項）	決定 別表には，当事者のみ（財産分与等）・対世効（親権等）の両種
判決・決定以外の裁判の終了方法	放棄・認諾・和解・取下げ	放棄・認諾・和解・取下げ・付調停 ただし，離婚訴訟は，付帯申立てがある場合は認諾できない（人訴37条・44条）	取下げ・付調停
不服申立方法	控訴・上告	左同	抗告（即時抗告）・特別抗告 不利益変更禁止の原則の適用はない

＊離婚審判（調停に代わる審判，家審24条，家事284条）は，いわゆる審判事項ではなく，特別な審判。
＊家事調停の手続は，家審法（家事事件手続法）によるが，裁判ではない。

第3章　別居中の問題

第1　婚姻費用

1　渉外事案の裁判例

　婚姻費用分担請求事件の国際裁判管轄や準拠法については，第Ⅰ部第3章（17頁以下）参照。

　国際結婚における婚姻費用が認容された公表例は少ないが，①中国人妻から中国人夫に対する請求（双方日本在住）の例（神戸家審平成4.9.22家月45－9－61），②中国人妻から日本人夫に対する請求（双方日本在住）の例（熊本家審平成10.7.28家月50－12－28），③日本人妻（日本在住）から日本人夫（タイ在住）に対する請求の例（大阪高決平成18.7.31家月59－6－44）がある。

　③は，夫婦はタイに居住していたが，夫に不貞があり認知した婚外子がタイに居住しており，妻は夫婦間の子を連れて日本へ帰国したという事案である。「本件に顕れた事実関係によれば」として，扶養権利者（妻）の常居所である日本の国際裁判管轄を認め，日本とタイの物価を比較して考慮し，義務者（夫）と認知した子の生活費指数を標準的算定方法に示された数値（義務者100，子は55）の2分の1（義務者50，子は27.5）として，婚姻費用を算定した。

2　婚姻費用分担義務とは

　以下は，日本法が準拠法がとされる場合につき説明する。養育費と共通する問題については，223頁以下参照。なお，他国をみても夫婦間の扶養義務及び親の未成熟子に対する扶養義務を認めない法制は見当たらない。

　夫婦は，その資産，収入その他一切の事情を考慮して，婚姻から生ずる費用を分担する（民760条）。婚姻費用はまず当事者の話合いによって決められるが，その協議が調わないときには家庭裁判所が前記の一切の事情を考慮して審判により決定する（家審9条1項乙類3号，家事二表二）。

　日本の民法では，夫婦間の同居協力義務と並べて扶助義務（民752条）を

明記しているが，民法760条はこの扶助義務と同内容を規定したものと理解されており，実際の申立てには一般に760条が使われ，婚姻費用分担請求事件とされている。

婚姻費用には夫婦間の未成熟子（→3）の生活費を含み，具体的には，衣食住の費用のほか，医療費，教育費，相当の娯楽費等が含まれる。

実際に，生活費の分担が問題になるのは，別居して夫婦関係が破綻していたり，同居はしていても関係が悪く生活費が支払われない場合などである。

3　未成熟子とは

未成熟子とは，未成年子と同義ではなく，経済的に独立して自己の生活費を得ることがいまだできない子をいう。

例えば，16歳であっても中学卒業後就労して相当額の収入を得ていれば未成熟子ではない。また，25歳で大学院で勉学中のため無収入であったとしても，すでに潜在的な稼動能力は十分認められるので未成熟子にはあたらないとされる。4年ないし6年間の大学在学中，あるいは浪人1～2年程度を経ての大学在学中の生活費及び学費については，しばしば問題となるが，この点は養育費の終期のところで述べる（224頁）。

障害や病気のために就労できない子については，実務では，障害の程度により，年齢とは無関係に未成熟子に該当するものとして扱われている。障害や病気等のために就労できない子が成年に達した場合には，婚姻費用と切り離して，親子間の扶養義務の規定（民877条1項）に基づき，子自身から親に対して扶養料を請求することも可能である。有責配偶者からの離婚請求の可否の判断においても，成年に達した重度の障害者について，実質的には未成熟子と同視するとするものがある（東京高判平成19.2.27判タ1253－235）。

4　義務の程度──生活保持義務

通説・判例は，婚姻費用分担義務の程度は，義務者と同程度の生活を権利者に保障する生活保持義務（生活扶助義務と保持義務の違いは223頁参照）であるとしている。

ただし，養育費同様，婚姻費用においても標準算定表（225頁）を利用しての算定が定着している（111頁判例③）。算定表は公立高校までの学費を含むものとして作成されている。しかし，算定表では必ずしも生活保持義務が保障されているとはいい難い面もある。例えば，高校生の子2人を監護する母の年収50万円，別居親である父の年収800万円，いずれも給与所得の場合，算定表15表によれば婚姻費用は16〜18万円となるが，この結果，父には年596万円，母と子2人の合計3人には年254万円という配分になり，父は貯蓄が可能であるにもかかわらず子らは公立高校への通学も危うくなり，妻子が夫と同程度の生活を保障されているとはいい難い。算定表は迅速な解決というメリットをもたらしたが，安易にあてはめるだけで終わることの危険も十分認識して，個別の事案ごとの適切な解決をはかる必要がある（算定表の問題点につき，松嶋道夫「養育費裁判の現状と改革への課題」久留米法学56・57合併号191頁以下（2007年）など）。

5　始　期

婚姻費用の分担は過去にさかのぼって命じることができるが（最大判昭40.6.30民集19－4－1114），その始期は，裁判所の合理的な裁量によって決定される。権利者が長く請求せず，債務を累積させて一気に請求することは義務者に酷な場合があるため，始期につき，多くの裁判例は請求時説（実際には婚姻費用分担の調停あるいは審判の申立時）を採用してきた。調停において申立月の分から支払義務が生ずると説明を受ける場合があるが，それは調停申立以前に請求した事実やその証拠がないことを前提としている。当事者が，調停以前に請求した事実及びその証明資料（手紙等）を提示できれば，実際の請求時まで始期をさかのぼらせることも可能である。本来，未成熟子に関しては，請求がなくとも要扶養状態にあることは明白なはずである。

しかし，一気に過去の不履行分のまとまった額を義務者が支払うことはしばしば困難である。過去分については，金額や支払い方法について双方が譲歩しあう必要がある場合が少なくない。

6　終　期

　終期については，調停でも審判でも，「別居の解消又は離婚に至るまで」とするのが一般的である。ただし，遠くない将来の事情変更の可能性の大きさを考慮し（2年後に定年退職するなど），終期を区切る例もある。未成熟子の扶養義務の終期については，養育費（224頁）参照。

　なお，諸外国では成人年齢を18歳とする国が多く，扶養義務の範囲，成年に達した後の大学等に進学した際の親の扶養義務の規定の存在等も，国により異なることに配慮しておく必要がある。

7　有責配偶者からの婚姻費用分担請求

　従前，破綻の程度や責任と分担義務の程度を関連付ける判例や学説もあった。しかし，標準算定表を利用するようになって以降，迅速性を重視して，破綻の経過や程度と義務の程度をかかわらせることは少なくなり，現在ほぼ，破綻原因との関係では，有責配偶者からの請求の場合のみ，請求が斥けられるという状況にある。すなわち，

①　有責配偶者からの婚姻費用分担請求の場合で，かつその有責の証明が明白になされている場合は，婚姻費用分担請求は認められない（福岡高宮崎支決平成17. 3. 15家月58－3－98）。

②　しかし，その場合にも有責配偶者が監護する未成熟子の生活費に関しては認められる（東京家審平成20. 7. 31家月61－2－257等）。

とするのが，実務の現状である。

　ここでいう有責は，ほとんど不貞行為を意味している。しばしば，義務者側（相手方）から，「申立人（権利者）は勝手に出て行ったのであるから（有責配偶者であり），相手方には婚姻費用を支払う義務はない」との主張がなされ，古くはこれに沿う判決（東京高決昭和58. 12. 16家月37－3－69）もあるが，同意なく家を出たことが直ちに悪意の遺棄に該当するわけではなく（133頁参照），現在ではこうした事情だけでは婚姻費用の支払義務を免責する根拠とはなっていない。

8　持ち出し預金との関係

　別居の際に，一方が，夫婦の実質共有の現金や他方名義の預金を引き出

して持ち出す場合がある。そうした場合に，義務者より，「相手が持ち出した財産があるので，当面それを原資として生活すべきであり，自分には婚姻費用を支払う義務はない」との主張がなされることがしばしばある。

しかし，持ち出し行為は，実質共有と考えられる財産の2分の1の範囲については原則的に違法とはされず，その最終的な帰属は財産分与の際に決すべきものである（東京地判平成4.8.26家月45-12-102，最一小決平成22.9.30判時2121-19）。2分の1を超える部分についてのみ，不当利得あるいは所有権に基づく返還請求等が認められうる。2分の1以下の部分を，婚姻費用に充当してしまうと，その分財産分与額が減じられることになり公平ではない。そこで，婚姻費用は，持ち出し資産に関係なく，その時点での双方の稼動収入を規準として決せられている。

9　住宅ローンとの関係

住宅ローンの支払いとの関係はしばしば問題となる。住宅ローンの支払いは，基本的には資産形成の費用と評価され，財産分与の計算の中で考慮され，婚姻費用の額とは無関係である。しかし，婚姻費用の権利者が義務者の居住する住居の住宅ローンを支払っている場合や，義務者が権利者の居住する住居の住宅ローンを支払っている場合には，ローン額を考慮しなければ公平ではない。算定の基礎となる総収入につき，実際の総収入から弁済額を減じた額をその当事者の収入とする方法や，算定された婚姻費用額から権利者が負担すべき住居費を控除するなどの方法が採用されている（岡健太郎「養育費・婚姻費用算定表の運用上の諸問題」判タ1209-9，松本61頁以下，秋武218頁）。義務者夫が権利者妻と子の居住する自宅の住宅ローンを負担している事案で，夫の基礎収入の算定にあたり住居関係費として10万円以上控除し，さらに婚姻費用の試算結果から，権利者の総収入に対応する標準的な住居関係費3万円を控除し27万円とした例（東京家審平成22.11.24家月63-10-59）などがある。

10　調停・審判の手続

任意の支払いがなされない場合，家庭裁判所に対して調停や審判を申し立てることができる（家審9条1項乙類3号・17条，家事二表二・244条）。調停が

調わず不調となった場合，手続は自動的に審判に移行し，裁判官が一切の事情を総合考慮して額を決定する。

調停事件の国内管轄は，相手方の住所地を管轄する家庭裁判所又は当事者が合意で定める家庭裁判所にある（家審規129条1項，家事245条）。審判事件の管轄は，従前は相手方の住所地の家庭裁判所にある（家審規51条・45条）とされていたが，新法により，夫又は妻の住所地を管轄する家庭裁判所（家事150条3号），又は合意で定める家庭裁判所（家事66条1項）の管轄となった。

婚姻費用事件に先立ち，同当事者間に離婚や面会交流など別の調停事件が係属している場合には，その家庭裁判所に婚姻費用分担調停事件を申し立てることもでき，他事件と並行して調停を実施することができる。

なお，婚姻費用の審判手続の方式は裁判所の裁量によるところが大きく，当事者各1時間ずつ審問を行い破綻経過まで詳細に調査する離婚訴訟類似の審判もあれば，審問はしない（この方が多いと思われる）という簡便なものもある。即時抗告審（高等裁判所）での審理は書面審理である。

処分権主義の適用はないので，申立てよりも多い婚姻費用分担額が命じられる場合も稀ではあるがあり，不利益変更禁止の原則は適用されないので，義務者から即時抗告を申し立てても，原審よりも増額した婚姻費用が命じられ抗告人に不利益に変更される場合もある。

著しい事情変更がある場合には，双方から婚姻費用の増額請求あるいは減額請求を行うことができる（歯科医師につき減額例。大阪高決平成22．3．3家月62-11-96）。審判前の保全手続も養育費同様である。

11　離婚調停との関係

離婚調停の中で，事実上，離婚時までの婚姻費用についても話し合うことはしばしばあるが，調停を成立させ調停条項とするには，離婚調停（夫婦関係調整調停申立事件）とは別事件として婚姻費用分担調停を申し立てる必要がある。実際には，同じ調停期日に同じ調停委員会のもとで，並行して話し合うことが可能である。

離婚について調停不成立となった場合，離婚は提訴がなされ人事訴訟に移行し，婚姻費用のみ残して調停を続けたり，あるいは審判に移行する場

合もある。

　離婚調停と婚姻費用分担調停が同時進行する場合でも，婚姻費用は日々の生活に必要な緊急性の高い問題であるので離婚よりも先に話合いを進める調停もあれば，離婚すれば婚姻費用分担義務はなくなるからということで，離婚の話合いを優先する調停もある。当事者の希望と裁判所の進め方は必ずしも一致しないので，婚姻費用分担を優先課題とすることを希望する場合には，その旨，当事者より明確に希望を述べる必要がある。

12　財産分与，離婚訴訟との関係

　裁判所は，当事者の一方が過去に負担した婚姻費用の清算のための給付をも含めて財産分与の額及び方法を定めることができる（最三小判昭和53.11.14民集32－8－1529）。過去の不払いによる一方の過当な負担を，財産分与の際の一切の事情の1つとして考慮できるとするのである。この場合には，算定表により綿密な計算をするのではなく，ざっくりとした金額を加算するといった裁判例が少なくない（東京地判平成9.6.24判タ962－224等）。過去に請求した事実があったか否かも直接は関係ない。

　なお，離婚訴訟において，過去の婚姻費用の付帯申立ては認められていないが，過去の監護費用の付帯申立ては可能とされている（最二小判平成19.3.30家月59－7－120）。

13　強制執行

　婚姻費用の支払いがなされない場合，直接強制執行のほか間接強制執行が可能である。直接強制執行のうち，給与等定期金債権に対する差押えについては，1回の申立てにより，過去の不履行分の差押えと同時に将来分の差押えが可能であること（開業医の社会保険診療報酬債権につき，最三小決平成17.12.6判時1925－103），被差押債権の範囲の拡張が可能であることは，養育費の場合と同様である（228頁参照）。

　間接強制執行（民執167条の15）を決めたものとして，婚姻費用が月9万5,000円で1日あたり3,000円の間接強制金（旭川家審平成17.9.27家月58－2－172），婚姻費用が月12万円で1日あたり2,000円の間接強制金（横浜家川崎支審平成19.1.10家月60－4－82）などの例がある。

第2　配偶者間暴力（DV）

1　DV防止法の外国人への適法と支援の利用

　配偶者からの暴力の防止及び被害者の保護に関する法律（以下，「DV防止法」という）は外国人にも適用され，同法のDV防止センターも利用でき，通訳の体制もある。

　男女共同参画局のサイト（http://www.gender.go.jp/）には，配偶者からの暴力被害者支援情報が満載されており，「被害者が外国人の場合」については下記に記載され，9か国語での相談の場合の補助資料も添付されている。

▶　http://www.gender.go.jp/e-vaw/siensya/08.html

　後記の通り，オーバーステイの外国人被害者も利用可能である。一方，外国人加害者も，突然発令される場合の知識を得ておく必要がある。

　なお，裁判所で保護命令の審尋を受ける際には，申立人の支援者による通訳では不可とされ，別途選任しなければならない場合がある。法テラス（日本司法支援センター）では，保護命令申立事件に限らず10万円まで通訳費用の立て替えが可能である（2011年12月現在）。

2　日本のDV防止法

　国連の「女性に対する暴力の撤廃に関する宣言」（1993年），第4回世界女性会議の「北京宣言及び行動綱領」（1995年）等の国際的流れを受けて，日本でも2001年にDV防止法が成立し，同年より施行された。以来，2004年，2007年と2回の改正を経て保護の範囲や方法を拡充させた。制定以来，配偶者暴力相談センター及び警察へのDV相談は増加し続けている。

　DV防止法は，被害者保護のため，一定の要件のもとに加害者に対して，後記7記載の通り，自宅からの退去あるいは被害者等の周辺のはいかいを禁止する等を内容とする保護命令を地方裁判所が発令すること，保護命令違反については刑罰が科せられること等を定めており，これが救済方法の中心である。

3　関連法規

日本では，虐待の防止及び保護に関連する法律が21世紀に入ってから続けて成立した。2000年に児童虐待防止法とストーカー規制法が，2005年に高齢者虐待防止法，2011年には障害者虐待防止法が制定された。

特筆すべきは，児童虐待防止法が2004年に改正され，「虐待」の定義を拡大し，「児童が同居する家庭における配偶者に対する暴力」（同法2条4号）を虐待と定義し，暴力が直接児童に向けられていなくても，暴力の場面にさらされることも虐待であるとしたことである。

DV防止法は，事実婚配偶者からの暴力，別れた配偶者からの暴力にも適用されるが，一般の男女に広く適用されるわけではない。なお，2007年に同性婚の配偶者（女性）による暴力につき適用された例がある（2010.9.1日本経済新聞・東京版）。しかし，ストーカー規制法は，あらゆる男女関係について適用される。

4　DV防止法の「配偶者からの暴力」の定義

ドメスティック・バイオレンスとは，一般的には，(a)女性に対する暴力であり，(b)夫からだけでなく恋人などからの暴力も含み，(c)身体的暴力に限らず，精神的，性的暴力も含む，と定義されている。

日本のDV防止法前文でも，配偶者からの暴力の被害者は多くの場合女性であること，経済的自立が困難である女性に対して配偶者が暴力を加えることは個人の尊厳を害し男女平等の妨げとなっていること，配偶者からの暴力を防止し，被害者の保護のための施策を講ずることは，女性に対する暴力を根絶しようとしている国際社会における取組にも沿うことを明らかにしている。しかし，DV防止法の適用範囲は，(a)「男性」に対する暴力も含み，(b)恋人からの暴力を含まず，保護命令の要件としての「暴力」は，後に6で述べる通り，上記(c)よりも限定された範囲となっている。

5　保護命令申立ての要件

発令の要件は，以下の通りである。

① 要件1

配偶者からの身体に対する暴力を受けた者が配偶者からの更なる身体に

対する暴力により，その生命又は身体に重大な危害を受けるおそれが大きいこと（DV 防止10条1項）。
　あるいは，
　配偶者からの生命等に対する脅迫を受けた者は，配偶者からの身体に対する暴力によりその生命又は身体に重大な危害を受けるおそれが大きいこと（DV 防止10条1項）。
　② 要件2
　配偶者暴力支援相談センターの職員又は警察職員に対し，暴力について相談し，援助若しくは保護を求めたこと，あるいは公証人の認証のある申立人の供述書面が存在すること（DV 防止12条1項5号・同条2項）。

6　保護命令発令要件としての暴力

　DV 防止法の暴力の定義は少しわかりにくい。DV 防止法1条は，「配偶者からの暴力」とは，下記をいうとする。
　(a)　身体に対する暴力
　(b)　又はこれに準ずる心身に有害な影響を及ぼす言動
　(b)は，精神的暴力や性的行為の強要を含む概念である。
　一方，保護命令発令の要件（DV 防止10条1項）は，下記の通りである。
　(a)　身体に対する暴力
　(c)　被害者の生命又は身体に対し害を加える旨を告知してする脅迫
　　　（2007年改正により追加）
　保護命令発令の要件としての暴力は，言葉による暴力一般を含まず，上記(b)まで広くないが，言葉による暴力でも(c)のように生命又は身体に対し害を加える旨の脅迫に至った場合には，発令の要件を満たすことになる。
　なお，性的行為の強要は，具体的態様によれば物理的な身体に対する暴力として認定されることはありうる。また，寸止め（殴るふりをして身体の直前で止める）や精神的暴力の繰り返しにより何らかの精神的疾患を発病した場合にも，暴力が認定されている。
　なお，過去に生命に対する「脅迫」を受けた場合であっても，将来もさらに「脅迫」を受けるおそれがあるというのみでは足らず，「配偶者からの身体に対する暴力により，その生命又は身体に重大な危害を受けるおそ

れが大きいこと」が発令の要件となっている（DV防止10条1項）。

すなわち，更なる暴力の予見が必要であるので，過去の暴力の日よりある程度接近した日に申し立てることが必要である。

口頭弁論を経ないで決定する場合であっても理由の要旨の記載は必要とされるが（DV防止15条1項），実際の命令では，「本申立てを理由あるものと認める」といった程度の記載となっている。

7　配偶者とは

「加害配偶者」には，法律婚の配偶者のほか，事実婚配偶者，元配偶者も含む（DV防止10条1項）。同居していてもその期間が短い場合や，関係性によっては，事実婚の配偶者と認められない場合がある。その場合にも，保証金の供託を要するが，「はいかい禁止」「接近禁止」「架電・FAXの禁止」等の民事保全法による一般の仮処分を得ることは可能である。こうした事案の保証金は，財産権に関する保全ほど高額ではない。恋人の場合（デートDVなど）には，DV防止法は適用されないが，ストーカー規制法による救済は可能である。DV防止法の被害者は，男女を問わない。

8　保護命令の内容

保護命令の種類	DV防止法
・被害者への接近（つきまとい・はいかい）禁止（6か月）	10条1項1号
・住居からの退去・住居近くのはいかい禁止（2か月）	10条1項2号
・被害者への面会要求，電話，ファックス，電子メール等禁止（6か月）	10条2項
・同居する未成年子への接近禁止（6か月）	10条3項
・本人の親族その他社会生活において密接な関係を有する者への接近禁止（6か月）	10条4項

住居からの退去命令の期間が2か月という短期間であるのは，立法趣旨が，被害者が従前の婚姻住居から安全に転出する準備をする期間を保障するとの点にあるからである。この点は，加害者の転居を前提とする外国のDV防止法とは大きく異なっており，特に子を持つ被害者にとってはいま

だ負担の大きい救済方法である。ただし、2か月の退去命令が実際には加害者の転居を促し、被害者は転出の必要がなくなったという事例もある。

また、アメリカの保護命令のように、被害者への子の仮の監護権付与、子や配偶者への扶養料支払いの命令（実際の運用は積極的ではないとの報告もあるが）、加害者にカウンセリングへの参加を義務付ける等（小島妙子「ドメスティック・バイオレンスの法」信山社2002年）のワンストップサービス型にはなっておらず、別居に伴う監護に関する事項等については、別途家庭裁判所に調停や審判を申し立てる必要がある。

9 手続の実際（DV防止13条～16条）

裁判所は速やかに裁判するものとされ（DV防止13条）、おおむね申立てから1週間～10日程度で保護命令が発令される。申立時に申立人が出向き、即日、簡単な審尋を受ける。発令には、口頭弁論又は相手方が立ち会うことができ審尋の期日を経ることが必要とされるので（DV防止14条1項）、普通、相手方に対して、別の審尋期日への呼び出しがなされる。債務者の審尋なしで発令される外国法制と異なる点である。ただし、その期日を経ることにより保護命令の申立ての目的を達することができない事情があるときは、審尋も省略されうる（DV防止14条1項ただし書）。申立書や申立人が提出した書証（診断書等）の写しは、相手方の審尋の前に相手方に送付される。裁判所から、当事者が申立前に相談をした配偶者暴力支援相談センター又は警察署に書面提出請求がなされ、裁判所に送付される（当事者は閲覧できない）。相手方の審尋の日に申立人が出席する必要はなく、両者が顔を合わせなくてもよい。暴力の存否については、疎明ではなく証明が必要である（DV防止21条）。相手方審尋の結果、要件が満たされていることが証明されると、審尋の1時間程度以内に、相手方に対して保護命令の決定が手渡しで交付されて送達される。この送達により保護命令は効力を発し（DV防止15条2項）、退去命令である場合には、加害者である相手方は送達の時点より自宅に戻ることができない。裁判所より、警視総監又は道府県警察本部長、配偶者暴力支援相談センターに対し保護命令発令について通知がなされる（DV防止15条3項・4項）。

相手方が不服である場合、高等裁判所に1週間以内に即時抗告を申し立

てることができるが（DV防止16条15項，民訴332条），即時抗告には保護命令の効力を停止させる効力はなく（DV防止16条2項），効力を停止させるには，別途申立てが必要である（DV防止16条3項）。訴訟上の和解はできず，申し立てても命令が発令されないと予想される場合には取り下げることが多い。統計には出ないが，取下げが相当数ある。

10 再度の保護命令（DV防止18条）

(1) 再度の退去命令

被害者がその責めに帰することのできない事由により，2か月以内に転居を完了できない等の事情のある場合に，再度の退去命令の発令が可能である。当初の退去命令の期間中に被害者が病気や怪我などによって療養を余儀なくされた場合などに発令されうる。

(2) 再度の接近禁止命令

回数制限はなく，要件が認められる限り発令可能である。ただし，一度目の接近禁止命令の発令の効果により，6か月間加害者が接近せず，加害行動がなかったことをもって，DV防止法10条1項本文の要件を満たさないので再度の発令はできないとする厳しい対応の裁判所もある。

11 子への接近禁止（DV防止10条3項）

加害者が被害者の子を連れ戻すと疑うに足りる言動を行っている等の事情があることから，被害者が加害者と面会することを余儀なくされることを防止するため，必要があると認めるときは，裁判所は被害者への接近禁止命令とあわせて，被害者の子への接近禁止命令を発することが可能である。ただし，当該子が15歳以上であるときはその同意を必要とする。

子への接近禁止は，子の安全の確保が立法の趣旨ではないことに注意が必要である。

12 親族等への接近禁止（DV防止10条4項・5項）

加害者が，被害者の親族その他被害者と社会生活において密接な関係を有する者の住居に押し掛けて著しく粗野又は乱暴な言動を行っていること

その他の事情があることから，被害者がその親族等に関して配偶者と面会することを余儀なくされることを防止するため必要があると認めるときは，裁判所は，親族等の同意を得て，親族等への接近禁止命令を発することができる。

13　外国人が被害者である場合の注意点
(1)　在留資格
① 　避難中に在留期限が到来し，DV加害者である日本人配偶者が「日本人の配偶者」としての在留資格の更新に協力しない場合

夫婦関係調整調停を申し立て，期限到来前に，入国管理局に，DV被害を受けた事情及び日本人配偶者の協力を得られない事情を説明する代理人弁護士作成の報告書と調停の受理証明書を添付し，在留資格更新の申立てをすれば，在留資格の更新を得ることができる。

② 　夫婦関係の破綻と在留資格

2009年の出入国管理及び難民認定法（以下，「入管法」という）改正により，在留資格の取消事由の1つとして「配偶者の身分を有する者としての活動を継続して6か月行わないで在留すること（該当する活動を行わないで在留していることについて正当な理由のある場合を除く）」（入管22条の4第1項7号）が規定された（第9章・287頁参照）。従前，DV被害者が配偶者と別居したり，転居先を届け出ない場合は，原則として上記の「正当な理由がある場合」に該当するとされ，「日本人の配偶者の在留資格が取り消されないよう等」保護されてきており，こうした保護政策は改正入管法施行後も継続する可能性は高い。

③ 　オーバーステイの場合

オーバーステイの外国人は，配偶者暴力相談支援センターに相談したり，保護命令を申し立てると，役所や裁判所から入国管理局に通報され強制退去させられるのではないか，処罰されるではないかとの不安を持っている。しかし，例外的な場合には，「当該行政機関において通報義務により守られるべき利益と各官署の職務の遂行という公益を比較衡量して，通報するかどうかを個別に判断することも可能である」（平成15.11.17法務省管総1671号通知）とされており，実際には，DV被害者の場

合は，入国管理局への通報のおそれは低い。

　離婚後，日本人の実子を養育している場合には在留許可が得られる可能性が高い（平成8.7.30法務省管在2565号通知）ことを当事者が知らない場合もあり（第9章・291頁参照），外国人被害者に対して適切な情報を提供して暴力から免れるようにすることが必要である。

(2)　**外国人の住民票（2012年7月8日までは外国人登録原票）の非開示**

　2009年，外国人登録制度が廃止された（施行は2012年7月9日）。廃止後，中長期にわたり在留する外国人については，在留カードが交付され（入管法19条の4以下），住民票が作成される（住基30条の45以下）。従前，入管法に基づいて行われていた情報管理と，外国人登録法により市区町村が行っていた情報管理を，在留管理に必要な情報として継続的に一元的に把握し，管理しようとするものである。

　DV被害者は，その居所を相手方に知られないようにする必要がしばしばある。従前の外国人登録原票についても，申請すれば，DV加害者の閲覧を排除する制度はあったが，今後は，日本人の住民票の閲覧・謄写と同様のルールとなる。すなわち，DVのあることを届け出ることによって，加害配偶者に被害配偶者の登録情報が開示されないようにすることはできるが（平成20.2.21法務省入管登2446号通知），加害配偶者の代理人弁護士は，業務遂行上相当な理由がある場合に，特定事務受任者として写の交付を受けることができるし（住基12条の3第2項，3項），第三者は，同じく正当な理由がある等の場合に写しの交付を受けられる（住基12条の3第1項）ため，被害者が転居先を住民票に反映させた場合に加害配偶者に居所を知られる可能性があり，役所へ転居を届け出ることは事案により慎重に行うべきである。

14　外国にいるDV加害者に対する保護命令

　日本にいる被害者が外国にいる加害者に対して，日本の裁判所において保護命令の申立てができるかという問題がある。外国からDV被害者が子を連れて逃げ帰ってきた例などにおいて，日本における申立てを当事者が希望する場合がある。

被害者の常居所地が日本であれば，国際裁判管轄は条理により認められる可能性が高い。保護命令の発令には原則，口頭弁論あるいは相手方の審尋が必要とされるが（DV防止14条1項本文），その期日を経ることにより保護命令の申立ての目的を達することができない事情があるときは，この限りでないとされており（同項ただし書），個別の事情によってはこのただし書に該当しうる。しかし，一般的には，保護命令の申立てをすることは被害者にとって得策ではなく現実的ではない。申立てをすると，裁判所より相手方に対する審尋期日の呼出しがなされる。呼出しは日本人に対する場合は通常，普通の速達郵便で行われているが，外国に居住する者に対する送達の場合は，65頁記載の送達方法がとられる可能性があり，審尋期日を開くまでに期間を要し，「その生命又は身体に重大な危害を受けるおそれ」（DV防止10条1項本文）がその間に消滅している可能性もある。また，申し立てることによって，外国にいる相手方をかえって被害者に近づけてしまうという面もある。

第4章 離婚の成立

第1 離婚の方式・成立と準拠法

1 離婚の方式

　性質決定の問題として，離婚の実質的要件の問題であるか方式の問題であるかについて，裁判例や学説が分かれる場合がある。

　中国法では，離婚の要件として，当事者双方出頭による離婚合意の婚姻登録機関による確認が必要とされるが，これを欠く日本方式の協議離婚につき，離婚の実質的要件を欠き無効とした例（大阪家判平成19.9.10戸時630−2）と，方式要件の問題として通則法34条2項を適用して法律行為の方式については行為地法（日本法）によることが可能であり有効とした例（高松高判平成5.10.18判タ834−215，大阪家審平成21.6.4戸時645−31）があり，学説も分かれている（戸時630−36）。

　中国法には，親権に相当する制度がなく，離婚した父母双方が未成年の子を養育する義務を負うとされ，離婚に際して親権者を指定することは求められていないが，子の扶養者，養育費等につき協議して合意しておくことが必要である。日本に住む中国人夫婦の協議離婚につき，離婚届に未成年子の親権者の記載を欠いても離婚自体は無効にはならないとしたものがある（前記大阪家審平成21.6.4）。なお，日本人間の離婚においても，離婚後の親権者の決定は離婚の要件であるが，親権欄が空白のまま受理された場合，離婚自体は有効とされている。

　韓国法では，協議離婚につき家庭法院における当事者の意思確認が必要とされているが（韓国民法836条1項），従来，日本の戸籍実務はこれを方式の問題と理解し，日本の方式による協議離婚を認め，2004年までは，韓国の戸籍実務でも，在日韓国人が行為地方式である日本の方式による協議離婚がなされた場合には受理していた。しかし，韓国の戸籍実務は，2004年9月20日より，在日韓国人も韓国法の方式によらなければならないと変更し（戸時570−2），外国在住韓国人は居住地を管轄する在外公館の長が意思

確認をする。この法改正の後は意思確認を欠いた日本方式の協議離婚は韓国においては承認されないため（韓国家族法82頁以下に詳しい），韓国法上も有効な離婚を望む場合は，離婚意思の確認申請によるべきである。韓国民法836条の2によれば，家庭法院が離婚意思を確認するまでに，養育すべき子のある離婚では3か月，養育費すべき子のいない離婚では1か月の熟慮期間がもうけられており（韓国民法836条の2第2項），韓国で急増する離婚に一定の歯止めをかける機能を果たしている。

2　離婚の成立の準拠法

　離婚原因（離婚の成立）は離婚の準拠法による（49頁参照）。

　日本人条項等（通則法27条ただし書）により，日本の裁判所における渉外離婚判決のほとんどは，離婚の準拠法を日本とする。夫婦双方が外国人であり共通本国法を有するがともに日本に居住しているような場合に，外国法が準拠法となる。

第2　日本における判決離婚

1　民法の離婚原因（民770条）

以下では準拠法が日本法とされた場合の離婚原因について述べる。

一方の配偶者が離婚を望まない場合に，裁判所が判決によって離婚を成立させるのが判決離婚である。そして，どのような場合に判決で離婚が認容されるかについて規定するのが民法770条であり，その1項で5つの離婚原因が法定されている。

ただし，同条2項に裁量棄却条項をおいており，1項の1号ないし4号の事由がある場合でも，一定の事情を考慮して裁判官の裁量により棄却することができるとしている。

> **民法770条**　夫婦の一方は，次に掲げる場合に限り，離婚の訴えを提起することができる。
> ①　配偶者に不貞な行為があったとき。
> ②　配偶者から悪意で遺棄されたとき。
> ③　配偶者の生死が3年以上明らかでないとき。
> ④　配偶者が強度の精神病にかかり，回復の見込みがないとき。
> ⑤　その他婚姻を継続し難い重大な事由があるとき。
> 2　裁判所は，前項第1号から第4号までに掲げる事由がある場合であっても，一切の事情を考慮して婚姻の継続を相当と認めるときは，離婚の請求を棄却することができる。

1項1号及び2号は有責行為としての離婚原因，3号ないし5号は破綻を示す離婚原因である。また，1号ないし4号は具体的離婚原因であり，5号は抽象的離婚原因である。訴訟物は5号に収斂するとみると1号ないし4号の意義をそれほど厳密に議論する意味は乏しい（秋武・岡110頁）。

2項に対しては，裁判官の恣意的な自由裁量を許すとの批判がなされてきた（例えば，夫の暴力を認めつつ2項を適用して妻からの離婚請求を棄却した名古屋地岡崎支判平成3.9.20判時1409-97等）が，実際には，4号の精神病による離婚請求の場合に，具体的方途の見込みのない場合に棄却することがある（最二小判昭和33.7.25民集12-12-1823等）以外ではほとんど適用されてこなかった。

有責配偶者からの離婚請求の場合には、判例は、2項によらずに、信義則違背の抗弁を審理する中で、適切な結論を導いてきた。ただし、2項は弱者保護の最後の砦となりうる機能があり、1996年改正案では文言を変更して残している。

2 日本の離婚法制の特徴と位置

民法770条は、1947年以来、60年以上の間、変更がない。1996年の民法改正案は「夫婦が5年以上継続して婚姻の本旨に反する別居をしているとき」を離婚原因の1つとして加えたが、改正は実現していない。しかし、社会の変化とともに法の解釈・判例が変化・進展することによって、おおむね現実に適合する運用がなされてきた。このため、日本は成文法の国でありながら、離婚の認容要件に関しては、諸外国に比べ、法文からはその実際がわかりにくい。

離婚法制としては、離婚禁止の法制（フィリピン等）や被告に有責行為がある場合にのみ離婚認容するとする有責主義などの厳しい法制が一方にあり、その対極に、有責性の有無を双方について問わず、婚姻が破綻していれば離婚を認める積極的破綻主義がある。1970年代以降、多くの国の離婚法制は、女性差別撤廃条約の影響を受けるなどして、積極的破綻主義へと移行した。

例えば、ドイツでは、離婚原因は「婚姻の失敗」のみであり、①1年以上別居し、双方が離婚に合意しているとき（合意離婚：ドイツ民法典1566条1項）、②離婚合意がなくても3年以上別居しているとき（同2項）のいずれかの場合には、婚姻の失敗が推定され離婚が認められる。そして、婚姻が失敗している場合であっても離婚が認められない場合につき規定する離婚苛酷条項（同法1568条1項）が存在するが、判例はその適用に極めて慎重である（岩志和一郎「ドイツの家族法」新体系①105頁）。このように、欧米では、合意の有無により、別居期間に長短をもうけて破綻の推定をする法制が多く、アジアでも中華人民共和国では、「2年別居」や「その他夫婦感情の破綻」が暴力等と並んで離婚原因とされ（中国婚姻法32条3項）、有責配偶者からの離婚請求が認められている。こうした法制は積極的破綻主義に位置する。

破綻主義の中でも，有責配偶者からの離婚請求は認めないが，双方無責あるいは双方の有責性が同程度であり破綻している場合には離婚を認める法制を消極的破綻主義とよび，1987（昭和62）年までの日本の判例はこれに該当した。しかし，1987年9月2日の最高裁大法廷判決（民集41-6-1423）は有責配偶者からの離婚請求も一定の要件のもとに認容しうるとし，積極的破綻主義へ一歩進めた。以降，日本においても，おおむね離婚が認められやすい方向へ判例は変化し続けており，今後もこの傾向は続くと思われる。

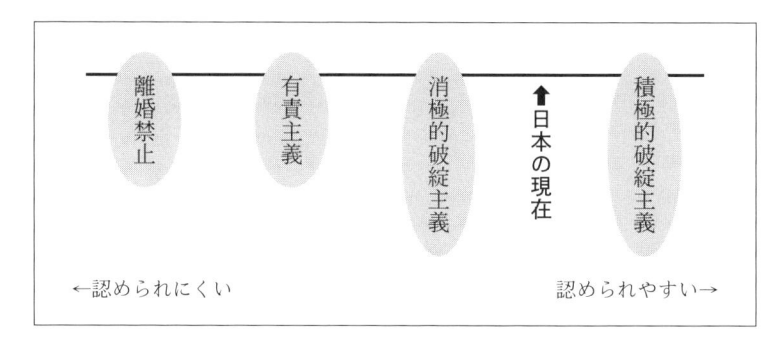

```
離婚禁止    有責主義    消極的破綻主義    ↑日本の現在    積極的破綻主義
←認められにくい                          認められやすい→
```

3　日本の判例の現状

日本の裁判例の現状は，おおむね以下の通りである。

ア　被告側に主たる有責性が認められれば，原則として別居の有無，別居期間の長短を問わず離婚が認められる。

イ　有責配偶者からの離婚請求も一定の条件を満たせば認められる（136頁参照）。しかし，有責配偶者が婚姻費用の不払いを続けていたり，適切な離婚給付の案を提示しない等の信義に反する事情があれば，破綻して何年経過していても離婚は認容されない。

ウ　双方に有責性が認められないあるいは有責性が同程度の場合に，一方が離婚を望まず真摯にやり直しを希望している場合には，「破綻」（婚姻関係が深刻に破綻し，婚姻生活の本質に応じた共同生活の回復の見込みがないこと。135頁参照）の認定には慎重であり，離婚請求が棄却される場合がある。時には，別居3年以上を経ても，「破綻」が認定されず離婚が認容されない例もある。

エ　しかし，ウの場合に，被告がただ「離婚を望まない」と主張しているだけで真摯にやり直しを希望していると認められるわけではない。別居後に夫婦関係継続や改善の努力を怠っていたり，実際には復讐心から離婚を拒否している場合などは，別居期間が短くても「破綻」が認められる。

オ　「破綻」は単なる事実ではなく規範的要件事実であり，通常に使われる用語としての破綻よりは厳格であり，よほど完全に破綻していなければ，「破綻」とは認められない。そして，実際には裁判例によりその認定の厳しさには多少の差がある。他国に比し，離婚が認容される事案であるか否かの判断は容易でなく，公表例は少ないので最新の動向を把握しにくい。また，日本では，離婚訴訟の中で離婚原因の有無や慰謝料の認定のために，有責性を審理することの必要性を残しているため，ひとたび裁判が始まると，過去の互いの言動への非難の応酬となり，裁判が当事者にとって多大な負担となる場合がある。

第3 離婚法の解釈

1 離婚法の解釈の指針

「信義誠実の原則」(民1条2項)及び「個人の尊厳と両性の本質的平等」(民2条)は,離婚法においても重要な解釈指針である。

1987(昭和62)年9月2日最大判も「離婚は社会的・法的秩序としての婚姻を廃絶するものであるから,離婚請求は,正義・公平の観念,社会的倫理観に反するものであってはならないことは当然であって,この意味で離婚請求は,身分法をも包括する民法全体の指導理念たる信義誠実の原則に照らしても容認されうるものであることを要するものといわなければならない。」とする。また,同判例の佐藤哲郎裁判官の意見は,相手方配偶者が報復等のためにのみ離婚を拒絶している場合には,離婚請求を認容しないことがかえって社会秩序を歪め,著しく正義公平,社会的倫理に反する特段の事情がある場合のあることを指摘している。

2 不貞行為(民770条1項1号)

日本では有責行為の典型とされている。外国では,不貞行為を離婚原因として明記する国は少ない。不貞行為とは,「自由な意思に基づいて配偶者以外の者と性的関係を結ぶこと」(最一小判昭和48.11.15民集27-10-1323)である。この判例は夫が他の女性を強姦したという事案であるが,性交渉の相手方の意思にはかかわらないので不貞行為にあたるとしている。買春によるか恋愛によるかも問わない。

キスなど性交渉に至らない性的関係,性的関係に至らないが男女の親密な関係で夫婦間の信頼関係を破壊する行為,同性愛(名古屋地判昭和47.2.29判時670-77)等は,5号の離婚原因となる。

不貞の証明には,ラブレター,メール,ホテル同宿を示す資料等が使われるが,性交渉の存在を証明しなければならず,認定は厳格である。

3 悪意の遺棄(民770条1項2号)

悪意の遺棄とは,正当な理由なく民法752条の同居・協力・扶助義務を履行しないことをいう。「悪意」とは,単に遺棄の事実ないし結果の発生

を知っているというだけでなく，倫理的に非難される強い害意を意味する。

最近では，2号単独で離婚原因として認容する裁判例はほとんど見当たらない。配偶者を置いて家を出るには，同居期間中に相当な夫婦の不和や何らかの事情があるのであり，正当な理由がないと断じることができる事案はほとんどないためと思われる。しかし，渉外離婚においては，日本に戻った日本人配偶者が日本で裁判をする場合に，外国で遺棄されたか否かが日本の国際裁判管轄の有無にかかわるので，請求原因として主張しておくことは意味がある。

4　3年以上の生死不明（民770条1項3号）

生死不明とは，単なる行方不明とは区別され，生存の証明も死亡の証明もできない場合をいう。最近の公表例では見られない。生死不明の期間が3年に満たない場合でも，「婚姻を継続し難い重大な事由」（5号）に該当するとして離婚は認容されうる。また，7年以上である場合には，失踪宣告の要件を具備するので（民30条1項），婚姻を死亡により解消することは可能であるが，万が一，失踪者の生存が後に判明し失踪宣告が取り消された場合には，前婚の婚姻が復活し重婚となるのではないかとの問題が生ずるので，3号による離婚判決を得ておいた方がよい場合もある。なお，1996年民法改正案では，このような場合に前婚は復活しないとの明文を設けている。被告が行方不明であることは，離婚について日本の国際裁判管轄が認められる基準の1つとされている（21頁以下参照）。

5　強度の精神病（民770条1項4号）

「配偶者が強度の精神病にかかり，回復の見込みがないとき」に離婚が認容される。具体的な破綻事由の1つである。「強度」の意義は，「婚姻共同をなすに堪えない程度の精神障害，換言すれば，民法第752条にいう夫婦間の協力義務が充分に果されない程度の精神障害を意味し，必ずしも精神病の配偶者が禁治産宣告（筆者注：現在の後見開始）の理由となる精神障害ないしは精神的死亡に達していることを要するものと解すべきではない。」（長崎地判昭和42．9．5家月21－2－136等）とされる。4号による離婚についても，最近の公表例は見られない。

離婚訴訟の原告又は被告になるべき者が成年被後見人であるときは、その成年後見人が原告又は被告になることができ、成年後見人が当該訴訟の相手方であるときは（もともと、配偶者が後見人になっている場合が少なくない）、成年後見監督人が原告又は被告となることができる（人訴14条）。強度の精神病に罹患し後見開始の要件を満たす状況にあるが後見開始決定を得ていない配偶者に対して離婚訴訟を提起する場合、特別代理人の選任の方法（民訴35条）によることはできず、まず後見開始決定を得て、成年後見人又は成年後見監督人を被告として訴えを提起すべきである（最二小判昭和33．7．25民集12－12－1823）。

従前の裁判例では統合失調症に関するものが多く（認容例として前記長崎地判昭和42．9．5、否定例として東京地判昭和59．2．24判時1135－61等）、「強度に至らない」精神病の場合にも、「婚姻を継続し難い重大な事由」（5号）により離婚が認められる場合がある（東京高判昭和57．8．31判時1056－179、長野地判平成2．9．17家月43－6－34アルツハイマー病の例）。

なお、強度の精神病が認定される場合にも、判例は、「たとえかかる場合においても、諸般の事情を考慮し、病者の今後の療養、生活等についてできるかぎりの具体的方途を講じ、ある程度において、前途にその方途の見込のついた上でなければ、ただちに婚姻関係を廃絶することは不相当と認めて、離婚の請求は許さない法意であると解すべきである」（前掲最二小判昭33．7．25）として、「具体的方途の見込み」のない場合には、2項により棄却されうるとした。ただし、具体的方途に関しては緩和がみられる（最三小判昭和45．11．24民集24－12－1943）。

なお、1996年民法改正案では、本号は精神病者に対する差別意識を助長するおそれがあり、5号の離婚原因として審理すれば足りるとして削除されている。

6　その他婚姻を継続し難い重大な事由（民770条1項5号）

破綻主義離婚原因としての一般的条項であり、婚姻関係が深刻に破綻し、婚姻生活の本質に応じた共同生活の回復の見込みがないことを意味すると解されている。「破綻」の認定は、時代とともに緩和されているが、前記本節3（133頁）のとおり、「破綻」単なる事実ではなく規範的要件事実で

あり、一般の用語としての「破綻」よりも厳しい。「別居」は破綻の最大の兆表であるが、何年別居していれば破綻が認められるという明瞭な基準はなく、事案により異なる。逆に、別居していなくとも破綻が認められる場合もある。

暴力、性暴力、虐待、侮辱、犯罪行為、怠惰、性交不能、性交拒否、アルツハイマー病等強度とまでは認定されない精神病による夫婦間の精神的交流の欠如、同性も含めて第三者との親密な関係、著しい不和、別居が継続し夫婦としての交流がないこと、過度の宗教活動行為、性格の不一致などの場合に、5号により離婚が認容されうる。

7 有責配偶者からの離婚請求

有責配偶者からの離婚請求の可否は、5号の問題として判断される。最高裁判所は有責配偶者からの離婚請求につき、「有責配偶者からされた離婚請求であっても、夫婦の別居が両当事者の年齢及び同居期間との対比において相当の長期間に及び、その間に未成熟の子が存在しない場合には、相手方配偶者が離婚により精神的・社会的・経済的に極めて苛酷な状態におかれる等離婚請求を認容することが著しく社会正義に反するといえるような特段の事情の認められない限り、当該請求は、有責配偶者からの請求であるとの一事をもって許されないとすることはできないものと解するのが相当である」としている（最大判昭和62.9.2民集41-6-1423）。

すなわち、下記の3点を離婚認容の要件とした。
① 別居期間が両当事者の年齢及び同居期間との対比において相当の長期間に及ぶこと
② 夫婦間に未成熟子が存在しないこと
③ 相手方配偶者が離婚により精神的・社会的・経済的に極めて苛酷な状態におかれる等離婚請求を認容することが著しく社会正義に反するといえるような特段の事情の認められないこと

その後、上記要件は次第に緩和され、要件①については、別居期間は約7年半であるが、夫が婚姻費用の送金及び財産分与につき誠意を見せており離婚を認容した判例（最一小判平成2.11.8家月43-3-72）、下級審では別居6年程度で認める例がある（東京高判平成14.6.26家月55-5-150）。

要件②③については，高校2年の未成熟子がいるが，婚姻費用の送金が確実になされてきた事案で認容されている（最三小判平成6.2.8家月46－9－59）一方，7歳の子が存在し，妻が子宮内膜症に罹患しているため就職して収入を得ることが困難であるとして認容されなかった例（最一小判平成16.11.18家月57－5－40），別居期間9年，長男は成人年齢に達し大学も卒業しているものの，着替え，食事，入浴等の日常生活全般にわたり介護が必要な状態にあり，実質的には未成熟の子と同視することができるとして認容されなかった例（東京高判平成19.2.27判タ1253－235）などがある。

　有責配偶者からの離婚請求が認容されうる確実な別居期間は10年ともいわれてきたが（前提要件として，婚姻費用送金，誠実な離婚給付の提供のある場合），1996年の民法改正案の示した「5年」を1つの指標に，下級審では他の事情によっては緩和がはかられつつあるともみることができる。ただし，離別家庭，特に母子家庭の貧困の状況は改善されずむしろ深刻化しており，③の要件の認定には慎重さも期待される。

　なお，訴訟における要件事実としては，原告が離婚原因として民法770条1項5号のその他離婚を継続し難い重大な事由（破綻）を主張し，これに対し，被告が，「有責配偶者からの離婚請求であり信義に反する請求であること」を抗弁として主張するという構造になる（岡口324頁）。

第5章 離婚に伴う財産問題

第1 財産分与

1 離婚給付の種類

離婚に伴う財産給付の制度は国によって異なるが，おおむね，①清算としての財産分与，②慰謝料，③離婚後扶養（日本では財産分与の1つ）や補償給付等がある。さらに広くみれば，④年金分割も財産問題の1つである。

2 財産分与の準拠法

財産分与の準拠法については，離婚の効果として通則法27条（婚姻の効力に関する25条を準用）とする説と，夫婦財産制の解消の問題として，通則法26条によるとする見解があるが，26条1項は，25条を準用するので，実質はほとんど変わらない。判例（最二小判昭和59.7.20民集38-8-1051）は前者を採用している（50頁参照）。

3 財産分与を認めた渉外離婚裁判例

渉外離婚に関する公表例では，子の監護に関する裁判例は多いが，離婚給付に関するものは極めて少ない。また，公表例では財産分与の準拠法が日本法となるものがほとんどである。

日本法が準拠法とされた事案では，預貯金が1万ドルより多いので150万円の分与を命ずる，としてドルと円の間の為替相場を示さず分与割合も示さず結論を出したもの（横浜地判平成3.10.31家月44-12-105），土地建物につき固定資産税評価額は示すものの時価を指摘せず，400万円の財産分与が相当とするもの（神戸地判平成6.2.22家月47-4-60）等，比較的おおまかな判断をしているものが散見される。

一方，ともに米国籍を有し，テキサス州で生活していた夫婦が夫の転勤に伴い日本に居住し，原告（夫）が被告（妻）に対し，日本の裁判所に離婚訴訟を提起した事案において，「当事者に最も密接なる関係のある地方

の法律」であるテキサス州法が共通本国法になるとし，夫婦共有財産制を採用しているテキサス州法によって財産分与を判断し，詳細な事実認定をして夫婦財産は38万9,966.36米ドル，婚姻が長期間にわたっていることほかを考慮し，原告35％，被告65％として分割したものがある（東京地判平成17.2.18判時1925-121）。

4　夫婦財産制——共有制と別産制，夫婦財産契約

　渉外離婚において財産分与を考えるにあたっては，その国の夫婦の夫婦財産制度にも注意を払う必要がある。

　法定財産制と異なる夫婦財産契約を締結することは，多くの国で認められている。夫婦財産契約の締結可能時期，変更の許否等，要件は国によって異なる。日本の夫婦財産契約（民755条〜759条）は，婚姻の届出前に締結しなければならず，法務局に登記しなければこれを第三者に対抗することはできない。婚姻前に限定しているのは，婚姻中にした夫婦間契約はいつでも取消しが自由（民754条）だからである。日本では，夫婦財産契約が締結されることは年間で数件と極めて稀である。しかし，国際結婚の増加に伴い，今後増える可能性はある。アメリカ，フランス，ドイツ，パキスタンなど夫婦財産契約が活発に締結されている国もある。

　夫婦財産契約において，離婚時の財産給付についてあらかじめ合意していた場合，通則法27条によって定まる準拠法に反しない限り，また，日本の公序に反する内容でない限り，財産契約の内容が法定財産制より優先する。なお，夫婦財産制についての準拠法を，当事者が合意することも可能である（通則法26条2，小出136頁）。

　財産契約が締結されていない場合のための法定財産制には，大きく分けて共有制と別産制がある。

　共有制には，共有関係が婚姻後に取得した全財産に及ぶ一般共有制と，所得のみに及ぶ所得共有制，婚姻解消時にそれぞれの配偶者が各自の増加額に参与する権利を認める剰余共有制（付加利得共有制：ドイツ）等がある（小石侑子「夫婦財産の別産制と共有制」新大系①308頁）。

　別産制は，夫婦各自が得た資産・所得は各自の所有とする制度であり，日本は別産制（民762条2項）を採用している。ただし，離婚時の財産分与

と死亡時の配偶者相続権の規定を全体としてとらえれば，潜在的共有制であると理解できるとも指摘されている（大村61頁）。

　以前は，渉外離婚では，共有制の国の裁判所で離婚給付の命令を得た方が収入の低い女性に有利であるともいわれた。しかし，日本は厳格な別産制でありつつ，財産分与に際しては，婚姻後にともに形成した財産につき実質的に共有を認め，かつ分与割合は原則2分の1というルールがすでに確立しているので，現在では，共有制の国で審理されるのと比べ遜色はないと思われる。

　むしろ，完全な共有制においては債務も共有とされ，契約締結者ではない配偶者も負担を負い，想像以上に深刻な問題が生じる場合もある（前掲小石312頁，アメリカ，ウィスコンシン州の例）。

5　日本の財産分与

　財産分与の意義自体，国によって異なる。日本の裁判所で審理される場合，通則法25条により異国籍夫婦の共通常居所地法として，日本法が準拠法となる場合が多く，ここでは準拠法が日本法とされた場合の，財産分与（民768条）の意義について述べる。

> **民法768条（財産分与）**　協議上の離婚をした者の一方は，相手方に対して財産の分与を請求することができる。
> 2　前項の規定による財産の分与について，当事者間に協議が調わないとき，又は協議をすることができないときは，当事者は，家庭裁判所に対して協議に代わる処分を請求することができる。ただし，離婚の時から2年を経過したときは，この限りでない。
> 3　前項の場合には，家庭裁判所は，当事者双方がその協力によって得た財産の額その他一切の事情を考慮して，分与をさせるべきかどうか並びに分与の額及び方法を定める。

　1996年法務省改正案の財産分与の条項は下記のとおりであるが，この内容はすでに現在の財産分与の実務となっている。

> **民法768条　改正案**　　　　「民法の一部を改正する法律案要綱」より
> 　　　　　　　　　　　　　　　1996年2月26日法制審議会総会決定
> 　家庭裁判所は，離婚後の当事者間の財産上の衡平を図るため，当事者双

方がその協力によって取得し，又は維持した財産の額及びその取得又は維持についての各当事者の寄与の程度，婚姻の期間，婚姻中の生活の水準，婚姻中の協力及び扶助の状況，各当事者の年齢，心身の状況，職業及びその他の一切の事情を考慮し，分与させるべきかどうか並びに分与の額及び方法を定めるものとする。この場合において，当事者双方がその協力により財産を取得し，又は維持するについての各当事者の寄与の程度は，その異なることが明らかでないときは，相等しいものとする。

従来，日本では，財産分与には，次の3つの意味があるとされてきた。
① 婚姻中にともに形成した財産の清算
② 慰謝料
③ 離婚後の扶養（補充的）

③の離婚後の扶養は，日本では民法に明文がなく，①の財産分与が認められず離婚後に経済的に困難となる場合に，財産分与の1つとして補充的に認められてきたにすぎない。しかし，最近はさらにこれを発展させ，

④ 離婚の際に一方配偶者が蒙る経済的不利益の補償

を提唱する学説が増えつつある（鈴木眞次「離婚給付の性格とその決定基準」石川250頁，本沢233頁，「新版注釈民法（22）」〔犬伏由子記〕177頁ほか）。例えば，「婚姻生活の役割分業は，職業労働を担当する夫の財産と所得能力を増大させるのに対して，家事労働を担当する妻の所得能力を減少させ，夫婦間に資力（財産と所得能力）の不均衡をもたらす。共働きの妻も，通常の場合，夫以上に家事労働を担うことが多く，夫ほど資力を増やし得ない。その反面，妻は婚姻により生計の保障を得たり，自己の所得以上の生活を保障されたかもしれないが，それが離婚によって奪われようとしている。妻を自立不可能にした原因，あるいは本来なら得たはずの所得能力を逓減させた原因は，性別役割分業の生活形態をとったことにあるのだから，そこから生じた格差を是正する一つの方法として，離婚給付を位置づけるのである。」（二宮・家族法96頁）等と説明されている。

例えば，婚姻前，年収が同じ500万ずつであった夫婦において，妻は婚姻後退職して家事育児に専念し，離婚後再就職しても年収100万のパートの仕事しか得られず，一方，夫は婚姻中に勤務先での地位も収入もあがり年収1,000万になったというような場合を想定してみれば，故意や過失による違法行為によらずに生じた損失を補償しようとする「補償」の概念が

理解しやすい。

なお、フランスでは1975年に破綻離婚を承認する際、代償として補償給付が認められ、2000年6月法で事後的調整を容れる等手直しがなされたが、現在でも離婚後の当事者の経済状態の均衡を図るに足りる額であって、その重さは日本の比ではないとのことである（水野紀子「フランスにおける家族法改正の動向」新大系①130頁）。

6 慰謝料との関係

日本の財産分与については、前記②の慰謝料を含むことができるとする包括説が通説判例である。判例は次のように述べている。「裁判所が財産分与を命ずるかどうかならびに分与の額および方法を定めるについては、当事者双方におけるいっさいの事情を考慮すべきものであるから、分与の請求の相手方が離婚についての有責の配偶者であって、その有責行為により離婚に至らしめたことにつき請求者の被った精神的損害を賠償すべき義務を負うと認められるときには、右損害賠償のための給付をも含めて財産分与の額および方法を定めることもできると解すべきである。そして、財産分与として、右のように損害賠償の要素をも含めて給付がなされた場合には、さらに請求者が相手方の不法行為を理由に離婚そのものによる慰藉料の支払を請求したときに、その額を定めるにあたっては、右の趣旨において財産分与がなされている事情をも斟酌しなければならないのであり、このような財産分与によって請求者の精神的苦痛がすべて慰藉されたものと認められるときには、もはや重ねて慰藉料の請求を認容することはできないものと解すべきである」（最二小判昭和46.7.23民集25-5-805）。

すなわち、別途慰謝料請求がなされ審理対象となっている事案においては、財産分与の中に慰謝料を含めることはできないが、別途請求がなされる見込みが今後もないような事案で一方の有責性が認められる事案においては、慰謝料を包含して財産分与を決定することも可能である。

あるいは、夫の不動産持分を妻に財産分与するに際し、本来計算上代償金として妻から夫に対して200万円を支払うべき場合に、夫の慰謝料を考慮して代償金なしに分与を認めるといった判決が命じられる場合もある。

ただし、裁判実務では、財産分与と慰謝料は個別に請求され認定される

ことの方が多い。

7 日本の別産制と財産分与の対象財産

　日本民法は,「夫婦の一方が婚姻前から有する財産及び婚姻中に自己の名で得た財産は,その特有財産（夫婦の一方が単独で有する財産をいう）とする。」(民762条1項)として,厳格な別産制を採用している。

　例えば,相続や贈与で得た財産,各自が働いて得た賃金,自分で代金を支払って購入した物品などは,その人の特有財産となる。

　そして,夫婦のいずれに属するか明らかでない財産は,その共有に属するものと推定する(民762条2項)。

　しかし,「離婚時の財産分与の際の清算対象となる財産であるか否か」という観点で把握すれば,下記表のように整理できる。

　財産分与の裁判や調停実務では,民法762条の「特有財産」という用語を必ずしも使用せず,「財産分与の対象外の財産」をしばしば「固有財産」と呼び,「分与対象財産」を,「実質共有財産」あるいは単に「共有財産」と呼んでいる。

　例えば,各自の賃金収入で貯えた預金は,条文によれば各自の特有財産であるが,「共有財産」と呼ぶことが少なくない。

　財産の名義如何にかかわらず,婚姻中（厳格には同居中）双方の協力によって形成した財産が,清算的財産分与の対象となるということができる。

【清算的財産分与の対象財産か】

対　象
● 相続や配偶者以外の人からの贈与によって得た財産であっても,その財産の維持や運用（例えば不動産の修繕費）に他方が貢献した場合は,一部は対象となりうる。 ● 婚姻中あるいは同居中（婚姻前の同居も含む）に一方が働いて得た財産 ● 婚姻中に,双方の収入で購入した財産,あるいはいずれの収入から購入したか不明の財産（民法762条2項の共有財産）
対象外
● 婚姻前に一方が働いて得た財産 ● 相続や配偶者以外の者からの贈与によって得た財産 ● 別居後に一方が働いて得た財産(原則対象とされないが,婚姻費用の支払の有無,未成熟子の監護の状況等事情によっては対象となる場合もある)

なお，妻の父が夫婦の自宅購入資金を提供し，不動産は夫名義になっているような場合，財産法的には夫の財産あるいは夫婦に贈与したものであり共有財産とされうるが，財産分与の場面においては妻の父の寄与した分は妻の固有財産とみて，処理されることが多い。

8　形成権

日本法においては，抽象的な財産分与請求権は，離婚により当然に発生するが，具体的な財産分与請求権は，合意・審判・判決等によって形成される形成権である（最二小判昭和55.7.11民集34－4－628）。したがって，判決や審判で命じられる場合，離婚原因慰謝料とは異なり，遅延損害金の発生は判決あるいは審判確定の日の翌日からであり，訴状にも，そのように記載すべきである。確定前に仮執行宣言が命じられることもあり得ない。

財産分与の裁判は，別表二表（乙類）審判事項としての裁判であり非訟事件である。裁判所は申立人の主張に拘束されることなく，一切の事情を考慮して，自らその正当と認めるべきところに従って，分与の有無，その額及び方法を定めるべきものであり（最二小判平成2.7.20民集44－5－975），処分権主義の適用は制限される。離婚訴訟に附帯して申し立てられた場合にもその性質は変わらない。したがって，申立人の主張を超えて申立人に有利な額を定めることもでき，不利益変更禁止の原則の適用もなく，上級審において上訴人に不利益に財産分与の内容を変更することもできる（前掲最判平成2.7.20）。

9　財産分与の手続
(1)　管轄裁判所

財産分与は，まず当事者の協議によって決まるが，協議が調わない場合には家庭裁判所の審判によって定められ（民768条2項），別表二表（乙類）審判事項（家審9条1項乙類5号，家事二表四）である。

離婚後に協議が調わない場合は審判により定められるが，離婚前であれば，離婚訴訟に附帯して申立てをすることができる（人訴32条1項）。

(2) 請求期間

財産分与の請求期間は，離婚の時から2年以内である（民768条2項）。

時効期間ではなく除斥期間とされている。ただし，財産分与に時効の停止規定の民法161条の類推適用の余地があると理由中で述べる判決がある（東京高判平成3.3.14判時1387-62）。

(3) 予備的財産分与申立て

離婚訴訟の被告が，離婚請求棄却を主張している場合に，離婚認容判決に備えて紛争の1回的解決をはかるため，あるいは，財産分与についても単に被告として応戦するのでなく主導的に主張を展開するために，離婚の反訴請求をせずに，予備的に財産分与の申立てを行うことができる。

ただし，絶対に離婚請求棄却の判決を得たいという場合，予備的にであれ財産分与の申立てをすることは離婚を覚悟していると受け止められる可能性があるので，当事者の真の意向を確認して申立ては慎重に行うべきである。

(4) 分与義務者からの申立て

有責配偶者からの離婚請求を認めうることを初めて示した最高裁判決において，角田禮次郎裁判官及び林藤之輔裁判官は，離婚判決を受けた被告の経済的な困窮の救済等を根拠として分与義務者からの申立てを認めうる考え方を示していた（最大判昭和62.9.2民集41-6-1423）。その後の下級審裁判例では，認めるものと認めないものに分かれていたが，近時はあまり見られず，消極意見が有力である（秋武・岡192頁）。

(5) 控訴審における財産分与の附帯申立て

財産分与の申立ては，事実審の弁論終結時まで行うことが可能であるので，控訴審においても附帯申立てをすることが可能である。離婚が認容され勝訴した原告は，附帯控訴の方法で財産分与の申立てを行うことができる（最一小判昭58.3.10家月36-5-63）。

一審で附帯申立てがなされていても，離婚請求棄却判決となり，控訴審において初めて実質的に審理され判断されるという場合もありうる。審級

の利益よりも紛争の一回的解決を重視し，高等裁判所にも調査官が配されたので，原審に差し戻さずに審理がなされている。

(6) 申立ての趣旨の記載方法

申立書には，申立ての趣旨及び理由を記載し，証拠となる文書の写しで重要なものは添付しなければならない（人訴規19条2項）。審理してみなければ分与対象財産の全貌がわからないため，「被告は原告に対し財産分与せよ」といった抽象的な申立ての趣旨の記載も認められてはいるが（最一小判昭和41.7.15民集20-6-1197），争点の早期把握，審理の迅速化のためには，なるべく早期に具体的な請求の趣旨を記載することが望ましい。

(7) 財産分与の主張整理表

財産分与では，双方が，財産分与対象となりうる財産を明らかにし，寄与貢献割合を主張する。実務では，当事者が，準備書面の一環として財産の詳細な内容（名義・種類・評価額・取得経緯等）を記載した財産分与主張整理表を，パソコンの表計算ソフトで作成して提出することが多い。訴状の段階から添付すると主張が明瞭である。

東京家庭裁判所の標準的な財産表は，CD-ROMを含めて販売されている（東京家裁家事6部）。

なお，一方当事者が財産表を提出したのに対抗して，他方が別のタイプの財産表を提出してくることがあるが，代理人間で書式を共有して交互に自己の主張を明確にしていく方が主張を対比しやすい。

財産表は，提出の都度，準備書面として受領し事件記録に編綴する裁判所もあれば，途中では事実上の提出としておき，双方の主張がほぼ出し尽くされ整理され，争点を減らした上で財産表を準備書面とする裁判所もある。

(8) 財産の調査

預金や株式等の資産の種類や額，退職金の金額等，分与対象財産の内容について，まず，各当事者が自身の把握する財産を正直に開示すべきである。しかし，任意に開示がなされず隠しているとの疑いがある場合や資料

が不明になっている場合等には、裁判所から外部の団体等に対して調査を行ったり、必要な文書の送付を求めることが可能である。

審判では、職権調査の1つとして（家審規8条、家事62条）、訴訟では調査嘱託（民訴186条）や文書送付嘱託（民訴226条）により、裁判所から外部団体等への調査が行われる。審判は職権探知主義によるものとされているが（家審規7条、家事56条）、子の監護に関する事項とは異なり、財産分与について裁判所自らが調査先を把握することはあり得ず、当事者からの申出が必要である。人事訴訟法は民事訴訟法の特例を定める法律（人訴1条）であるので、人事訴訟法に特段の規定がない限り、民事訴訟法が適用される。

日本には財産分与のための特別な財産開示制度はないが、これらの方法による調査等が、かなり有効に機能している。

(9) 事実婚への準用

財産分与規定は、事実婚の解消にも準用され（広島高決昭和38. 6. 19家月15－10－130等）、重婚的内縁の場合にも準用されうる（福岡家小倉支審昭和52. 2. 28家月29－10－147等。二宮・事実婚127頁）。

10 清算的財産分与の対象財産

以下は、日本法が準拠法とされる場合の清算的財産分与について、財産の種類ごとに述べる。

財産分与対象財産には、現金、預金、株式、株式等有価証券、投資信託、債券、不動産、ゴルフ会員権、リゾート会員権、解約返戻金の発生する生命保険、債権、動産等、資産であれば何でも含まれる。以下個別に検討する。

(1) 不動産

婚姻中に購入した不動産については、それが固有財産による取得である証明のない限り分与対象となる。婚姻前に購入した不動産についても、婚姻後にローンを夫婦の稼動所得によって返済を続けた場合等には、その部分につき分与対象となる。

多くの場合、資金の内訳には、固有財産、双方の親からの資金援助、夫婦で形成した預金、ローンなどが混在している。

一般的には，現在時（口頭弁論終結時）の不動産価額から現在のローン残額を差し引いた残額につき，頭金のうち各自の固有資産投入額，ローン返済や頭金等のうち共同で資金提供した額（ローン返済は元本返済部分に限定する場合と利息も含めた返済額合計で計算する場合がある），別居後一方のみがローン返済した額（固有財産部分として扱う）等に按分して割り振り，共同形成した部分は2分の1ずつとして，各自の取得すべき部分を計算し，一方への不動産の持分移転等と引き換えに，代償金の支払いを命じたり，他の金融資産の分与と合算して公平な結論を出したりする方法がとられている。

　ただし，住宅ローンが双方の連帯債務である場合や，不動産の持分を失う側が住宅ローンの連帯保証人である場合は，持分を一方に集めて単独の所有権とするだけでは解決がつかないため，審判や判決では上記のような方法はとれない。

　不動産の評価方法については，不動産鑑定士による不動産鑑定のほか，不動産業者作成の複数の無料簡易査定を双方が提出し，それらの平均値とする方法がとられることが多い。実際に売却する場合には，税金・登記費用・仲介手数料などの経費が発生し，時価よりこれらの経費が差し引かれることになるが，判決において経費が考慮されることはほとんどない。

(2) 債　務

　積極財産と消極財産（債務）の双方があり，積極財産が消極財産を上回る場合には，全体を合算したプラスの部分を清算する方法をとることによって，債務についても解決することができる場合がある。例えば，婚姻中に購入した夫名義の不動産の現在価値が1,500万円で，夫名義の住宅ローンが1,000万円残っている場合，差額の500万円の半分である250万円を夫が妻に分与するという方法で清算することが可能である。

　しかし，例えば，別居時の財産として，夫名義の時価2,000万円相当のマンションがあるが，マンション購入のために夫名義で借りた住宅ローンの残が3,000万円あるという場合（オーバーローンの場合），あるいは，単純に債務のみが残っているような場合などに，債務のみを取り上げて，「被告は原告の○○に対する債務を免責的に引き受けよ」といった，債務の負

担を命ずる財産分与が命じられることはまずない（大阪家審平成17.6.28（平16（家）8345）沼田幸雄「財産分与の対象と基準」新大系①492頁）。「法文上の明確な根拠がないことは，裁判官が，債務分担を命じる財産分与を命じることを躊躇する理由となる。特に，債務分担を命じた場合に，債権者及び夫婦の三当事者間の法律関係が複雑になり，事後の求償の処理などが手続的に明確でないのは，大いに問題があると思われる。」（松谷佳樹「財産分与と債務」判タ1269-5）と説明されている。判決の効力は裁判の当事者ではない債権者には及ばないため，仮に前記のような免責的債務引受の判決が命じられても，債権者から元の債務者への履行請求は避けられない。

しかし，話合いや調停では，ローンの借り換えにつき協力する（銀行の住宅ローンでは免責的債務引受等の方法は一般に認められておらず別銀行で借り替える方法等によって債務者の名義を変更している）ことを合意するなど，柔軟な解決が可能である。

話合いで解決できない場合には，最終的には共有物分割請求（民256条）により解決することとなる（160頁参照）。

なお，アメリカ，イギリス，ドイツ，フランス等では，夫婦の共同生活を確保するための債務については，分割が認められている（棚村政行「離婚の際の財産分与と債務の取り扱い」判タ1269-16）。

【住宅ローンと財産分与の算定方法の例】

事例１：ローン延べ払い額で寄与度算定（東京家裁平成20年未公表裁判例を元に）

```
マンション購入価格2,000万円・現在時価2,000万円
    購入資金内訳　頭金　原告夫　固有財産　500万円
                      被告妻　同           1,000万円
                 被告妻名義ローン          500万円
算定式
    現在時価2,000万円－現在ローン残＝A
    同居期間中に支払ったローン総額（元利込み）×1／2＝B
    別居後に被告妻が支払ったローン総額＝C
    原告夫取得分は
        A×（500万円＋B）／（500万円＋1,000万円＋B×2＋C）
                        分母は今まで支払った総額
    被告妻取得分は
        A×（1,000万円＋B＋C）／（500万円＋1,000万円＋B×2＋C）
```

事例2：利息を入れずにローン元本返済額で寄与度算定（東京家裁平成21年未公表裁判例を元に）

```
不動産購入価格2,500万円
    購入資金内訳　頭金　夫婦の実質共有財産（婚姻中の形成財産）500万円
                原告夫名義ローン　　　　　　　　　　　　　　2,000万円
    別居時のローン残800万円　別居後原告夫が完済
    口頭弁論終結時（離婚時≒）の時価　1,500万円
    算定式
       原告夫分は　1,500万円×{(2,500万円—800万円)÷2＋800万円}÷2,500万円
                  時価    2人で返済            原告1人で
                          した元本              返済した元本
       被告妻分は　1,500万円×(2,500万円—800万円)÷2÷2,500万円
```

事例3：（東京家裁平成21年未公表裁判例を元に）

```
マンション購入価格3,000万円。夫婦連帯債務。全額ローンで購入。
現在時価2,000万円　＜　ローン残2,500万円。オーバーローンである。
判決：財産分与の対象とならない。
```

(3) 預　金

　夫婦いずれの名義であっても，婚姻中の稼動所得によって形成した預金は分与の対象となる。子ども名義の預金については，お年玉や小遣い等祖父母や第三者が子に贈与したもの，子自身がアルバイトをして預金したもの等は，子自身の資産であり分与対象ではない。しかし，子の名義を借りて夫婦が形成した資産を預金していたという場合は，子の名義であっても夫婦の財産として分与対象となる。

　預金の存在は，通帳，銀行の残高証明，定期預金の通知書等で証明する。
　相手の預金等のおおむねの所在・預けている会社（銀行や証券会社名，支店等）がわかるが，何ら証明資料をもたないという場合は，裁判所による調査嘱託によって判明する場合がある。ただし，個人情報であるので裁判所からの調査がなされても本人の同意がない限り開示しない銀行もある。本人が開示に同意せず調査が成功しなかった場合であっても，その本人の調査妨害行為によって他方配偶者が主張する額の預金が存在するとの推認

がはたらき，認定される場合があり得る。財産分与はあくまで審判事項であり，職権探知主義によるが，実際には，民事訴訟における「証明妨害と証明責任の転換」のような作用はある。

預金残高の基準時は，実務では，原則は別居時の残高である（157頁参照）。別居後離婚時までの利息による増加分は分与対象とされうる。

したがって，裁判所が銀行に対する調査を実施する場合，その調査範囲は通常，別居時の残高，あるいは別居前の資産の隠匿の可能性を考慮し，せいぜい別居1年前から別居時まで位の期間の入出金明細である。中には，婚姻期間の全取引経過や，考えられる全銀行の本支店の調査嘱託を裁判所に申し立てる当事者がいるが，そのような調査は，必要性や調査可能性に欠けるものとして通常は採用されない。

(4) 株式・投資信託

上場株式，非上場株式，投資信託，国債・社債等の債券等あらゆる金融資産が分与対象たりうる。

証明方法は，証券会社等作成の取引報告書，ネット取引の場合はその画面の印刷書面等であるが，相手の保有する資産を証明したい場合は，預金同様，調査嘱託の申立て等により，取引先の証券会社等への裁判所からの調査が可能である。

預金と異なり時価変動のある金融資産，例えば株式等について，いずれの時点における価額を基準とするかが問題となるが，存在は別居時，その評価は口頭弁論終結時とされることが多い。ただし，別居後離婚時までに，実際に売却処分した場合は，その譲渡価額が評価額である。株式について，別居時と口頭弁論終結時の平均額を採用した例があるが（広島高岡山支判平成16.6.18判時1902-61，各資産ごとの詳細な認定方法を示しており，実務的に非常に参考になる裁判例），異例であると思われる。

なお，多数の株式の売買を頻繁に繰り返しているような事案では計算が複雑であるので，別居時の保有株式の時価総額で計算されている（秋武・岡174頁）。

(5) 法人名義の資産・事業用資産

　法人といっても同族会社であったり，実態は個人事業と同視しうる場合に，法人名義資産を財産分与対象とする例（前掲広島高岡山支判平成16.6.18ほか）がある。ただし，そのようにせずとも，法人の株式や持分権は個人資産であるのでそれを評価して分与対象財産に組み込めば，法人資産も実質，ある程度は財産分与対象とすることができる。法人資産を問題にする場合，実際には，法人の決算書類の提出や分析が必要になり，審理は複雑になりがちである。

　個人事業資産の場合，規模に関係なく，夫婦の個人資産と，事業用資産が峻別されていないことがしばしばある。また，事業の場合には負債もありうるが，請求する当事者は資産のみに目を奪われがちであることに注意を要する。

(6) 保険・学資保険

　生命保険は，別居時の解約返戻金相当額で評価されている。解約返戻金の額は保険会社に問い合わせれば回答が得られる。婚姻前から加入して一方が保険料を支払っていた場合には解約返戻金を同居期間に応じて按分したり，別居後も，保険契約者でない側が保険料を支払っている場合には修正をする必要がある。

　ゆうちょ銀行の学資保険につき，和解で解決する場合には，離婚後の非親権者から親権者に契約名義を変更して承継することも可能である。親権者は解約返戻金相当額を得ることになるので，その分財産分与として取得したものとして計算される。

(7) 債　権

　債権も財産であるが，回収見込みのない不良債権については，評価が0とされる場合がある。

(8) 車

　車は，車検証によってその内容を特定する。評価額は業者の無料査定が利用されている。ただし，購入後5年程度で市場価値が0になるので，紛

争が長引くと価値は急速に低くなる。ローンで購入している場合には，オーバーローンとなることも少なくなく，その場合には財産分与の対象外となる（148頁以下参照）。

(9) 退職金

　退職金の性質は，一般には労働の事後的対価とされており，夫婦が共同して形成した財産となりうる。退職金の額の証明は，既払いの退職金についてはその明細，預金に変化していれば預金残高，将来の退職金については勤務先による退職金額についての証明書，こうした資料の入手が困難な場合には裁判所による勤務先への調査等によって行っている。就業規則の退職金規定から推計できる場合もある。

　既払いの退職金については，税額も明瞭であるので税額分を差し引いて評価しているが，将来の退職金については，額自体も確実なものではないので必ずしもそのような細かな計算はなされていない。

　将来の退職金については，懲戒解雇，勤務先の経営事情の悪化など不確定な要素もあり，受給が確実であるとはいえない事案もあるが，支給を受ける蓋然性が高い場合には分与対象とされている。裁判例では，おおむね10年以内程度の将来の退職金について認められている（名古屋高判平成12.12.20判タ1095-233，9年後退職の事案）。一方，定年まで15年以上ある事案では受給の可能性は必ずしも明確ではないので扶養的財産分与の要素として斟酌するのが相当であるとした例がある（名古屋高判平成21.5.28判時2069-50）。職種によっても認定が異なると思われる。

　将来の退職金については，その額や支払方法につき，①別居時あるいは離婚時に退職したと仮定した場合の金額を基準にして現在支払うことを命ずる例（東京地判平成11.9.3判時1700-79，東京高決平成10.3.13家月50-11-81等），②将来の実際の支給時に支払うことを命ずる例等（前掲名古屋高判平成12.12.20等）に分かれているが，①の方法の採用が多い。

　なお，いずれの場合にも，退職金全額ではなく，「同居期間÷労働期間」の割合を乗じた額が分与対象となる。

⑽ 退職年金

　以前は，退職金は単純に退職時に一括支払いがなされていたが，最近は，特に大企業において，労働者本人に，全額一括で一時受領するか，退職金の一部を年金として形を変えて受領するかを選択させる制度を採用しているところが少なくない。公的年金ではないので，年金分割制度とは無関係である。

　終期が明確に定まっている退職年金もあれば，終身受給できる退職年金もある。平均寿命を生きることができた場合，一時金で受領するよりも，年金で受領した方が有利な計算になっている場合が多い。将来の退職金よりも内容が不確定で義務者に酷な結果とならないように配慮すべき面がある反面，一時金として退職金を受領していれば何ら問題なく半分を受領できていた権利者の利益も考慮する必要がある。

　年金ではなく一時金を選択していたら受領できたはずである金額を参考に，退職金同様，同居期間に按分して計算する方法が考えられ，東京家庭裁判所ではこうした扱いが多いが（秋武・岡178頁），裁判所による裁量の幅が大きく地域差もある。

⑾ 企業年金・確定拠出年金・厚生年金基金等

　財産分与対象となる資産ではあるが，退職年金以上に裁判所の裁量の幅が大きい。将来長期にわたり分割受給する資産をどのようにして現在価値に換算するかについては，さまざまな考慮が必要であり，評価方法は一定していない。中間利息を控除して圧縮して算定したとしても一括金支払いは義務者に酷な面があり，一方，長期間の分割支払いとする場合には履行確保が困難で紛争を残す可能性が高い。一切の事情の1つとして少な目に概算した額を財産分与額に上乗せする程度に考慮される場合もあれば，あるいは，双方の資産事情によっては分与対象外とされる事案もある。

⑿ 外国の年金

　年金分割（168頁）を参照。渉外離婚では，外国の年金分割制度を利用するよりも，財産分与の中で一括金として清算する方が，後日のわずらわしい手続や紛争を残さず，望ましいと思われる。

11　賃借権・使用借権の設定

　清算的財産分与あるいは扶養的財産分与の一環として，一方の名義の不動産に，他方の賃借権あるいは使用借権を判決あるいは審判により設定することも認められている。所有権の一要素である利用権を分与するものであり，清算の一態様として考えることができる（大津194頁）。離婚後，親権者と未成熟子が，従前と同様の環境で生活することができ，子の監護環境を守る方法の1つである。清算的財産分与としては，単独親権者に対して，不動産の所有権を100％分与することはできないというような場合等に利用される。

　貸借期間を離婚の日から子が20歳になるまでとして，月6万円の賃料による賃借権設定を命じた例（浦和地判昭和59.11.27判タ548-260），扶養的財産分与として，期間を離婚から第3子が小学校を卒業するまでの間とする使用借権を設定した例（名古屋高決平成18.5.31家月59-2-134）などがある。

　これらの権利は，判決主文に記載されたとおりの内容の特別な賃借権ないしは使用借権であり，借地借家法の適用を受けないと考えられている。したがって，期限が到来した時点において，明渡し，買取，共有物の分割，売却等の最終清算の交渉が再び必要になるので，高葛藤の夫婦間ではとりにくい方法であり，こうした財産分与は非常に例外的である。

　財産分与が処分権主義の適用を受けないとはいえ，一方当事者からの申立てがないのに裁判所が事情を考慮して突然賃借権等を判決で設定することは，普通あり得ない。離婚後直ちに相手方より建物からの明渡し請求がなされる可能性があるような事案では，代理人は，十分検討しておくべき方法である。

12　過去の未払い婚姻費用と財産分与

　離婚に至るまでの間，婚姻費用が十分支払われていなかった場合がしばしばある。過去の未払い婚姻費用の分担につき，離婚訴訟に付帯して申し立てることは認められていないが，財産分与の中で考慮することができるとの判例は確立している（最三小判昭和53.11.14民集32-8-1529）。未払いであっても婚姻費用として債務名義が既に存在する場合は，考慮されない。

　しかし，審判手続においては，婚姻費用の始期につき申立時説がとられ

ており，申立て前の未払い婚姻費用の支払いは命じられないのが原則であるのに対し，請求をせずに放置しておけば後に離婚訴訟の中で支払いが命じられるというのはバランスを失すること，義務者にとってまとめて支払うことが困難な場合もあること，元来家事審判手続の中で請求すべきものであることなどから，財産分与において考慮して加味される過去の未払い婚姻費用は，裁判所の裁量による大雑把なものであり，婚姻費用として審判手続で請求していれば得られた額より低いのが一般である。真に婚姻費用が必要な権利者は，後に財産分与で十分斟酌されると期待せず，調停・審判等の手続により請求しておくべきである。

13 婚姻開始時財産との差額計算

従前は，婚姻開始時又は同居開始時に各自が保有していた資産額（特に預金残高）についてはあまり意識せず，別居時の残高のみを証明し折半する方法がとられることが多かった。しかし，最近，同居開始時の残高が明瞭に証明できる場合には，「別居時残高−同居開始時残高」を夫婦の形成財産（実質的には共有）として折半することも増えるようになった。同居期間が短い夫婦の場合には婚姻開始時の残高の証明が比較的容易であるので，こうした計算がなされやすい。

民法762条の改正案として「後得財産分配制」が提案されており（大村敦志「婚姻法・離婚法」ジュリ1384−14），ドイツの剰余共同制（付加利得共同制）等と同様の制度と思われるが，日本の前記実務もほぼ同様のものといえよう。

14 評価の基準時

財産分与の対象資産の評価基準時については，離婚時説（分与時・口頭弁論終結時説），別居時説等がある。

判例は，裁判上の離婚の場合においては，訴訟の最終口頭弁論当時における当事者双方の財産状態を考慮して財産分与の額及び方法を定めるべきである（最一小判昭和34.2.19民集13−2−174）として離婚時説を採用したかにみえる。その調査官解説でも，「財産分与は離婚の際にこれをなすべきものであるから，裁判上の離婚においては口頭弁論終結当時の当事者双方の

資産を基準としてこれを決すべきことは当然であろう。別居後の資産の増減は民法768条3項のその他一切の事情を考慮するにあたって斟酌されるべきである。」としている（三淵調査官・判解（昭和34年度）23頁）。

財産分与の際に考慮すべき「その他一切の事情」（民768条3項）の中には，別居後離婚時までの事情も含まれるので，上記判例は今も生きており，後記の扶養的財産分与は，まさにこの判例の趣旨を生かしたものである。

ただし，現在の下級審裁判・調停実務は，清算的財産分与に関しては原則，別居時説が採用されており，少し詳細にまとめると，おおむね下記のように扱われていると思われる。

【清算的財産分与の対象財産・別居時説】

- 清算的財産分与の対象財産とされるのは，主として別居時に存在した財産
- 別居時より前に消費・消滅した財産は対象とされない（例えば，預金額は原則として別居日の残高とする。）
- 別居後離婚時までに，各自の稼動収入により資産を増加させても，原則として，増加分は分与対象ではない
- 別居後離婚時までに，別居時に存在した財産が滅失・減少した場合，その滅失に相当な理由があれば，滅失・減少後の価額で評価されている。相当な理由がなければ，財産はそのまま別居時のまま存在するものとして評価される場合がある（例えば，分与対象となるはずであった別居時に存在した退職金1,000万円（預金）を，配偶者の一方が，退職後の事業に使用しその事業が失敗に終わり滅失してしまった場合には，0円として，あるいは減額して評価されうるが，配偶者の一方が遊興費に派手に使用してしまった場合には，1,000万円が存在するものとして計算される場合がある。また，別居親から支払われる養育費のみでは足りず，別居時に存在した預金を教育費に使用したというような場合，別居後の預金の減少も考慮される場合がある一方，他方配偶者の同意を得ず高額の塾費用に使用したような場合には，子のための費用ではあっても減額されず存在するものとして扱われる場合がある。）
- 財産の評価は，口頭弁論終結時の評価額により算定される（例えば，不動産，株式，投資信託のように，評価額が増減する資産については，別居時に存在する財産が分与対象であるが，その評価は分与時である。ただし，別居後離婚時までの間に処分され換金された場合には，その現実の売却額が分与対象財産となる。例えば，別居時100万円であった株式を，別居後60万円で売却したが，離婚時にはその株式は120万円に上がっていた場合，現実の売却価額60万円として評価されている。）

15　清算割合

清算割合（すなわち互いの寄与割合）は，原則2分の1とされている。一

方の特別の努力や能力により高額の資産形成がなされたという特別の事情がある場合には，清算割合が修正される場合がある（夫が一級海技士で，資産7,600万円のうち約3割の2,300万円を妻に分与することを認めた例，大阪高判平成12.3.8判時1744―91）。共働きで対等に婚姻費用を分担し，かつ家事労働の分担は妻のみであったという事案において，妻の寄与度を6割とした例がある（東京家審平成6.5.31家月47―5―52）。大企業に勤務し収入が高かったからという理由で，妻の寄与は4割あるいは3割にすぎないといった主張がなされることが現在でもあるが，大企業に勤務しているというだけで2分の1ルールを変更する特別の事情があるとは通常認められていない。

16 扶養的財産分与

　財産分与において考慮される「一切の事情」には，年齢，心身の状況，職業，収入，稼動能力，財産状況等が含まれる。病気，高齢，長年主婦であった，障害のある子を常時監護する必要がある等の理由のため離婚後の経済的自立が見込めなかったり容易でない場合には，扶養的財産分与が認められる場合がある。

　ただし，日本の民法には，離婚後扶養（アリモニーについては，51頁コラム参照）の明文はないことから，清算的財産分与や慰謝料が認められなかったり低額であるため，離婚後に生活に困るという場合のみに認められるという「補充的」なものである。

　また，従前認められた裁判例の中には，高額の一括金の例もあるが（有責配偶者からの離婚請求の事案で1,200万円，東京高判昭和63.6.7判時1281―96），ほとんどは，毎月定額を有期限で支払うという内容のものである（離婚判例ガイド123頁以下に多数の判例）。離婚時年金分割制度の存在しなかった時代に，年金分割を財産分与の中で行っていたとみるべき裁判例も少なくない。

　しかし，近時，これを「離婚の際に一方配偶者が蒙る経済的不利益の補償」という考え方によって捉え直そうとしていることは，前記142頁で述べたとおりである。

　調停や和解では，しばしば，離婚後の自立資金を和解金あるいは解決金として支払うことを合意している。支払う側が，慰謝料を支払う義務はないと考えても，経済格差を考慮し自立資金の支払いならば承諾できるとい

うことは少なくない。

17　財産分与と税金

　財産分与や慰謝料として資産が移転する場合には，贈与税は課税されない。ただし，一切の事情を考慮してもなお過当と認められる場合には，過当な部分につき贈与税が課税されうる（相続税法基本通達9－8）。

　分与財産が不動産である場合には，①登記時に納付する登録免許税，②名義移転の翌年に納税が必要となる不動産取得税，③不動産の価額が取得時よりも分与時に値上がりしている場合にその増加益につき翌年に課税される譲渡所得税（最三小判昭和50．5．27民集29－5－641）の3つの税金が発生する。

　②には居住用不動産の減免があり，その具体的内容は頻繁に変更があるので，都度調査した方がよい。③は値下がり時には課税されず，値上がり益がある場合にも居住用財産としての控除がなされ，その結果課税がなされない場合も少なくない。

18　所得水準や物価水準の違い

　慰謝料や婚姻費用について，居住国による物価の違いを反映させる裁判例と反映させない裁判例がある（111頁，163頁参照）が，同じ問題は財産分与にも生ずる。ただし，渉外離婚の財産分与の公表例では特にこの点を明記したものは見当たらない。

　しかし，扶養的財産分与の場合，特に定期金給付が命じられる場合で居住国が異なる場合には，所得水準や物価水準は金額を決定するうえでの重要な要素の1つとなりうる（加藤文雄168頁）。

19　共有物分割請求と財産分与

　オーバーローンの不動産について（147頁），話合いによる解決ができず，財産分与の判決や審判でも解決できない場合，最終手段としては，共有物分割請求訴訟（民256条）で解決するほかない。離婚訴訟や財産分与審判が係属中であっても，あるいは，そのような訴訟も係属せず婚姻中であっても，不動産に関する共有物分割請求を申し立てることは可能である（東京

地中間判決平成20.11.18判タ1297-307)。ただし，配偶者の一方と子が居住している不動産につき，別居している他方配偶者が共有物分割請求を申し立てることが権利濫用とされる場合がある（大阪高判平成17.6.9判時1938-80,オーバーローンではないが債務返済の見込みの低い事案）。

第2　慰謝料

1　渉外離婚の慰謝料の準拠法

　渉外離婚における慰謝料請求の準拠法は，離婚に伴う財産的給付の一環をなすもので離婚の効力に関するものであり，離婚準拠法（通則法27条・25条）によるとするのが通説判例である（最二小判昭59.7.20民集38－8－1051，51頁参照）。

　なお，離婚原因慰謝料については，不法行為の準拠法である通則法17条と離婚準拠法の同27条のいずれを適用すべきかとの議論がある。しかし，実務では，離婚自体慰謝料と離婚原因慰謝料を峻別せず，離婚準拠法の27条が適用されている。

2　渉外離婚の慰謝料の裁判例

　平成以降の公表例を中心に紹介する。

　協議離婚した元夫が元妻（いずれも永住権を有する在日韓国人）に対し債務不存在確認請求の本訴請求をし，妻が離婚による慰謝料請求の反訴請求をしたところ，協議離婚の場合には離婚慰謝料を認めない韓国民法（現在の韓国民法843条・806条も損害賠償請求を認めるのは裁判離婚の場合のみ）を適用することは公序に反するとして旧法例33条・30条（通則法42条・39条）を適用し，離婚の主たる原因は夫の不貞やクラブやバーでの遊興にあるとして，日本民法により慰謝料600万円を認めた（神戸地判平成2.6.19判時1383－154）。

　米国人夫から米国人妻（夫婦いずれも帰化前は日本国籍）に対する財産分与及び慰謝料請求について，米国は不統一国（旧法例28条3項）にあたり，それぞれの本国法の決定は「最も密接なる関係ある地方の法律」によることとなるが，夫の本国法はアリゾナ州法，妻の本国法はメリーランド州法であるので共通本国法はなく，共通常居所地法がいずれも日本にあるので，離婚の準拠法は日本であるとした。そして，財産分与及び慰藉料は，離婚の際における財産的給付の一環を成すものであるから離婚の効力に関する問題として，離婚の準拠法（旧法例16条）である日本民法が適用されるとした。その結果，原告が非妥協的な性格であり被告を自己と対等の人格を有する者と認めず一段と劣った者と見ていることなどが破綻の主たる原因で

あるとして，慰謝料150万円を認めた（横浜地判平成3.10.31家月44−12−105）。

中国人妻から日本人夫に対し離婚慰謝料を請求し，破綻の原因は夫の暴力（鼻骨骨折や上顎骨骨折の傷害を負わせた）等にあるとして，慰謝料200万円を認めた（神戸地判平成6.2.22家月47−4−60）。

中華人民共和国に帰国した中国人妻が，日本に住む日本人夫に対し280万円の離婚慰謝料を求めた事案において，一審判決は，原告が中国で生活していることを考慮して慰謝料を20万円としたが（秋田地大曲支判平成5.12.14判時1532−116），控訴審判決は，居住地がどこであるかは一事情であるが，これを重要な要素として減額させれば一般的に日本人妻と離婚した場合と対比し被告に不当に得をさせる結果を生じ公平ではないとして慰謝料100万円とした（仙台高秋田支判平成8.1.29判時1556−81）。

日本人妻である原告が，フランス人夫である被告と婚姻し，フランスに居住していたが，被告の度重なる暴力により子どもを連れて帰国した後，フランスに居住する被告に対し，日本において離婚訴訟を提起した事案で，日本の国際裁判管轄を認め，離婚の準拠法である日本民法を適用し，被告に慰謝料300万円の支払い義務を認めた（東京地判平成16.1.30判時1854−51）。

3　日本法における離婚の慰謝料とは

夫婦の一方の有責行為によりやむなく離婚に至った場合，その精神的苦痛について慰謝料を請求することができる（最三小判昭31.2.21民集10−2−124）。離婚慰謝料には，①離婚せざるを得ないことによって蒙った精神的苦痛についての慰謝料（離婚自体慰謝料）と，②暴力や不貞など離婚原因となった有責行為によって蒙った精神的苦痛についての慰謝料（離婚原因慰謝料）があるとされる。しかし，実務では必ずしもこの２つを明確に区別していない。いずれも不法行為（民709条）に基づく慰謝料である。

②の離婚原因となった個別の有責行為，例えば暴力行為について，離婚慰謝料としてではなく，夫婦間において，③個別の不法行為に基づく損害賠償請求をすることも可能である。その場合は，離婚慰謝料ではないから，離婚とは無関係に提訴することも可能である（広島高判平成19.4.17家月59−11−162，離婚訴訟に先立ち，不貞の相手方及び夫を共同被告として提訴し判決が下された事案等）。

4　請求方法

　前記①ないし③のいずれであっても，本来，民事訴訟事項であるが，「離婚請求の原因である事実によって生じた損害の賠償に関する請求」として，人事訴訟である離婚訴訟と併合して請求することができる（人訴17条1項前段）。また，離婚訴訟中に訴えを追加的に変更して，損害賠償請求を訴求することもできる（人訴17条2項）。

　なお，日本法は不貞の相手方に対する慰謝料請求を認めているが，準拠法によっては，全く認めていない場合もある。婚姻共同生活の平和の維持という権利又は法的保護に値する利益を侵害する不法行為と把握されており（最三小判平成8．3．26民集50－4－993），離婚訴訟に併合して請求することができる（人訴17条）。もちろん，併合せずに独立して地方裁判所に提訴することも可能である。

　離婚成立後に離婚慰謝料を訴求する場合には，離婚訴訟は存在しないので，家庭裁判所ではなく，民事訴訟の1つとして，地方裁判所に提訴しなければならない。なお，慰謝料請求訴訟は人事訴訟ではないので，調停前置主義の適用を受けず，いきなり提訴することは可能であるが，提訴前に一般調停（家審17条，家事244条）として，家庭裁判所に慰謝料請求の調停を申し立て，話合いから始めることも可能である。

　離婚後において，財産分与及び慰謝料請求の2件の調停申立てをした場合，調停が係属する間は実際には1つの調停において並行して話し合うことが可能であるが，調停が不調になった場合には，財産分与請求事件は家庭裁判所の審判に当然に移行し（家審26条1項，家事272条4項），慰謝料請求事件は審判に移行せず，別途，地方裁判所への提訴が必要となる（後記6参照）。

　③の個別の不法行為による損害賠償請求を離婚訴訟に併合して請求し，暴力を原因とする後遺障害等による高額の損害賠償金（慰謝料のほか逸失利益等）が認められた例がある（大阪高判平成12．3．8判時1744－91）。

5　消滅時効と遅延損害金の基点

　①ないし③はいずれも，不法行為に基づく損害賠償請求であるので，消滅時効は3年（民724条）である。

消滅時効の起算点は，①の離婚自体慰謝料は，離婚が成立して初めて損害の発生が確定するので，離婚成立時であり（最二小判昭46.7.23民集25－5－805），遅延損害金は，離婚判決確定の日の翌日から発生する。

②の離婚原因慰謝料の場合には，不法行為時が基点となるはずのところ，実務では，①と同様に扱われている。すなわち，夫婦関係は通常，複数の行為の積み重なりによって破綻していくものであるので，離婚より3年以上前の古い不法行為であっても消滅時効が適用され不問に付されるということはなく，大まかにではあるが過去の有責行為についてまとめて慰謝料が算定される。ただし，どんなに暴力行為の数が多く，傷害の程度が深刻であっても，離婚慰謝料として請求する限りは高額の慰謝料が認定されることはほとんどない。事案に応じた高額の損害金の認定を得るには，前記③の個別の不法行為としてていねいに主張立証することが必要である。

②の場合の遅延損害金の始期につき，訴状送達の日の翌日からとするものがあるが（東京高判平成元.11.22家月42－3－80等），初回の口頭弁論期日において，裁判所が当事者に対し，「離婚訴訟確定の日の翌日から」と訴状の記載を訂正することを指導することが少なくない。

②の個別の不法行為として訴求する場合の消滅時効の基点は，個別の不法行為時（損害及び加害者を知ったとき）であるが，夫婦の一方が他方に対して有する権利は，婚姻の解消時から6か月を経過するまでは時効は完成しないので（民159条），不法行為が古いものであっても離婚より6か月以内であれば権利行使することが可能である。

6　財産分与と慰謝料の関係

慰謝料と財産分与との関係について，判例は，財産分与は夫婦財産の清算と離婚後の扶養を目的とするものであり，財産分与後に，別途，慰謝料請求をすることを妨げないとしたうえで，財産分与の額及び方法を定めるについては，当事者双方における一切の事情を考慮すべきものであるから，有責行為による慰謝料も含めて財産分与の額及び方法を定めることもできるとする（前掲最二小判昭46.7.23，本章第16及び本節7参照）。

すなわち，判例は財産分与を清算・扶養に限定するとする限定説に立ちつつ，慰謝料を包括する扱いも認めるという，明快ではないが柔軟な対応

をしてきた。したがって，当事者は，離婚後に経済的な給付の請求をする場合に，有責行為の証明が容易であるならば，地裁と家裁の2か所に分かれる訴訟不経済を回避して，家裁に対する財産分与の申立てのみをして慰謝料を含めて請求するとの主張をすることも可能である。ただし，有責行為の存否につき争いがあり証明が容易でない場合には，財産分与審判の中での決着は困難であることが多く，別途，地裁に提訴せざるを得ない。

7 慰謝料額

離婚慰謝料の額には，明確な客観的基準はない。しかし，裁判例にはおおむね次のような傾向がある。

① 有責性が高いほど高い。
② 不貞の相手方から慰謝料をすでに得ている場合には，その分低くなる。
③ 不貞を原因とする場合，権利者が婚姻継続の努力をしていた場合に比し，しなかった場合には低くなる。
④ 精神的苦痛や肉体的苦痛が大きいほど高い。
⑤ 婚姻期間が長いほど高い。
⑥ 未成年子がいる方が，いない場合よりも高い。
⑦ 財産分与による経済的充足が十分である場合に低い。
⑧ 義務者の資力や状況が影響を及ぼす場合がある。

すなわち，⑤ないし⑧の傾向から，判例は慰謝料に離婚後扶養の機能を持たせてきたことがわかる。

裁判例のほとんどが，500万円を超えることはなく，500万円が認められた例も最近は多くない。なお，双方に有責性があっても，有責性の小さい方から大きい方への慰謝料請求は認められる（東京高判昭和58.9.8判時1095-106等）。双方の有責性が同程度である場合は，通常，双方とも慰謝料の支払義務を負わない。

8 日本人間の離婚慰謝料

平成以降の公表例における慰謝料額を紹介する。

(1) 民法770条1項1号——不貞行為の場合

高齢者の離婚で不貞を原因とする場合に，高額の慰謝料を認める例があ

る。同居期間12年，別居期間36年，夫が別の女性と暮らしている事案で慰謝料1,500万円（財産分与は1,000万円，東京高判平成元.11.22家月42－3－80），同居期間38年，別居期間17年，夫が別の女性と暮らしている事案で慰謝料1,000万円（財産分与は1,200万円，東京高判昭和63.6.7判時1281－96），資産家である夫の度重なる不貞行為と暴力が原因で破綻し，財産分与として１億円と5,000万円相当の不動産の分与が命じられたほかに慰謝料1,000万円（横浜地判昭和55.8.1判時1001－94）などである。

　しかし，これらは例外的であり，一般的には慰謝料額が500万円を超えることはまれである。本書執筆時における複数の未公表例の傾向をみれば，中高年夫婦で不貞を原因とする場合でも，300万円程度のものが少なくないように思われる。

(2) 民法770条１項５号──その他婚姻を継続し難い重大な事由の場合

　些細なことで殴る蹴るの暴力をふるった夫について慰謝料400万円（横浜地判平成9.4.14家月50－7－90），夫の激しい暴行や他人の人格を顧みない行動について慰謝料400万円（東京高判平成10.2.26家月50－7－84），夫の度々の暴力により妻が右鎖骨骨折，腰椎椎間板ヘルニアの傷害を負い運動障害の後遺症が残ったケースで離婚慰謝料350万円のほかに入通院慰謝料，後遺障害慰謝料，逸失利益として合計1,714万円の損害賠償請金（大阪高判平成12.3.8判時1744－91），年間に数えるほどしか掃除をしない，火災がこわくてストーブがつけられない，年収が６〜700万ほどなのに子どもの習い事に年400万円を費消するなどの非常識な行為をする妻に慰謝料200万円（大阪地判平成13.7.5法学教室252－175），夫が性交渉に無関心で交渉のないまま婚姻して１か月足らずで別居・離婚し，妻は結婚退職しており別居後再就職したが，婚姻前の３分の１以下の収入しかなく，貯金も結婚費用のために450万円弱を費消した事案で夫に慰謝料500万円（京都地判平成2.6.14判時1372－123），妻が男性に触れられると気持ちが悪いと言い性交渉を拒否した結果，喧嘩が絶えず破綻した事案において妻について慰謝料150万円（岡山地津山支判平成3.3.29判時1410－100）などの例がある。

第3　年金分割

1　年金分割制度とは──合意分割

　配偶者間には，雇用格差や給与格差があるため，老後に受給する年金額にも差が生ずる。年金は老後の生活を維持するための重要な資産であるので，この格差を離婚時に是正し，多い方から少ない方へ分割しようというのが離婚時年金分割制度である。

　正確には，①厚生年金，②国家公務員共済年金，③地方公務員共済年金，④私立学校教職員共済年金の4種類の被用者年金について，報酬比例部分の年金額の算定の基礎となる標準報酬等につき，夫婦間の合意又は裁判により分割割合を定め，その定めに基づいて，夫婦の一方であった者の請求により，社会保険庁長官等が標準報酬等の改定又は決定を行うというものである（厚年78条の2ないし12，国家公務員共済組合法93条の5以下等）。

　①ないし④は別個の制度であるので，転職により複数の被用者年金の対象となっている場合には，各年金ごとに年金分割を行う。

　おおもとの保険料納付記録が分割され，分割を受けた者は，自分の標準報酬額に相手の標準報酬額から分割された分が加算され，合計した標準報酬額を基礎に計算された年金額を受給できることになる。離婚時にこの手続を済ませれば，将来，年金受給時には何らの手続を必要としないし，強制執行の必要性も生じず，元配偶者の死亡時期にも左右されないこととなる。

　上記①ないし④以外の厚生年金基金，国民年金基金，確定給付企業年金，適格対象年金，確定拠出年金等については，分割制度は存在しない。これらの不公平を是正するには，財産分与において行うしかない（155頁参照）。

　合意分割は，2007年4月1日以降の離婚のみに適用され，請求期限は離婚時より2年間（厚年78条の2第1項，厚年規78条の3等），分割できる按分割合は上限が2分の1（50％）である。

　事実婚配偶者も，第3号被保険者（厚生年金や共済年金の加入者である第2号被保険者に扶養されている配偶者）であった期間については，年金分割制度の対象となる（厚年規78条）。

2 方法

標準報酬改定請求をするには，請求すべき按分割合を定めた調停調書，審判，判決又は和解調書のいずれかを社会保険庁長官に提出するほか，当事者双方が社会保険事務所に赴き，請求すべき按分割合について合意している旨を記載した書面を添付してすることが可能である（厚年規78条の4第2項）。例えば判決であれば，主文に，「原告と被告間の別紙記載の情報に係わる年金分割についての請求すべき按分割合を0.5と定める」等と記載され，年金分割のための情報通知書の写しが末尾に添付されている。

当事者間で協議が調わない場合は，当事者の申立てにより，家庭裁判所が請求すべき按分割合を定める（厚年78条の2第2項，家事二表十五）。また，離婚訴訟の附帯処分として裁判することが可能である（人訴32条1項）。

3　3号分割

合意分割と異なる制度として，3号分割の制度がある。2008年4月以降に，配偶者が第3号被保険者である期間について，離婚当事者の一方からの請求により，第2号被保険者の保険料納付記録（標準報酬）の2分の1を自動的に分割する制度である（厚年78条の13ないし21）。2008年3月以前に婚姻している者が，2008年4月1日以降に離婚する場合には，合意分割部分と第3号分割部分の両者があることになる。

4 裁判例

2007年4月の制度発足から同年12月末までの全国の年金分割の審判事件で認容となった290件のうち，按分割合50％が287件（認容事件の99％），40％以上50％未満が2件，20％以上30％未満が1件であった（最高裁事務総局家庭局「離婚時年金分割に関する事件の概況―平成19年4月～12月」家月60－6－141）。すなわち，50％を下回る認定は極めて例外的であるということができる。

公表例としては，厚生年金保険等の被用者保険が有する主として夫婦双方の老後の所得保障を同等に形成していくという社会保障的性質及び機能に鑑みれば，厚生年金保険法78条の2第2項が規定する一切の事情を考慮するにあたっても，特段の事情がない限り，その按分割合は0.5とされる

べきであるとした例（名古屋高決平成20.2.1家月61－3－57等）をはじめ，婚姻36年，うち7年が完全別居，7年が家庭内別居の例（札幌高決平成19.6.26家月59－11－186），婚姻約28年，単身赴任約13年，完全別居約2年半の例（前記名古屋高決平成20.2.1，最三小決平成20.5.27は抗告を棄却，判時2046－28〜29），同居5年1か月，別居が2年5か月で，妻に約840万円の浪費又は隠匿の事実があったとしてもそれは財産分与等で解決すべき事項であるから上記特別の事情に当たらないとした例（広島高決平成20.3.14家月61－3－60，最三小決平成20.9.2は左記に対する抗告を棄却，判時2046－28〜29），婚姻30年別居13年の例（東京家審平成20.10.22家月61－3－67）等，いずれの例においても，按分割合は50％とされている。なお，当事者は協議により年金分割をしないとの合意をすることができるが，このような合意は公序良俗に反するなどの特別な事情がない限り有効である（静岡家浜松支審平成20.6.16家月61－3－64）。

5　外国人が日本の年金分割を受けられるか

　外国人も日本の年金分割を受けることができる。ただし，将来，年金を受給するには，外国人自身の保険料納付期間や保険料免除期間の合計が25年以上という要件を満たす必要があり，この要件を満たさなければ年金分割を受けても受給ができないことは，日本人の場合と同様である。

6　外国の年金分割

　夫婦の一方である外国人が，外国において年金分割制度のある年金に加入しているとき，日本にいる日本人がその分割を受けられるかという問題である。
　諸外国には，離婚に際し，年金を自動的に等分とする国（カナダ），原則等分とする国（ドイツ），個別ケースごとに決める国（イギリス）など，多様な年金分割の法制がある。当該国の規定により，外国人である日本人が日本に居住して分割を受けられるか否かが決まるが，実際，認められている例がある。ただし，分割手続の煩雑さ，遠い将来に遠い国から受給する年金であることなどを考慮すれば，外国の年金分割制度を利用して分割を受けるよりも，年金を1つの財産とみて，財産分与の一事情として分与額を加算して決着する方が望ましい場合も少なくない。

なお，企業から派遣されて海外で働く労働者等は，働いている国の社会保障制度にも加入する必要があり，保険料を二重負担したり，年金受領のために一定の期間その国の年金に加入しなければならず，保険料の掛け捨てになってしまう場合がある。こうした不都合を避けるため，日本はアメリカ，ドイツ，フランス等12か国（2011年1月現在）の国と，社会保障協定を結んでいる。日本年金機構のサイトでは，締結国別の協定内容の紹介がなされており，参考にされたい。

▶http：//www.nenkin.go.jp/question/3300/3301/list.html

第6章 離婚に伴う子どもの問題

第1 親権・監護権の制度

1 はじめに

　渉外離婚において，争点となることが多いのは圧倒的に子の監護に関する問題である。公表裁判例においても，慰謝料や財産分与に関するものは少なく，子の親権・監護権に関するものが多い。

　渉外離婚では，離婚後に父母の一方が本国に戻った場合，比較的円満な離婚であったとしても，子どもはいずれか一方の親との距離が遠くなり離婚後の親子の交流は困難さを伴うが，高葛藤の父母間においては，親権・監護権や面会交流に関する法制度や慣習の違いが大きいこととあいまって，合意形成が容易ではく，より困難である。

　諸外国では，離婚による子への影響を最小限にとどめることが「子どもの最善の利益」であるとし，離婚の前後を問わず父母が親権ないし監護権を共同行使することを原則としたり，又は合意で共同行使を選択できる制度を採用してきており，面会交流は権利として条文で明文化している国も少なくない。子どもの権利条約も，父母共同養育責任を明記する（子どもの権利条約18条1項）。

　国際結婚及び国際離婚の増加は，日本の離婚における子の監護の問題，特に面会交流の実務について強く再考を迫っている。

　本章では，渉外離婚及び国内離婚も含め，国際裁判管轄が日本にあり，準拠法が日本法であるとされる場合の親権・監護権の決定又は変更の基準，子の引渡し請求，面会交流，養育費について述べる。そして次章（第7章）において，国境を越える子の移動に関する問題を取り上げる。冒頭では親権の国際比較と，日本の親権制度を概観する。子の問題に関する国際裁判管轄，準拠法，外国判決の承認の問題一般は，次章ならびに第Ⅰ部を参照されたい。

2 親権・監護権の国際比較

日本の「親権」は、身上監護権、財産管理権、財産行為についての法定代理権等の個別の親権の内容を包含する包括的な概念であり、他国に比して親権者は広範な権限を有しているという点、離婚後は父母の一方の単独親権となるという点等に特徴がある。

これに対し、英米法圏では、親権という包括的概念はない。

アメリカ

アメリカでは、parental rights は州（国家・行政）に対して主張する権利であり、親の子に対する権利義務は custody 等と称され、これが日本の親権に近く、監護権と一般に訳されている。監護には法的監護（legal custdy）と身上監護（physical custdy）があり、ほとんどの州法は離婚後の共同監護を認めている。そして、主たる住居、親の訪問の割合、教育、宗教、医療など個別の問題ごとに、双方で決定権を持つか、あるいは一方が持つかが取り決められる。また訪問権（visitation）が父母のみでなく祖父母、きょうだいなど子の利益に適う第三者に広く保障されている（山口亮子「アメリカ法における親の権利と監護権」民商136-4・5-129、棚村政行「各国の法制度とそれを支える社会システム　アメリカ１」共同親権55頁等）。

イギリス

イギリスでは、子に対する親の地位は「後見」として理解されてきたが、1989年の児童法により、離婚後も父母双方が「親責任」（parental responsibility）を有し続けることとされた。16歳未満の子を持つ当事者が離婚請求をしようとする場合には、「子のアレンジ申告書」に子についての離婚後の教育、監護の詳細、医学・健康上の問題、扶養、居所、面会交流のアレンジ等の情報を記載して裁判所に提出しなければならない。裁判所が子の利益から見て申告書の記載に満足できない場合には離婚を認めないとされる。また、親責任を有する者同士が合意できない場合には、当事者の申立てによって、裁判所が居所命令、交流命令、禁止命令等の８条命令（1989年児童法８条による命令）を発令することができる（許末恵「英国における親責任をめぐる法規制について」民商136-4・5-99、川田昇「各国の法制度とそれを支える社会システム　イギリス」共同親権167頁等）。

ドイツ

　ドイツでは，1979年の法改正により，「親権（elterliche gewalt）」から「親の配慮（elterliche sorge）」という概念に変わった。「両親は，未成年の子を配慮する義務を負い，かつ権利を有する。親の配慮は，子の身上のための配慮（身上配慮）と子の財産のための配慮（財産配慮）を含む」とされる（ドイツ民法典1626条1項）。婚外子についても，父母の別居や離婚後も，共同配慮が継続する。しかし，必要な場合は，申立てにより単独配慮も認められる。そして，連邦憲法裁判所2006年5月29日決定は，1671条の文言にもかかわらず，共同監護の単独監護に対する法的優位は導き出せないと判断した。親の配慮が身上配慮，財産配慮及び子の法定代理権からなるという構造は日本の親権と類似しているが，日本と異なるのは義務性を法文上も前面に打ち出している点である（岩志和一郎「ドイツの親権法」民商136－4・5－65，鈴木博人「ドイツの親子法の現状」新大系②91頁等）。

フランス

　フランスでは，「親の権威（autorite parentale）」とされ，「親権は，子の人格に対して払われる敬意のなかで，子をその安全，その健康及びその精神において保護するために，その教育を保障しその発達を可能にするために，子の成年又は未成年解放まで父母に属する」と規定される（フランス民法371条の1）。2002年の改正により離婚後も共同行使が原則とされ，例外的な場合に一方のみが行使する。子の身上に関する「日常的行為」については，父母の一方が単独で行うとしても，善意の第三者に対しては，他方と一致して行為するものとみなすとの合意の推定の規定（同法372条の2）が適用され，重要な決定につき合意に至らない場合には，父母の一方によって裁判所に申立てがなされる（田中通裕「フランスの親権法」民商136－4・5－33，高橋朋子「フランスの親子法の現状」新大系②73頁）。

中華人民共和国

　中華人民共和国（以下「中国」という）では，「未成年者の父母は未成年者の監護者となる」（中国民法通則16条1項），「父母と子の関係は，父母の離婚により消滅しない。離婚後，子は父又は母のいずれに直接養育されるかを問わず，依然として父母双方の子である。」（中国婚姻法36条1項），「離婚後，父母は子に対し依然として扶養及び教育の権利と義務を有する。」（同

法36条2項）とされ，共同親権という用語はないが，離婚後も共同親権・共同親責任であると解されている（加藤171頁以下）。協議離婚が認められるには，夫婦双方が登記機関に出頭して離婚合意の確認をすることが必要であり，子の扶養・教育に関する具体的協議内容が離婚協議書に記載されていなければ離婚は認められない（加藤84頁以下）。

中華民国（台湾）

中華民国では，「夫婦が離婚するときは，未成年の子に対する権利義務の行使又は負担については，協議によるか，又は双方が共同してこれに任ずる。協議がなされなかったか，又は，協議が成立しなかったときは，裁判所が，夫婦の一方，主管機関，社会福利機構若しくはその他の利害関係者の請求によるか，又は職権により，それを斟酌して決定することができる」（中華民国民法1055条）と規定されている。親権という用語は使用されておらず，「未成年の子に対する権利の行使又は負担」という用語を用いることで，親権を表している（林秀雄「台湾における戸籍登記制度と家族法の改正」新・アジア家族法三国会議2011年報告）。

大韓民国

大韓民国（以下「韓国」という）民法では，「婚姻外の子が認知された場合及び父母が離婚する場合には，父母の協議によって親権者を定めなければならず，協議することができない場合又は協議が調わない場合には，家庭法院は，職権によって又は当事者の請求により親権者を指定しなければならない。ただし，父母の協議が子の福利に反する場合には，家庭法院は補正を命じ，又は職権によって親権者を定める」（韓国民法909条4項）と定められており，「親権者を定めなければならない」という文言に「単独」という用語がないので，単独親権又は共同親権のうち，協議や裁判によって自由に選択することができると解されている。また，協議離婚に際しては，「養育すべき子がある場合，当事者は第837条による子の養育及び第909条第4項による子の親権者決定に関する協議書又は第837条及び第909条第4項による家庭法院の審判正本を提出しなければならない。」（同法836条の2，4項）とされている（韓国家族法105頁等）。

オーストラリア

オーストラリアでは，離婚に際しては，夫婦と同居する18歳未満の子が

いる場合には，その子の監護，福祉及び生育に関して，夫婦間で適切な取決めがなされていることを裁判所に提示しなければならず，裁判所は，これを受けて，その取決めの効力の発生を宣告する。裁判所によるこの効力発生の宣告は離婚オーダーの効力発生の前提要件とされている（オーストラリア連邦家族法55条のＡ，リサ・ヤング訳・監修小川富之「オーストラリア家族法(1)」戸時630—55）。また，裁判所によるオーダーによって否定されない限り，子どもに関する責任は父母が共有するとされている（リサ・ヤング訳・監修小川富之「オーストラリア家族法(3)」戸時631—60）。

親権の国際比較を概観するものとしては，田中通裕「比較法の概観」（家族24—98）等がある。

日本でも，現行法施行直後から親権の見直しが議論され，子のための親子法に特化することを意図して，すでに1959年には，「法制審議会民法部会小委員会における仮決定・留保事項その二」（1959年）における親権の項で，親権という統一的概念を廃止し身上監護権と財産管理権とに分ける案，親権制度を廃止し後見制度に統一する案等が併記されていた。また，昨今，共同親権の提案や議論も活発である（共同親権，許末恵「親権をめぐる法規制の課題と展望」家族24—126，水野紀子「家族法改正―婚姻・親子法を中心に　親権法」ジュリ1384—58，犬伏由子「親権・面会交流権の立法課題」家族26—35，大谷美紀子「別居・離婚に伴う子の親権監護をめぐる実務上の問題」ジュリ1430—19等）。

3　日本の親権・監護権制度の概要

親権・監護権の決定基準の前提として，日本の親権制度の概要を以下に示した。

渉外離婚においても，日本の親子法が準拠法となる場合，日本の親権や監護権の制度及びその内容について，正確に両当事者に伝えることがまず必要である。日本法令外国語訳データベースシステムによると，「親権」は「Parental Authority」と訳されることが通例である。しかし，法制度の異なる国の当事者に対して，この訳語を伝えるだけでは，日本の親権の内容は正確には伝わらない。

日本における居所指定権を含む身上監護権に対して，外国法では，子とともに住む権利（身上監護権や居住権と呼ばれる）と，子の居所や教育・医

療等，子に関する重要事項の決定に関する権利とが区別されることが多い。さらにいえば，共同親権制の多くの国では，身上監護権を単独で有していても，居所指定権は共同で他方親にも留保されていることが多い。

他方，日本法の下では，親権の内容は，「子とともに住む権利を含む身上監護権，子の居所指定権，子の財産の管理権，子の財産上の法律行為についての代理権，さらに，法律に明文がある場合には子の身分に関する行為の代理権」と説明されることが多い。

そこで，特に，外国人親に対する説明としては，単独親権制の具体的な意味として，親権者が子の居所指定を含む子に関する重要事項の決定を単独で行う権利を有することを明確に説明することが重要である。ただし，子の身上監護を共同で行うことや，子に関する重要事項の決定について非親権親と協議すること等を当事者間で合意することは可能であることも合わせて説明するとよい。

逆に，外国の制度につき，「親権」「共同親権」等の日本語訳がなされることが多いが，日本の親権とは異なることを踏まえておく必要がある。

(1) 日本の親権

親権とは，未成年子を自立した成人となるよう養育監護する職分であり，子の福祉，子の利益を守るために親に認められた特殊の法的地位と理解するのが通説であり，子に対してはむしろ義務性が重視されている。一方，子に対する義務を遂行するために他者からの不当な干渉を排する場面では権利性が必要とされる。

成年に達しない子は，父母の親権に服する（民818条1項）。2009年10月28日，成人年齢の18歳への引下げが法制審議会民法成年年齢部会より答申されたが，改正時期は未定である。

婚姻中，父母は共同して親権を行い，父母の一方が親権を行うことができないときは，他の一方が行う（民818条3項）。他方の同意は黙示でもよい（最二小判昭和32.7.5裁判集民27-27）。しかし，父母の意見が一致しない場合については規定がなく，立法の不備であると指摘されてきた。父母の一方が，共同の名義で，子に代わって法律行為をし又は子がこれをすることに同意したときは，その行為は他の一方の意思に反したときであっても，そのた

めにその効力を妨げられない。ただし，相手方が悪意であったときはこの限りでない（民825条）。また，父母の一方が，他方の意思に反して単独名義の代理行為をした場合は，学説は，民法110条が適用ないし類推適用され，一方名義の代理行為をした親権者に権限があると信ずべき正当な理由を有する相手方は保護するとしている（窪田充見『家族法―民法を学ぶ』有斐閣2011年288頁）。

父母が協議離婚するときは，協議により，その一方を親権者と定めなければならない（民819条1項）。親権者の指定は離婚の要件であって，未成年子がいる場合には，親権者の指定のない離婚届は受理されない。親権について協議が調わない場合は，離婚の調停申立てを行い（調停前置主義，家審18条，家事257条1項），調停でも合意できずに離婚裁判となる場合には，裁判所が親権者を決定する（民819条2項）。

子の出生前に父母が離婚した場合は，親権は母が行うが，出生後に父母が協議で父を親権者と定めることもできる（民819条3項）。父母が協議をすることができないときは，家庭裁判所は協議に代わる審判をすることができる（民819条5項）。親権についての協議が調わないときは協議離婚の届出ができないので，親権の決定が，離婚訴訟に附帯せずに単独で審判事件となるのは，親権者欄が記載漏れのまま誤って離婚届が受理されたり，親権についての合意がないのに一方が勝手に離婚の届出を行い，離婚のみが先に有効に成立してしまったような場合のみである。親権が定まった後にも，子の利益のため必要があると認めるときは，家庭裁判所は，子の親族の請求によって，親権者を他の一方に変更することができる（民法819条6項）。

(2) 親権の内容（効力）

日本の親権は，子の身上に関する権利義務（身上監護権）と，子の財産に関する権利義務（財産管理権，法定代理権）を含んでいる。

① 身上監護権

親権者は，子を監護教育する権利と義務を負う（民820条）。親権者の居所指定権（民821条），懲戒権（民822条）及び職業許可権（民823条）は，親権者による監護教育の義務をまっとうするためのものと解されている。2011年に，民法822条から「懲戒場」に関する規定は廃止されたが，1項の懲戒

自体は残った。懲戒とは，親権者が子の非行・過誤を矯正指導するために，その身体又は精神に苦痛を加える私的制裁と解されているが，廃止論が有力である。

② 財産管理権・財産に関する法律行為の代理権

親権者は子の財産を管理し，その財産に関する法律行為についてその子を代表する（民824条1項本文）。「代表」は「代理」と同義であり，日本の親権者は子の財産に関する法律行為について広汎な代理権を有している。

③ 身分上の行為の代理権

一方，身分上の行為は本来代理に親しまず，未成年者も意思能力を有すれば，子自身が有効に単独でなしうる。そして，親権者が身上監護義務を適切に果たすために，民法が明記した場合のみ，親権者は代理権ないし同意権を有する【表】。

【表：子の身分上の行為についての親権者の代理権が認められる場合】

> ① 母が嫡出否認の訴えの被告となること（民775条）
> ② 認知の訴えの原告となること（民787条）
> ③ 15歳未満の子の氏の変更の許可申立て（民791条3項）
> ④ 15歳未満の子の縁組の代諾（民797条）
>   ただし，養子となる者の父母で監護すべき者が他にあるとき（民797条2項），あるいは親権を停止されている者があるとき（民797条2項：2011年追加）はその同意を得なければならない。
> ⑤ 15歳未満の養子の離縁の代諾（民811条2項）
>   離縁後に法定代理人となるべき者（＝実父母）が代諾する。
> ⑥ 15歳未満の養子の離縁の訴えの原告・被告となること（民815条）
>   ⑤と同様である。
> ⑦ 養親が未成年者である場合の縁組の取消し（民804条）
>   養親（未成年者本人のこと）又はその法定代理人（未成年者の親権者である父母）から取消請求できる。
> ⑧ 婚外子を産んだ未成年者の母の親権の代行（民833条）
> ⑨ 相続の承認・放棄（民917条）
>   ※ ①②⑦は，親権者と子に重畳的に認められる。⑤⑥は，将来の法定代理人に認められている。

親権の行使は，子の利益のために行われなければならず，家庭裁判所は，父又は母による虐待又は悪意の遺棄があるときその他親権の行使が著しく困難又は不適当であることにより子の利益を著しく害するときは親権停止

（民834条）の審判を，父又は母による親権の行使が困難又は不適当であることにより子の利益を害するときは2年を超えない期間の親権一時停止（民834条の2）の審判をすることができ，これらの場合には，親権者変更（民819条6項）の理由にもなりうる。

4 日本法における離婚後の親権・監護権の分属

　民法766条1項は，協議離婚の際の監護者の決定について，同条2項は監護者の変更について定めている。通常，日本人間の離婚において，親権者とは別に監護者を決定することは少ないが，法文上は可能であり，実際にも親権・監護権の分属の合意が行われる場合がある。また，同条は別居の場合に類推適用されている（東京高決昭和57.6.1家月35－9－72等）。

　親権・監護権の分属合意は，共同親権や共同監護の代替としてなされることがある。調停や協議離婚ではときどき見られるものの，審判や判決で分属が認められることは極めて例外的である。夫を親権者とする協議離婚をしたが，離婚前より妻が継続監護しており，妻に未熟な点があるという事案で分属が認められている（仙台高決平成15.2.27家月55－10－78）。横浜家裁平成5年3月31日決定（家月46－12－53）は「未成年者らの健全な人格形成のために父母が協力することが可能である場合には，協力関係が形成されることが望ましい」として分属に積極的意義を認めたが，東京高裁平成5年9月6日決定（家月46－12－45）により分属は否定された。

　一般に，父母間の協力が見込めて分属が有効にはたらく事案では，裁判所に紛争として持ち込まれないので，分属の裁判例がほとんど存在しないのは当然である。裁判所が分属に消極的であるのは，当事者間での協議を成立させる力のない元夫婦間においては，分属がかえって紛争を招いたり，後に再び親権・監護権紛争として裁判所に戻ってくることが珍しくないからである。

　親権者と監護者が分属する場合，監護者は，親権の内容のうち，子の監護及び教育をする権利義務を有し，子の引渡請求権も有するとすることについては争いがない。実際には，普段の日々の生活における子に関するほとんどの権能を監護者が有することになり，親権者でなければできないことは例外的である（パスポートの申請，子を代理して訴訟をするなど）。ただし，

親権者と監護者のそれぞれの権能の範囲については，民法に特段の定めがなく不明確である（清水節「親権と監護権の分属」判タ1100—144，小田正二「子の監護紛争における裁判所内外の専門家の役割」新大系②386頁）。

また，「監護者」は戸籍の記載事項ではなく公示されないため，その法的立場は弱い。例えば，15歳未満の子についての代諾養子縁組の成立には監護者の同意が必要であるが（民797条2項），配偶者の直系卑属を養子とする場合（配偶者の連れ子を養子とする場合）には家庭裁判所の許可も不要であり（民798条ただし書），監護者の同意なく親権者が縁組届を届け出ることは容易である。ただし，監護者の同意のない縁組は，縁組取消請求の原因にはなる（民法806条の3）。

未成年子のパスポートの申請には法定代理人親権者の署名が必要である。分属の場合，監護者でない親権者が子のパスポートを入手し，国外に連れ出すことも可能となるので，この点においても，渉外離婚の場合には分属には慎重であるべきである。

5　日本法における離婚後の共同監護

離婚後，単独親権であっても，父母間で共同監護を合意することは可能である。

監護者指定審判において，国内事件において離婚後の共同監護の結論をとるものはないが（そもそも審判にまで及ぶのは父母が高葛藤状態にあり共同監護が不適切な紛争事案であるため），調停や協議離婚では共同監護の合意は存在する。日本法には共同親権の選択肢がないため，離婚後も協力が期待できる父母の場合には，共同監護の活用を肯定する見解も有力である（石川稔「監護者の地位と権限」野田215頁，判タ747—277，棚村政行「離婚後の子の監護」石川231頁等）。

民法766条1項は，「父母が協議上の離婚をするときは，子の監護をすべき者その他監護について必要な事項は，その協議で定める。」と定めており，条文上も共同監護を排斥していない。

共同監護を合意しても，実際には主たる監護者は一方のみであることが一般的であるが（外国における共同監護もこれが一般的である），1週間を3日と4日に分け，子が双方の家を往来するといった，実質的にも共同監護

である事案が国内離婚にも存在する。後者では，双方の自宅に子どもの服，本，おもちゃ等があり（つまり子どもごとに2セットずつ購入），保育園への送迎の日時など絶えず連絡を取り合うというような方法がとられている。しかし，このような居所の定まらない方法は，子が幼い時期にはなんとか成り立つが，就学前であっても子の自我が目覚めるとともに子に情緒不安をもたらすようになる。そして，父母ともにそれを自覚しはじめると，譲歩できる父母の場合はよいが，主たる監護者になることを目指して父母双方から子の囲い込みがはじまり，葛藤が増し，そうした葛藤にはさまれることがさらに子の利益を害し，結局，裁判所に監護紛争となって持ち込まれるという場合もある。

6　渉外離婚における共同監護的合意

渉外離婚においては，日本人間における前記のような親権・監護権分属合意や共同監護の合意のほか，さらに詳細に，具体的には次のような事項についての共同監護的合意をする場合がある。

【渉外事件における監護に関する合意事項の例】

> ①　転居についての事前協議や通知
> ②　養子縁組について，非親権者との協議・同意
> ③　教育・医療等，子に関する重要な事項についての非親権者との協議・同意・情報開示
> ④　子の氏の変更についての非親権者の同意
> ⑤　親権者死亡の場合の非親権者による監護

②及び④については，民法では，子が15歳未満の場合に，縁組の代諾(民797条)及び子の氏変更申立て(民791条1項)はいずれも親権者単独の権能とされているので，これとは異なる合意をするものである。②については，親権者とは別に監護者である父又は母がいるときは，その同意が縁組の要件とされるが(民797条2項)，非親権者は監護者ではないことが通常であるので，別途，非親権者の同意も必要である旨合意をするものである。

⑤については，離婚後の単独親権者が死亡した場合，民法819条6項（親権者変更の規定）により生存親を親権者に指定できるかという問題として論じられる問題と関連する。単独親権者死亡の場合には後見が開始し

(民838条),単独親権者は遺言で未成年後見人を指定することもできるが(民839条1項),死亡した単独親権者の父母,つまり子の祖父母と生存する非親権者である親との間の紛争となることがある。通説判例は,後見人がすでに就職しているか否かにかかわりなく,生存する親が親権者として適任であるか否かを審理し,適任であれば親権者の変更をなしうるとしている。単独親権者死亡後,すでに生存親が子を引き取って養育中である事案では,特段の事情のない限り実親への親権者変更が認められているが(福岡高決昭和55.6.15家月34-11-27),長く親子としての交流がなかった事案では,直ちに変更は認められにくい傾向がある(東京高決平成6.4.15家月47-8-39,福岡家小倉支審平成10.2.12判タ985-259,福岡家小倉支審平成11.6.8家月51-12-30)。上記合意はこうした紛争を回避し,単独親権者死亡後の監護者をあらかじめ決めておこうとするものである。

　ただし,②ないし⑤については,こうした合意があっても,ひとたび紛争になれば,親権者変更や監護事項に関する決定・変更は裁判所が子の利益を基準としつつ後見的な立場から行うものであり,当事者の合意は参考にはされるが,無条件に優先するものではない。

　なお,国外への一方的連れ出しを阻止するため,パスポートを裁判所が預かる制度は日本にはないが,外国における監護命令で命じられるような,パスポートを子の居所国に居住している子の祖父母が預かる合意や,非親権者が子と海外旅行をする際には,非親権者は旅程表を子の居住国を本国法とする父又は母に事前に提出し,一定の金員を保証金として預けるなどの合意も,まだ実務では見当たらないが,双方当事者が合意すれば可能と思われる。

【外国人に日本法の親権や親子の制度を説明するポイント】

1　日本では，離婚後，父母の一方が子についての監護養育権・法定代理権を喪失する。ただし，離婚後の共同監護を法は禁じられておらず，協議が可能であれば，監護のあり方を柔軟に決めることができる。
　例えば，子についての居所指定権は，「親権」の権能に含まれているが，子の居所指定や変更に非親権者が関与するためには，居所指定に関する協議や通知の合意をする必要がある。

2　監護養育権・法定代理権を失っても，法的な親子関係は存続し，親子間相互の扶養義務（民877条1項）や法定相続権（民887条1項・889条1項1号）は，離婚後も存続する。

3　日本にも，面会交流の規定があり（民766条1項），子どもとの面会交流を家庭裁判所に対して申し立てることができ，家庭裁判所は，一切の事情を考慮して子の福祉に反しない限り面会交流を命ずることができる。
　家庭裁判所は，原則的に認める方向で当事者に働きかけ，粘り強く説得し，試行面会も試みて合意形成を促している。裁判所の命令によるよりも合意が形成された場合の方が，実施率が高いと裁判所は考えている。合意が成立しない場合には，裁判所が，子の利益を最も優先して，面会交流の事項を定める。面会交流を支援する社会的インフラはまだ不十分であるが，近時，民間団体が増えつつあり，面会交流を促進する動きは強まっている。

4　親権者は，15歳未満の子について，子に代わって養子縁組の承諾の意思表示をすることができる（代諾養子縁組。民797条1項）。ただし，養子となる子を非親権者が監護している場合には，監護親の同意が必要である（民797条2項）。
　実際には，監護者が親権者とは別に存在していることは，戸籍には記載されないために，監護親の同意がないにもかかわらず，代諾養子縁組の届出が受理されてしまうことがある。ただし，監護者の同意のない代諾養子縁組については取消し請求をすることができる（民806条の3）。

5　日本の普通養子は，欧米の養子制度とは異なり，実親と子の親子関係は断ち切られない。養親ができると実親の扶養義務はほぼ0に近くなるが，親子間の相続権は従前同様，存続する。

第2　親権・監護権の決定・変更の基準

1　はじめに

　離婚後の親権者の決定につき，当事者間の協議が調わない場合，家庭裁判所が審判あるいは判決によって決定する（民819条2項・5項，人訴32条3項）。なお，監護者は戸籍事項ではないが，離婚後も，親権者とは別に定める場合があり，協議が調わない場合には審判によって決定する（民766条1項）。

　2009年に日本で成立した双方又は一方が日本人である離婚においては，親権者となった者の割合は，母が79.8％，父が16.1％，複数の子を父母で分けあったケースが4.0％であり（厚労省・平成21年度人口動態統計特殊報告），母が親権者となる割合が圧倒的に高い。

2　決定基準の概要

　親権者・監護者の決定や変更は，「子の利益」（親権の変更につき民819条6項，監護者につき民766条2項）を基準として，一切の事情を考慮して行われなければならない。子どもの権利条約は，児童に関するすべての措置をとるに当たっては「児童の最善の利益」が主として考慮されるとする（同条約3条1項）。

　どのように決定することが「子の利益」や「児童の最善の利益」にかなうかに関しては，おおむね，後掲【表】のような事情の総合的な比較考量によって決定されている（野田愛子「子の監護に関する処分の基準について」『家族法実務研究』判例タイムズ社1988年186頁，清水節「親権者の指定・変更の手続とその基準」判タ1100－155，若林昌子「親権者・監護者の判断基準と子の意見表明権」新大系②383頁，松原正明「家裁における子の親権者監護権者を定める基準」判タ747－306，秋武122頁等）。親権者変更に関しては，後述7のとおり，さらに，「著しい事情の変更」の要件が付加される。

　基準の中で「奪取の違法性」や「面会交流の許容性」が重視されるようになったのは，比較的新しい。「面会交流の許容性」は，基準としての順位は低いが他の基準とあわせて採用する裁判例があらわれている。「母親優先基準」は公表例では後退し，2003年頃を最後に見られなくなり，その後「母性的養育者の存在」という基準があらわれた。しかし，これに関し

ても,「性差を感じさせる『母性』という用語を判断に際し用いることはもはや適切でない」(松本5頁)と,裁判官からも批判されており,「主たる監護者」による監護継続の必要性が検討されて判断されている。なお,日本の妻の1日あたり家事育児関連時間は3時間3分であるのに対し,夫のそれは25分にすぎず(総務省・社会生活基本調査2006年),諸外国に比し,性別役割分業の偏りが著しい。このため,同居中の「主たる監護者」が母親であることが多く,母親尊重基準ではなく監護の継続性の基準によっても,圧倒的に母が親権者となることが多い。また,婚姻中に父の育児へのかかわりが弱いことが離婚後の面会交流を困難にする大きな要因ともなっている。

【表:親権・監護権決定・変更の際に考慮すべき事情】

◇ 父母側の事情
　監護能力と意欲,監護の実績,子との情緒的結びつき,心身の健康,性格,経済力,生活態度,直接子に対してなされたか否かを問わず暴力や虐待の存否,居住条件,居住環境,保育あるいは教育環境,子に対する愛情,従来の監護状況,親族等監護補助者による援助の有無,監護補助者に任せきりにしていないか,奪取の違法性,面会交流の許容性など

◇ 子の側の事情
　年齢,性別,心身の発育状況,従来の養育環境への適応状況,環境の変化への適応性,子の意向,父母および親族との結びつき,きょうだいの関係など

3　調査方法

　親権,監護権,子の引渡し請求,面会交流などの子の監護紛争に関する事項の調停,審判あるいは裁判において,上記【表】の考慮要素等を調査するため,家庭裁判所調査官による事実の調査が実施されることが多い(人訴34条1項,家審規7条の2・137条の2第1項2号,家事58条)。

　家庭裁判所調査官は,家庭裁判所及び高等裁判所に置かれ,心理学,教育学,社会福祉学等人間関係の諸科学の専門知識を有し,家事審判,家事調停,人事訴訟事件における附帯処分等の裁判等に必要な調査やその他の事務を行う専門職であり,裁判官の命令に従って職務を行う(裁判所法61条

の2）。調停や審判では，調査官も出席し意見を述べる場合があり（家審規7条の4，家事59条1項2項，人訴規には規定がない），調査官が，当事者への助言援助を行うなどさまざまな調整措置（家審規7条の5，家事59条3項，人訴規には規定がない）をとる場合もある（小田正二「子の監護紛争における裁判所内外の専門家の役割」新大系②374頁，秋武・岡152頁）。客観的にみていずれが親権者となるべきかが明白であるような事案（例えば，夫婦の一方による単独監護の実績が長く子自身も強く現在の監護者のもとで暮らすことを望んでいる場合）であっても，調査の公平性を保ち，別居親に現在の監護情報を適切に開示し，親権者となれないことを十分納得してもらい合意形成を促すためにも，調査が実施される場合がある。

　事実の調査としては，①子の監護状況・非監護親の監護態勢，②子の意向確認，③親権者又は監護者としての適格性についての包括調査等が典型例であり，方法は，父母との面接，子との面接，子が親の一方といる場面における子の状況の観察，保育園，幼稚園又は学校の先生との面接，家庭訪問などによる。人事訴訟においては，主張整理や証人尋問実施後に争点が明確になった段階で調査命令が発令され，①②の調査や監護親と子又は非監護親と子との交流場面の観察がなされる場合が多い（秋武・岡154頁）。

　裁判官により調査命令がなされると，調査官は調査のうえ調査報告書を作成する（人訴34条3項，家審規7条の2第3項，家事58条3項）。調査官は，調査報告書に意見を付することができる（人訴34条4項，家審規7条の2第4項，家事58条4項）。当事者は，調査報告書を含め審判事件の記録の閲覧謄写を申し立てることができ，裁判所が相当と認めるときは許可されるが（家審規12条1項），家事事件手続法は手続保障をさらにすすめて裁判所は許可しなければならないものとし（家事47条3項），未成年者の利益を害する等の事情がある場合には，非開示とされることとなった（人訴35条，家事47条4項）。

4　子からの聴取・意思の把握

　親権や監護権を決定するに際しては，子が満15歳以上の場合，家庭裁判所は，その子の陳述を聴かなければならない（人訴32条4項，家審規54条・70条・72条，家事152条2項・169条2項）。15歳以上ともなれば，子自身が家庭裁判所に出向くことも可能であるので，家庭裁判所内で聴取が行われる場合

もある。父母双方の影響を避けるため，聴取には父母の立会いは認められないのが一般的である。子が相当に大きい場合には，子自身の陳述書の提出によって済ませる場合もある。

　15歳未満であっても，子が意見を表明できるようになる年齢の場合，家庭に出向いて子の生活状況調査を行うと同時に，子の意向調査が行われている。いきなり，父母双方のどちらと暮らしたいかといった子に困難な選択をせまるような調査はなされず，子の年齢，発達状況，子のおかれた状況などに応じて，子との対話により子の反応を観察し，時には心理テスト等の補助的方法を用いて調査を行っている。最近の研究報告として，大阪家庭裁判所調査官ら研究「離婚調停事件における子の調査の在り方の検討に向けて―子の福祉に資する子の調査を目指して―」（家月63-12-103）がある。

　こうした運用をふまえて，子の意見表明権にも配慮し，家事事件手続法は，年齢を問わず，「家庭裁判所は，親子，親権又は未成年後見に関する家事審判その他未成年者である子がその結果により影響を受ける家事審判の手続きにおいては，子の陳述の聴取，家庭裁判所調査官による調査その他の適切な方法により，子の意思を把握するよう努め，審判をするに当たり，子の年齢及び発達の程度に応じて，その意思を考慮しなければならない。」（家事65条）との規定をもうけた。

5　子の手続参加・子の手続代理人

　家事事件手続法は，未成年子であっても，子の監護に関する処分や親権者の指定など子自身にかかわる重要な調停及び審判事件において，子の意思能力があれば，子自身が審判や調停の手続に参加できること，すなわち，未成年子が，自身が事件の対象とされている事案につき，利害関係人として参加できること，法定代理人によらずに子自身でその手続ができること（手続行為能力の肯定），及び手続代理人として弁護士が選任されるうることを認め，その規定が新設された。

　新規定であるのでやや詳細に述べると，以下のとおりである。
未成年者は，原則として，法定代理人によらなければ，訴訟行為をすることができない（民訴28条・31条，家事17条）。しかし，家事事件手続法は，離婚

に関連する事件として下記の事件において，未成年者が法定代理人によらずに自ら手続行為をすることができるとした。

- 子の監護に関する処分の審判事件（家事151条2項，同118の準用）
- 親権者の指定又は変更の審判事件（家事168条7項，同118の準用）
- 子の監護に関する処分の調停事件（家事252条1項2号）
- 親権者の指定又は変更の調停事件（家事252条1項4号）

上記の各事件において，子が手続行為をする場合とは，審判の結果による直接の影響を受ける者として，家庭裁判所の許可を得て，利害関係人として参加（家事42条）する場合が考えられる。そして，未成年者が上記の手続行為をしようとする場合に，必要があると認めるときは，裁判長は，申立てにより，弁護士を手続代理人に選任することができ（家事23条1項），申立てのない場合においても，裁判長は，弁護士を手続代理人に選任すべき旨を命じ，又は職権で弁護士を手続代理人に選任することができる（家事23条2項）とした。上記規定に関し，立案の過程で子どもの代理人制度の創設が議論されたが，ややあいまいな決着となったので，論者によって捉え方が異なっている。子どもの代理人制度の導入は見送られたとするもの（小池泰「家事審判・家事調停の改革についての評価と課題—実体法の視点から—」法時1039—28，梶村太市「家事審判・家事調停の改革についての評価と課題—実務家の視点から—」法時1039—37等）と，子どもの代理人として発展させる積極的な根拠としていこうとするもの（本山敦・増田勝久・佐々木健・梅澤彩「特集　家事事件手続法と子ども代理人」戸時676-2）があるが，今後の実務の進展次第であろう。

6　親権者・監護者の決定基準

　父母双方とも，監護能力に特段の問題がない場合の決定基準について，少し詳しく述べる。

(1)　監護の実績・継続性（現状の尊重）

　現実の監護者と子の継続的な心理的結びつき（情緒性の環境）を尊重することが子の福祉にかなうと判断するものであり，これを優先的な基準として採用する裁判例は多い。(3)で述べるように，乳幼児においても母親優先基準は後退し，監護の実績が優先される傾向にある。ただし，子の年齢が高くなり，子が強く別居親のもとでの生活を希望すれば，監護の実績よ

りも「子の意思」が優先される場合がある。(4)の違法な奪取で始まった監護の場合は，監護の実績は後順位になる。安易な現状の追認を認めると，実力による子の奪い合いを誘発する。別居の最初に子を連れて出た者が，ほとんどそのまま離婚後の親権者となるという現状を改めていくためにも，別居直後の最も不安定な時期における監護者の指定やその保全処分につき，裁判所の迅速な判断が望まれている。

(2) 子の意思

前記4の通り，満15歳以上の子の場合，家庭裁判所は子の陳述を聴かなければならない。

また，子どもの権利条約は，子を権利の主体として位置づけ（条約2条～6条），自己の意見を形成する能力のある子には意見表明権を保障すべきことを定めている（条約12条）。意見表明権は子の最善の利益を保障するための中核的権利とされている。意思能力には個人差があり，一律に何歳以上とは決められないが，日本の実務では，おおむね10歳前後以上であれば意思表明能力に問題はないとされている（12歳の子についての佐賀家審昭和55.9.13家月34－3－56，約10歳の子の強い意思を基準として父への親権者変更を認めた大阪高決平成12.4.19家月53－1－82等。若林昌子「親権者・監護者の判断基準と子の意見表明権」新大系②394頁）。

就学前の子に関しては，子が別居親に対して強い拒絶反応を示しても，優先基準とはされないのが一般的である（6歳女児の母に対する強い拒否的態度に関して東京高決平成11.9.20家月52－2－163）。

また，未成年子は同居親の影響を受けやすく，言葉と真意が一致しない場合もあり，事案ごとの子の発達段階に応じた適切な評価が必要である。子の真意を見逃す結論が下されると，10歳未満の子であっても自身で家出して他方の親の家に移動してくることもあり，子への負担が大きい。

(3) 母親優先・母性的監護から主たる監護者へ

少し前までは，子が乳幼児の場合，「母が監護養育するのを不適当とする特段の事情のない限り，母を親権者と定め，監護養育させることが子の福祉に適合する」（静岡家沼津支審昭和40.10.7判タ198－199等）とする「母親優

先の原則」が採用され，父による継続監護に特段の問題のない場合にも，母を親権者とし母への引渡しを命ずる審判がなされることが長く続いてきた。こうした絶対的な母親優先は性差別であるとの批判を受け，母親優先を明記するものは，2003年の裁判例（東京高決平成15．7．15判タ1131－228）以降は公表例では見られない。一方，1990年代終わり頃より，乳幼児につき父を親権者や監護者と指定する場合について，「生物学的な母親」重視に代わって「母性的関わりを持つ養育者」の基準が採用され始めた。父が単独監護中の4歳の子につき，「『母親』というのは，必ずしも『生物学的な母親』を指すのではなく，『母性的な関わりを持つ対象となった養育者』といった広い意味もあり」，父は子が乳児の頃から，そして現在の平日においても，子と過ごす時間をできるだけ大切にし，母性的な関わりの代理に努力してきていることが認められるとして父を監護者とした例（新潟家長岡支審平成10．3．30家月51－3－179）や，離婚訴訟係属中，同居している父方の祖母によって母性的な監護もなされているとして父を監護者と指定するもの（広島高決平成19．1．22家月59－8－39）がみられるようになった。しかし，この表現すら，性差別につながりうるものとしてすでに批判されており（186頁参照），今後は個別の事案ごとに「主たる監護者」による監護の継続の必要性，つまり(1)の基準の検討によって判断されていくものと思われる。

　なお，アメリカでもかつて母親優先原則が存在したが，1970年代から各州でこれを男女平等違反であるとする裁判例が現れ，1980年代には全米でこの原則は廃止され，事案ごとの比較考量基準が採り入れられている（山口亮子「アメリカ法における親の権利と監護権」民商136－4・5－149）。

(4) 奪取の違法性

　一方の親の単独監護継続中に無断で連れ去る，面会交流を機に子を返さないなど，違法な奪取により監護が開始した場合，その後，子が奪取した親の元で安定した生活を送るようになり馴染んだとしても，それは奪取の結果であって追認しないのが近時の裁判例の傾向である（6歳女児の監護者指定及び引渡し請求につき東京高決平成11．9．20家月52－2－163，仙台高秋田支決平成17．6．2家月58－4－71，札幌高決平成17．6．3家月58－4－84，4歳の子の監護者指定

及び引渡し請求につき大阪高決平成17.6.22家月58－4－93，7歳の子の監護者指定につき東京高決平成17.6.28家月58－4－105等。このほか松本29頁に未公表判例）。

　親権の決定は，何より子の利益の観点から判断されなければならないが，違法な奪取は親権者としての適格性判断における重要な事情とされる。引渡しの実現は法的手段によるべきであり，「実力行使による子の奪取は，その子が現在過酷な状況に置かれており，法律に定める手続を待っていては子の福祉の見地から許容できない事態が予測されるといった緊急やむを得ない事情のある場合を除いて許されないというべきである」（名古屋地判平成14.11.29判タ1134—243）。また，離婚係争中の夫が妻の監護下の2歳の子を有形力を用いて連れ去った行為につき，未成年者略取罪が成立するとされた（最二小決平成17.12.6刑集59－10－1901）。

　しかし，違法な奪取後の期間の長さによっては，子の意思を優先させざるを得なかった事案もある。父が幼稚園から男児を無断で連れ去り長い紛争を経て8年後に，約10歳の子の強い意思を基準として母から父への親権者変更を認めた事案がある（大阪高決平成12.4.19家月53－1－82）。同じ結論をとる原審は，事件本人が実母に負のイメージを抱かせ続けることの弊害及び父がそれを十分理解して解消の努力をすべきことを付記している。

(5) 他方の親の同意のない単独監護の開始（子連れ別居）

　共同親権を有する父母が別居を最初に開始するに際して，一方が他方の親の同意を得ず単独監護を開始すること（子連れ別居と表現されることが多い）について，日本においては，子を連れて出たこと自体は，暴力的な態様でなされるなど特段の事情がない限り，他方の親権行使が困難あるいは不可能となったとしても，直ちに他方の親権を侵害する不法行為を構成するものとは解されていない。

　離婚原因としての悪意の遺棄（民770条1項3号）は，「社会的・倫理的非難に値する要素を含むもの」（新潟地判昭和36.4.24判タ118—107等）と解されており，相当な理由がある場合の夫婦の別居は法的に非難されない。家を出る者が，未成年者の従前の主たる監護者である場合には，監護の継続が子の利益にかなうと考えられているため，あるいは，父母いずれによる場合であっても，連れて出ること自体は原則違法行為にあたらず，判断すべ

きは，別居後の監護状況などを審査したうえでの迅速適切な監護者決定であると考えられている。この点，近時，ハーグ条約との関連でしばしば問題にされるので，以下，国内の事案につき，少し詳細に裁判例を紹介する（ハーグ条約事案との対比をするものとして早川眞一郎「『子連れ里帰りの征くへ』－ハーグ子奪取条約と日本－」加藤一郎先生追悼記念論文集『変動する日本社会と法』有斐閣2011年，大阪高裁の未公表例を中心に評釈するものとして松本）。

父による子の連れ出しにつき，違法性が認められなかった例（大阪高決平成21. 9. 1，同平成22. 1. 15，同平成20.10.22いずれも未公表，家月63－9－14,19,36に要約）につき，松本は「父親については，主たる監護者であったとは必ずしもいえない場合が多いが，これらの事例では，子の今後の監護養育について，父親が少なくとも当面の見通しを持っているなど，子の保護の観点からみても，特段の問題がないといった事情から，別居の際の連れ出しについては，違法性がないか，低いと評価されているものと推量される」と評釈している（松本31頁）。

一方，父による子の連れ出しにつき違法性が認められた例（大阪高決平成21.12.15未公表，家月63－9－32に要約）では，「別居後，主たる監護者であった母親が監護する4歳の未成年者を父親が母親の意に反して連れ去り，母親が未成年者の引渡しを求めた事案である。父親は，抗告理由として，穏当な態様による連れ去りであるから違法ではないと主張したが，抗告審は，『暴力等を伴わなければ違法にならないということはなく，また，相手方（母親）が未成年者の引渡しを拒否する意向は明らかであるのに，これを無視して父方祖母と共に未成年者を連れ帰った行為が穏当な態様であるともいい難いことからすると，抗告人（父親）の上記主張は採用できない。』とした」（松本32頁）。

母による連れ出しにつき違法性が認められなかった例（母による子連れ別居後，父が無断で連れ去った大阪高決平成17. 6.22家月58－4－93）は，その理由中で，「相手方（母親）は，未成年者の出生から抗告人（父親）との別居までの間，未成年者の監護を主として担っていたものであるから，そのような相手方が抗告人と別居するに際して，今後も監護を継続する意思で，未成年者とともに家を出るのは，むしろ当然のことであって，それ自体，何ら非難されるべきことではない」とした。松本は，「抗告審が，『未成年者と

ともに家を出るのは，むしろ当然』という点は，やや極端とも思えるが，従前の監護状況や未成年者と主たる監護者との親和関係を前提としての判断と解される。」と評釈する（同旨の例として，札幌家苫小牧支審平成17．3．17家月58－4－86）。東京高裁平成17年6月28日決定（家月58－4－105）は，「（子）の年齢やそれまでの監護状況に照らせば，（母）が別居とともに（子）を同行するのはやむを得ないものであり，これを違法又は不当とする合理的根拠はない。」とやや穏当な表現をしている。同じく，母による子の連れ出しにつき違法性が認められなかった例（大阪高決平成22．3．15未公表，家月63－9－33に要約）では，原審は，母親は未成年者を連れ出すについて無理矢理同人を奪い去るなどの暴力的行為に及んでいるわけではないこと，家庭裁判所の手続を全く無視する態度までは窺われないこと，それまで同居して監護に当たっていた母親が未成年者を連れて家を出たもので，別居中の非監護親の監護下に置かれていた子を連れ去る場合とは状況を異にすることなどから，母親の行為には違法性はないとし，抗告審もこれを支持した。高裁決定は，「抗告人（父親）は，未成年者の連れ出しが，未成年者の生育環境を一方的に変更するものであると主張するが，未成年者にとってはその両親の別居そのものが生育環境の大きな変化であって，これが避け得ない以上，出生以来主として未成年者の監護に当たってきた監護者が未成年者の監護を継続するために，未成年者を連れて自宅を出るに至り，そのため未成年者の生活環境に変化をもたらすとしても，無理矢理未成年者を奪い去るというような暴力的行為に及んでいるわけではないから，これを違法ということはできない。」とした。松本は，「ただし，これに違法性がないと評価されたのは，母親が未成年者出生以来の主たる監護者として監護に当たってきたこと，その監護状況に問題がなかったこと等から，母親の上記行為がなくても母親が監護者と指定されるのが相当な事案であったことが前提となっているものといえよう。」とする。

　渉外事案（国境を越える子の監護に関する問題）については，231頁以下参照。

　共同親権を有する父母間における人身保護法による子の引渡し請求につき，判例は，「拘束者による幼児に対する監護・拘束が権限なしにされていることが顕著である（人身保護規則4条）ということができるためには，

右幼児が拘束者の監護の下に置かれるよりも，請求者の監護の下に置かれることが子の幸福に適することが明白であること，いいかえれば，拘束者が幼児を監護することが，請求者による監護に比して子の幸福に反することが明白であることを要すると解される。……夫婦のいずれか一方による幼児に対する監護は，親権に基づくものとして，特段の事情のない限り適法であることを考えると，右の要件を満たす場合としては，拘束者に対し，家事審判規則52条の2又は53条に基づく幼児引渡しを命ずる仮処分又は審判が出され，その親権行使が実質上制限されているのに拘束者が右仮処分等に従わない場合がこれに当たると考えられるが，更には，また，幼児にとって，請求者の監護の下では安定した生活を送ることができるのに，拘束者の監護の下においては著しくその健康が損なわれたり，満足な義務教育を受けることができないなど，拘束者の幼児に対する処遇が親権行使という観点からみてもこれを容認することができないような例外的な場合がこれに当たるというべきである。」(最三小判平成6.4.26民集48-3-992)としており，子連れ別居の違法性の判断についても，参考になると思われる。

(6) 面会交流の許容性（寛容性）——フレンドリーペアレント・ルール

他方の親と子の面会交流の意義を肯定できるか，他方の親を信頼して許容できるか，元夫婦としての感情と切り離して子に相手の存在を肯定的に伝えることができるかという点も，親権の適格性の判断基準の1つとなりつつあり（榮春彦「子の奪い合い紛争をめぐる法実務上の諸問題」平成15年度春季弁護士研修講座・東京弁護士会104頁，清水120頁，山口亮子「監護者基準としてのフレンドリーペアレント」民商123-4・5—193, 652），裁判例はしばしばその理由中で面会交流の重要性を説いてきた（東京高決平成15.3.12家月55-8-54等）。

欧米に比し，日本では基準としては後順位であるが，親権者変更は認めなかったが母を監護者に指定した事案において，その理由の1つとして，母のもとで父と子との面会交流が期待できると認められることをあげるもの（前掲仙台高決平成15.2.27家月55-10-78），「両親に対する忠誠心の葛藤から情緒的安定を失い，その円満な人格形成及び心身の健全な発達に悪影響を及ぼすことが懸念される（事件本人○が，面接交渉をめぐる抗告人と被抗告人の対立に巻き込まれて，精神的なストレスが高まったことから，じんましんと嘔

吐の症状が出たことは，その表れと見られる。）。……そうすると，抗告人（父）との面接交渉について柔軟に対応する意向を示している被抗告人（母）に監護させ，抗告人（父）に面接交渉させることにより，事件本人らの精神的負担を軽減し，父母双方との交流ができる監護環境を整え，もって事件本人らの情緒の安定，心身の健全な発達を図ることが望ましいというべきである。」として，母を監護者として指定し父に対して子の引渡しを命じた例（東京高決平成15．1．20家月56－4－127）などがある。

(7) きょうだいの不分離

優先的基準ではなく，理由づけを補充する程度に論じられている。幼児期においては，兄弟姉妹が生活をともにすることによってお互いに得る経験は人格形成上得がたい価値があり分離して養育すべきではないとするもの（仙台家審昭和45.12.25家月23－8－45，前掲東京高決平成15．3．12等）がある。しかし，ある程度の年齢に達すれば，その望ましさは必ずしも大きいものではないとされている（11歳男児につき父，8歳男児につき母を親権者とした東京高判昭和56．5．26判時1009－67，15歳女子につき父，12歳男子につき母とした東京高判昭和63．4．25判時1275－61）。

(8) 経済的能力

経済力も監護能力の一内容であるが，重視されていない。経済的困難は，別居親の養育費負担や公的援助により克服できると考えられており，前記の各基準の方が優先する。生活保護を受給していても親権者となることは可能である。外国人の親の中には，在留資格や日本語力の問題から就労が安定しなかったり，低収入である場合があるが，それだけの理由で親権者や監護者の適格性を否定されることはない。

(9) 監護補助者

日本人間の紛争においても後順位の基準である。しかし，渉外事件の場合，日本でひとり親となって子どもを監護養育していく場合に，監護補助者がいないことが問題とされる場合がときどきある。実際にも，子育てには，保育園，学校，医療機関その他種々の機関との十分な連携が必要であ

る。地域に溶け込んでいることや外国人のコミュニティなどの支援を得られていることなどの証明がなされれば適格性を補充する。

(10) **語学力**

日本人当事者が，相手方である外国人の語学力不足を指摘することがある。しかし，ひらがな及びカタカナが読み書きでき，日本語の日常会話がこなせる程度であれば，ほとんど語学力は問題にならないといってよい。ただし，来日間もなく，日本語がほとんど話せないような状況で周囲に適切な支援者もいない場合には，子どもの保護者として学校との連絡も十分にとれないのではと懸念される場合がある。こうした事案では，監護補助者の支援を得る体制を整えた方がよい。

(11) **在留資格**

在留資格の不安定さが問題とされる場合がある。しかし，第9章で詳述する通り，「日本人配偶者」としての在留資格しか有していない外国人親であっても，子の親権者となることによって，「定住者」など別の安定的在留資格を取得できることが多いので，在留資格それ自体によって親権・監護権の決定においてマイナスとなるケースはそれほど多くはないと思われる。

(12) **婚姻破綻の有責性**

親権適格とは直結しない。破綻原因となった暴力的な性格が，監護者としての適格性でも否定的に評価されることはあるが，不貞行為があっても親権適格には影響しない。

7 親権者変更・監護者変更の基準

子の利益のため必要があると認めるときは，家庭裁判所は，子の親族の請求によって親権者を他の一方に変更することができる（民819条6項）。親権者の変更は，親権者の辞任（民837条1項）と類似し義務の放棄を含むので，親権者の指定と異なり，単なる協議ではできず，必ず家庭裁判所の審判あるいは調停によらなければならない（家審9条1項乙類7号・17条，家事二

表八・244条)。

　監護者についても，子の利益のため必要があると認めるときは，家庭裁判所は監護者を変更することができる（民766条2項）。民法と家事審判法ないしは家事事件手続法によれば，監護者の変更も親権者の変更と同様に，審判あるいは調停による方法しか予定されていないようにも読めるが，監護者は戸籍の記載事項ではなく，また親権者の存在を前提とした監護権のみの問題であるので，父母の協議による変更も有効である。

　いかなる場合に，親権者あるいは監護者を「子の利益のために変更する必要があるか」については具体的規定はなく，裁判官の裁量にゆだねられている。親権者の指定は，ある程度将来の事情を予測して決定したものであるし，安定した人間関係，環境のもとで継続的に養育されることが子どもの福祉にかなうため，先になされた指定の後の事情の変更を要するとされ，著しい事情の変更が認められない場合には変更の申立ては却下される（東京高決昭和31. 9. 21家月8－11－37)。しかし，これをあまりに厳格に解すると，かえって子の利益に反することとなるので，ある程度ゆるやかに解する必要があるとの見解もある（若林昌子「親権者・監護者の変更の基準とその手続」判タ747－319)。

　親権者変更・監護者変更の場合には，前記の決定基準のうち，子の意思，現状の尊重などが重要な基準になっている。認容例として，子が親権決定時より非親権者のもとで養育されていたり（東京高決昭和60. 5. 27家月37－10－75)，親権者決定後に子が非親権者のもとに移動し子の意思が明確であるような場合がある（違法な奪取で始まった大阪高決平成12. 4. 19家月53－1－82，子自らの意思で暴力的な父方から母方へ移動した高松高決平成元. 7. 25家月41－12－117等)。

　渉外事案としては，外国で離婚し，共同親権の状態で子どもを連れて日本に帰国した日本人の親が，単独親権への変更を求めたり，外国で親権や監護権を得ることができなかった日本人の親が帰国後，その変更を日本の裁判所に求めるケースがあるが，変更としてではなく「指定」として申し立てられていることも少なくない。この点については，237頁以下参照。

　なお，事実婚の離婚の場合，離婚前にすでに単独親権となっているので，非親権者が離婚後の親権者となることを希望する場合には，親権者変更の規定（民819条6項）を使わざるを得ない。このため審判例では，「著しい事

情の変更」を要件とするものが少なくない。しかし，日本では事実婚の場合に共同親権が認められないため，たまたま夫婦の一方を便宜上単独親権者としていたのみであるので,「著しい事情の変更」を要件とするのは適切ではなく，別居から近い時期の請求であれば，法律婚の離婚と同様の基準で決定するべきであろう。

第3　面会交流

1　面会交流とは

　非親権者や非監護者が，子と会ったり手紙や電話などで交流することを「面会交流」という。1964年に初めて，母から父に対する男児（審判時約7歳）との月1回の面会交流が民法766条2項による監護に関する処分として命じられたが（東京家審昭和39.12.14家月17－4－55。抗告審の東京高決昭和40.12.8家月18－7－31は取り消した。），以来，子の監護について必要な事項（旧民766条1項の準用）又は監護について必要な相当の処分（旧同条2項の準用）として，審判事項の1つとして判断されてきた。（離婚後につき最二小決昭和59.7.6家月37－5－35，別居中につき最一小決平成12.5.1民集54－5－1607）。2011年，民法766条が改正され，「面会及びその他の交流」「子の利益を最も優先して考慮しなければならない」（同条1項）との文言が付加された。

　以前は，「面接交渉」と呼ばれていたが，1996年民法改正案が「面会交流」を使用して以来，「面会交流」の表現が次第に定着し，2011に条文上の文言となった。

　子の監護に関する処分の調停ないし審判事件は年々増加しており（1998年から2008年の10年間で約2倍），その中で大きな割合を占める面会交流事件も増加傾向にある。また，日本において，面会交流を積極的に認容する審判が増えつつあり，特にこの数年の変化は大きい。

2　面会交流の国際比較

　諸外国では，下記の通り，面会交流権が実定法で規定されていたり，あるいは，父母が婚姻しているか否かに関係なく，親権あるいは監護権を共同行使すると定められ，その一環として当然に面会交流が認められるとされていることが多い。

アメリカ（カリフォルニア州）

　父母の別居や離婚後も，子が両方の親と頻繁かつ継続的なコンタクト（frequent and continuing contact）を維持することを確保するのが州のパブリックポリシーであると宣言されている（Cal.Fam.Code 3020条）。裁判所が共同監護の命令を行うとき，裁判所は，面会交流（visitation）が子の最

善の利益に対して有害であることが示されない限りは，相当な面会交流の権利を与えなければならない（同3100条）。単独身上監護の場合でも，身上監護のない親のために，裁判所が面会交流を命令する権限を有する（同3000条-3007条）（原田綾子・調査研究報告193頁）。

イギリス

イギリスでは，親責任という概念を採用し，離婚後も父母は子に対する責任を果たさなければならない。現実には別居親と子の関係を調整する必要があるので，父母は離婚に際して子に関する取決め事項を協議して裁判所に陳述書を提出しなければならず，面会交流は，その取決め事項の一つである。父母間に対立のある場合は，裁判所が子ども法8条による命令を出すことができ，これに交流命令（contact order）も含まれる。交流命令を守らなかった場合には，裁判所は履行強制命令を出すことによって，無償労働を課したり，交流のために非監護親が予約していたホテル代等の経済的損失に対する補償を命ずることができる（南方暁・調査研究報告227頁）。

ドイツ

連邦憲法裁判所の判例によって，配慮権（監護権）を持たない親が子と交流（Umgang）する権利は，基本法6条2項1文が保障する親の自然権であると認められてきた。父母は，婚姻関係にあるか否か，配慮権者であるか否か，同居の有無にかかわらず，子と交流する義務を負い，かつ権利を有することが規定されている（BGB1626条3項）（高橋由紀子・調査研究報告252頁）。

フランス

フランス民法典は，父母が親権を共同行使している場合における子と非同居親との面会交流を「親権行使の態様」の1つと位置づけ（フランス民法373-2-6条など），例外的に父母の一方が親権を単独行使している場合における他方の親について「訪問および宿泊権（droit de visite et d'hebergement）」（同373-2-1条）を認めている（色川豪一・調査研究報告270頁）。

中華人民共和国

中華人民共和国婚姻法では，「離婚後，直接子を養育していない父又は母は，面接交渉の権利を有し，他方はそれに協力する義務を有する。面接交渉権の行使方法・期日は当事者の協議による。協議が成立しないときは，

人民法院の判決による。父又は母の面接交渉が，子の心身の健康にとって不利である場合には，人民法院は法に基づき面接交渉を中止させる。その中止事由が消滅した後は，面接交渉権を回復させなければならない。」(中国婚姻法38条)と規定されている（加藤186頁）。

大韓民国

大韓民国民法では，「子を直接養育しない父母の一方と子は，お互いに面会交流できる権利を有する。家庭法院は，子の福利のため必要なときは，当事者の請求又は職権により，面会交流権を制限し，又は排除することができる。」(韓国民法837条の2)と規定されている。

また諸外国では，親のほか，祖父母兄弟姉妹，親のパートナーなど，子の福祉に資する限りで広い範囲で面会交流権が認められることが多く，親以外には権利としては認められていない日本との違いもしばしば問題となる。日本人間の事案においても，祖父母の面会交流に対する要望はかなり強い。

外国人親が面会交流を求める事案では，面会交流の頻度や長さ，宿泊の有無，第三者の立会の有無，祖父母との面会交流の要求，長期休暇中の面会交流（これらは，日本人同士の親の間でも同様に問題となることが多い）のほか，国外への連れ去りの危険，言語の問題，子の誕生日やクリスマス等の特別の日を交替で（1年おきに）子とともに過ごすことの要求，子を外国に連れて行くことの要求，面会交流がキャンセルされた場合の損害の補てん等の問題が提起されることが少なくない。

実際，隔週末2泊3日，長期休暇の半分という内容の面会交流が標準的とされる国も少なくなく，1か月に1回が標準的とされる日本における面会交流のあり方に対する外国人親の批判は強い。

日本人親は，連れ去りの危険等を理由に第三者の立会いを面会交流の条件とすることが多いが，外国人親は，暴力を振るった等の事情もないのに第三者の立会いを条件とされることに同意しない場合もあり，また，面会交流は非監護親と子とのみの時間であるとして，監護親が立ち会うことにも否定的であることが多い（監護親の立会いに面会交流を求める側が否定的であるのは日本人間でも同じ）。

日本では，子が疲れる，子の習い事・スポーツ・塾等による多忙を理由に，非監護親は過度の面会交流を要求すべきでないとされる傾向があるが，外国人親は子が親と会うことの重要性を強調する傾向がある。また，外国人親は離婚後の新しいパートナーも交えて子と面会交流することがあるが，日本人親はこの点に反発しがちである。
　渉外の面会交流の事案では，こうした面会交流に対する認識や理解，文化の差も加わり，調整はより困難である。
　弁護士としては，面会交流に関する日本と外国の考え方の違い，文化的差異に配慮しながら，子と両親のそれぞれが定期的に交流することは子の権利であること，面会交流においては子の利益・福祉が配慮されるべきことを基本的な柱として，協議により歩み寄りができるよう，根気強く努力すべきであろう。
　日本で，2010年に面会交流が認容され，あるいは調停が成立したのは，既済事件総数7,275件に対し，その約6割（4,320件）であり，月1回以上の面会交流が認められたのがさらにその約半数の2,299件，宿泊付きはさらに少なく572件にとどまる（司法統計年報家事（平成22年）第41表）。

3　面会交流の法的性質

　日本では，面会交流の法的性質や権利性について，以下のとおり，学説や裁判判はさまざまに論じてきた。2011年の法改正によっても，「面会交流権」との文言ではなく，「面会及びその他の交流」として付加されたので（民766条），まだ議論は続いている。
　①親の自然権かつ固有の権利（東京家審昭和62.3.31家月39－6－58），②別居親が有する潜在的な親権の一権能，③子の成長発達のための子の権利，④親の権利であるとともに子の権利（大阪家審平成5.12.22家月47－4－45），⑤父母間の協議又は家庭裁判所の調停・審判によって形成される監護に関連する権利（浦和家審昭和57.4.2家月35－8－108），⑥子の監護のために適正な措置を求める権利（前掲最一小決平成12.5.1についての杉原則彦調査官による最高裁判例解説法曹時報54－4－188）等の説がある。
　従前は，実体的権利であることを前提としつつ，その判断方法は，4に後述する諸基準を総合的に考慮・比較して，面会交流が子の福祉にかなう

か否かによって判断している裁判例が多い。ただし，最近の実務では，「明らかに子どもの福祉を害しない限り，認められるべき」との判断基準が採用されており（秋武133頁），「子の福祉を害するおそれがある場合を除き，原則として認められるべき」（大阪高決平成18．2．3家月58-11-47），「子の福祉に反するなどの特段の事情がない限り，これを認めるのが望ましい」（東京家審平成18．7．31家月59-3-73）などの説明を理由中で示している裁判例があり，積極的に面会交流を認容しようとする傾向がうかがえる。

一方，子どもの権利条約9条3項は，「締約国は，児童の最善の利益に反する場合を除くほか，父母の一方又は双方から分離されている児童が定期的に父母のいずれとも人的な関係及び直接の接触を維持する権利を尊重する。」と定め，面会交流権の保障を批准国に求めている。憲法13条についても，「『面接交渉権』も憲法にいう『家族』のとらえ方いかんによっては，『親密な交わり・人的結合に関する自己決定権』の一内容として理解される可能性がある」（竹中勲『憲法上の自己決定権』成文堂2010年15頁）といった議論がなされるようになってきている。

いずれにせよ，別居親との円満で継続的な交流は子の成長発達にとって本来望ましいものであること，親子の利益が対立する場合には，子の利益を最も優先して考慮しなければならないこと（民766条1項），子の利益を害する場合には面会交流は認められないことについては，争いがない。

なお，面会交流の法的性質を先の各説のいずれと理解するとしても，渉外離婚に伴う面会交流事件の場合，通則法の適用に関しては「親子間の法律関係」問題と法性決定されるので，通則法32条により準拠法が決定されることになる。

4　面会交流の認容基準と判例

認容の基準や裁判例として以下のようなものがある。

(1)　子の事情

子の心身の状況，年齢，子の意思，非監護親に対する感情，面会交流が監護教育に及ぼす影響などが考慮される。15歳以上の子については子の陳述を聴く必要があり（家審規54条，家事152条2項），15歳未満であっても，家庭裁判所は子の意思の把握に努めなければならず（家事65条），裁判例でも

10歳前後以上になり意思能力が認められれば子の意思が尊重されることが少なくないことは、子の親権者・監護者の決定の場合と同様である。

父母双方に配慮して子が真意を述べることができない場合や、監護親の非監護親に対する否定的感情がそのまま子の感情に反映されている場合もあり、子の意思は調査官によって慎重に調査されてきた。14歳の子が家族間のトラブルによる情緒障害と診断され、面会交流に積極的でない子の意思を尊重し面会交流を否定した例（長野家上田支審平成11.11.11家月52－4－30）、父が二子を監護中、母が子らを通園先から無断で連れ去って居所を隠し、面会交流調停中に父が子らに贈ったラジコンに位置情報確認装置を潜ませたため、子らは現在は会いたくないと述べている事案で、面会交流を認めた原審を取り消して否定した例（東京高決平成19.8.22家月60－2－137、東京家審平成19.2.26家月60－2－141）などがある。一方、子は母との面会交流を拒否しているが認容した例もあり（岡山家審平成2.12.3家月43－10－38）、その理由中では、監護する父及び祖母に対し、実母を敵視するような言動をとってはならないと諫めている。子が利害関係人として面会交流の手続に参加しうる点については、189頁参照。

(2) **監護親・非監護親の事情**

双方の意思、葛藤の程度、申立ての目的（嫌がらせや復縁目的ではないか）、非監護親の暴力・反社会性・人格的偏りの有無、非監護親による監護親の監護方針への不適切な介入、面会交流実施過程での合意違反や不穏当な言動の有無、監護親の再婚家庭の状況、子と養親との関係、などが考慮されている。

非監護親の素行不良による否定例として、覚醒剤の乱用や暴力（浦和家審昭和57.4.2家月35－8－108）、母子方のアパートのドアを叩き、駐車場で待ち伏せ、路上で大声で非難するなどの言動（岐阜家大垣支審平成8.3.18家月48－9－57）、母への暴力を繰り返しただけではなく5歳7か月の子に母を殴らせていた（横浜家審平成14.1.16家月54－8－48）、母に対する暴力が原因となって離婚し、その後父はDVについての心理的治療を受けるなどしていた例（東京家審平成14.5.21家月54－11－77）などがあり、DV防止法による保護命令が発令された事案では原則として面会交流が否定されている

（東京家審平成13．6．5家月54－1－79，東京家審平成14.10.31家月55－5－165）。

　高葛藤の父母の例では，面会を否定するものがあるが（さいたま家審平成19．7.19家月60－2－149，前掲東京高決平成19．8.22等），対立が激しいという理由だけでは否定すべきでないとする認容例が増えつつある（東京高決平成19.11．7家月60－11－83，大阪高決平成21．1.16家月61－11－70，頻度及び時間を段階的に増加させる詳細な内容を定めて命じた大阪高決平成22．7.23家月63－3－81等）。

　再婚家庭との関係では，親権者母の再婚の夫と子らが養子縁組した事案で，9歳9か月の妹については，心理的な動揺や混乱を招くおそれがあるとして実父からの申立てを却下し，13歳6か月の兄については，親の離婚・再婚の事情を理解できる年齢に達しているとして年1回の面接を認めたもの（横浜家審平成8．4.30家月49－3－75）がある。子が養親を実親と信じている事案では，親権者が子の成長発達の状況に応じ，適切な時期に養子であることの説明をする必要があり，面会交流が一定期間制限されるのはやむを得ないと思料される。

　養育費支払いと面会交流は対価関係にはなく，養育費を支払っていても面会が認められない場合もある（前掲岐阜家大垣支審平成8．3.18）。しかし，扶養義務を果たさず面会交流だけを求めることは一種の権利濫用でもあり，面会は制限されうるとする見解もある（我妻336頁）。

(3)　**子からの請求**

　子からの申立ても可能であるが，公表例では直接の面会を認容したものはなく，父母の高葛藤による子への悪影響を考慮し，父から子宛に手紙を年に4回，3か月ごとに書くことを命じた間接面会の例（前掲さいたま家審平成19．7.19）がある程度である。面会を拒否する親に面会を強制すると，よほどの適切な面会の支援者が存在しない限り，かえって子を傷つけ，子の利益を害する可能性があるからである。

　ドイツでも，同様の議論があり，子や同居親からの申立てによる面会交流の発令や，不履行の場合の間接強制の発令に関しては，子の福祉に役立ち得ないとして判例は消極的である（高橋大輔「ドイツ法における子どもの交流権の強制執行」家族27－138）。

(4) 第三者の立会い・間接面会交流

高葛藤の事案でも，第三者の立会いを条件として面会を命じたり，手紙・ビデオ・写真の送付，通知票の送付等の間接面会交流を命じる例は増えつつある（代理人弁護士の付添いを条件とする名古屋家審平成2．5．31家月42－12－51，乳児院において同職員の同席を条件とする大阪高決平成4．7．31家月45－7－63，手紙・電話等詳細な間接面会を命じる浦和家審平成12．10．20家月53－3－93，第三者立会いを条件とした前掲東京家審平成18．7．31及び前掲東京高決平成19．11．7等）。間接の面会は，親子の関係の修復や形成をはかり，将来の直接面会につないでいこうとするものでもある。

親子が遠隔の国に居住していても，通信機器の発展により，Skypeなどを利用した交流も可能であり，間接面会交流の方法は今後も工夫の余地がある。

(5) 渉外事案における面会交流についての裁判例

以下に，参考として面会交流の渉外事案を紹介する。

【京都家裁平成6年3月31日審判（判時1545－81）】

フランス人父から日本人母に対して，日本在住の長女（9歳）との面会交流を申し立てた事案において，フランス控訴院が認めた面会交流の方法（フランス国内に一定期間滞在させてする面会）については，未成年者が中学進学までは認めない，と判断した例。

【東京家裁平成7年10月9日審判（家月48－3－69）】

離婚した米国籍の父からの面会交流申立事件において，法例21条（通則法32条，一部表現変更）及び28条3項（通則法38条3項，一部表現変更）によりテキサス州法が準拠法となるとし，同州家族法では，親であっても一定の場合（子の最善の利益に合致しないと認める場合及び子の肉体的情緒的福祉を害する危険性があると認める場合）には子に対する面接交渉権が制限される場合のあることが定められているが，当該事件においては，子（13歳）が父に嫌悪感を抱き，父を避け，交流を頑なに拒否している事情があり，面接交渉権が制限される特別の事情があるとして，申立てを却下した例。

【名古屋高裁平成9年1月29日決定（家月49－6－64／原審：名古屋家審平成8．9．19家月49－6－72）】

　何度も妻に対する暴力をふるっていた英国居住の英国人夫が，日本在住の日本人妻に対して，男児（日本国籍と英国籍を保有，5歳）との面会交流に関する審判前の保全処分を離婚調停中に申し立てた事案において，「両親が子の親権をめぐって争うときはその対立，反目が激しいのが通常であるから，そのことのみを理由に直ちに面接交渉が許されないとすると，子につき先に監護を開始すればいいということにもなりかねず相当でなく，……子の福祉に合致した面接の可能性を探る工夫と努力を怠ってはならない……家庭裁判所の調査官の関与，助言などを考慮，工夫することによって，未成年者に対する両親間の感情的葛藤による影響を最小限に抑える余地がある」として申立てを却下した原審を取り消し，差し戻した例。

【浦和家裁平成12年10月20日審判（家月53－3－93）】

　ドイツ在住の母（ドイツ人のようである）が，日本居住の子との面会交流を求めたが，ドイツ在住であることから具体的方法を決めるのは困難であり，子の年齢（年齢不明）に照らし自立心が強く父の意思で面会させることのできる時期は過ぎている等として，「相手方（父）は申立人（母）に対し，事件本人の福祉に反しない限り，1　申立人が，事件本人と，直接的な面接交渉又は手紙，電話等の通信手段を介する等の間接的な面接交渉をすることを妨げてはならない。2　事件本人と申立人が面接交渉をするについて必要な援助をしなければならない。3　事件本人が成人に達するまでの間，事件本人の意思に反しない限り，事件本人の学校の各学期の終了ごとに，事件本人の近況を示す写真を送付し，事件本人の成育状況や学校での成績を知らせるなどして，事件本人の成育状況を知らせなければならない。」との命令にとどめた例。

【大阪高裁平成21年1月16日決定（家月61－11－70）】

　入国管理局による退去強制がなされる可能性がある外国人（国籍不明）父が，間接面会交流しか認めなかった原審は不服であるとして抗告し，「面接交渉が制限されるのは，面接交渉することが子の福祉を害すると認められるような例外的な場合に限られる。……未成年者（長男約7歳）が父を知らないまま成長するのに比べて，父を認識し，母だけではなく，父からも愛されてきたことを知ることは，未成年者

の心情の成長にとって重要な糧となり……父が退去強制となった場合にも，手紙等の交流は可能である。長男の福祉を図るためには，現時点で父と長男との面接交渉を開始する必要性が認められる」として，3か月に1回，母が付き添っての面会を認めた例。

なお，面会交流についての国際裁判管轄を否定したものとして，以下がある。

【東京家裁平成20年5月7日審判（家月60−12−71）】
　日本で調停離婚した後，親権者である相手方が未成年者とともにアメリカ合衆国ペンシルバニア州に転居した事案であるが，条理によって判断し相手方の住所地国に国際裁判管轄があるとするのを原則とするとして日本の管轄を否定した。なお，本件は，申立人は先にペンシルバニア州の家庭裁判所に調停申立てをしたところ，相手方より管轄は日本国にあるとの抗弁が出されたので，先決問題として，日本の裁判所による管轄を有しないとの判断を得るために申立てがなされたという経緯がある。

5　面会交流の調停の実際

　実際の調停実務では，面会交流の合意形成をめざして，高葛藤夫婦の場合であっても，調停委員会によって，相当に粘り強い交渉・説得がなされることが多い。調停の過程で双方がカウンセリング的に調停委員，調査官，代理人等からアドバイスを受けながら，家庭裁判所の内外で試行を重ね，面会交流の練習をしつつ，関係の修復をはかり，合意形成に至ることができる場合がある。
　その過程では，従前の関係において，一方に有責性があることが明白である場合にはその謝罪をし，養育費の支払いの確実化させ，子育て自体にまだ慣れていない非監護親が面会の時間にどのように子に接すると面会交流が発展させられるかなどを勉強する。特に，非監護親が子の視線に立ち，子の心の動きに即して前向きな会話をすることができるように練習をする。監護親も，非監護親の悪口を言わず，子が面会交流に積極的になるよう子をサポートすることを勉強する。
　一方，双方が面会回数や時間などの条件闘争に終始し，せっかくの試行

面会の機会にも非監護親が子どもの現実の目線や気持ちに対応した交流をすることができない場合は，数少ない試行面会では上手な面会を体得するに至らず，合意形成が困難である。

　裁判所の関与できる時間や人材は限られているため，面会交流をサポートする裁判外のシステムの充実が不可欠である。調査官経験者による公益社団法人家庭問題情報センター（FPIC）等が，面会交流支援の実績を積み重ねてきているが，近時の裁判所の面会交流への積極的な対応に比し，民間で支援できる人数や地域が限られており，必要な支援は不足している。当事者双方の希望する面会交流支援先が異なったり合意できなければ，裁判所は第三者の支援なしの面会交流を命ずるしかなく，発令されても，双方のコミュニケーションがとれず，面会が実施できないという事案も少なくない。

　なお，裁判所では，面会交流についての双方の親向けのパンフレットや，DVDなどを準備しており，絵本の活用も行われている（秋武151頁）。

面接交渉が問題となる事件の進行フローチャート

導入段階

- □双方の意向・考え方を聴取
  （申立の動機, 面接交渉を拒否する具体的理由）
- □子の福祉を明らかに害するような事情はないか
  □DV（子が目撃） □奪取の危険性 □虐待 □その他

ありそう →
- 評議① 進行方針について
- □適否確定のため調査を検討
- □代案の提案（手紙, 写真等）
- □非監護親を調整

なさそう／制限すべき事情がありそう

以下の場合は, 評議・調査官調査を検討する。

- □当事者が出頭しない。
- □子の福祉侵害についての重要な事実に争いがある。
- □面接交渉の適否を確定するために調査が必要
- □子の福祉を害する可能性が高いが, 非監護親の態度が変わらない。

実情把握段階

事実確認の結果, 福祉を害する怖れが少なそう

- □じっくりと双方の話を聴き, 事実を押さえる
  □同居時の親子関係, □別居の経緯, 離婚後の状況
  □子の状況, 意思（概ね10歳以上の場合）を把握
  □当事者同士の関係, 感情を把握
  □当事者の現実検討能力, 柔軟性の程度を把握
- □面接交渉の障害となっている要因を把握する
  □非監護親に裏の動機がある。（未練, 恨み, 駆け引き）
  □監護親が自己の感情から拒否する部分が大きい。
  □子が強く拒否しているらしい。（概ね10歳以上の場合）
  □祖父母の意向が強く働いている。
  □面接交渉の回数, 方法についてこだわりが強い。
  □当事者の性格等の偏りが大きい。
  □その他

- □調停を重ねても当事者の意向や事実がはっきりしない。
- □真意がつかめない。

両親に対する助言段階

- □現実を踏まえ, 実施を前提に調整を行う
  □かっとうを整理しながら, 現状を認識してもらう。
  □非監護親にどのような形で親子交流場面を持つことができるか具体的に検討させ, 現実検討を促す。
  □子の福祉に関するガイダンスを行う。
    □絵本 □DVD □調査官からの助言
    □資料提示（面接交渉のしおり等）
  □離婚が子に及ぼした影響について考えてもらう。
  □同席調停を提案する。

- □対立が激しく当事者の態度が変わらない。
- □未練, 恨み, 駆け引き等の感情にとらわれて, 子の視点に立てない。
- □子の状況又は意向を調査することで調停が進行する見通しがある。

最終調整段階

- □調整の結果, 当事者間で面接交渉ができるか

できそう →
- □同席調停で当事者間の関係を再確認
- □期日間に父母間で試行してもらう。
- □DVDを使って最終ガイダンスを行う。

難しい／リスク高そう →
- 評議② 進行方針について
- □非監護親に代案を提示する。（写真, 電話, 手紙）
- □試行的面接交渉の提案を検討
- □その他

- □裁判所内での試行的面接交渉の検討
  以下は検討する上での留意点
  ①必要性とリスクを検討
  ②目的の明確化
  ③安易に提案しない
  ④結果予測とフォロー
  ⑤子の状況を事前に把握
  ⑥ガイダンスの徹底
  ⑦ルールの確約

□調停成立, 不成立（審判移行）, 取下げ

（仙台家庭裁判所作成。家月61－1－215（2009年）より転載）

6　面会交流の執行・間接強制執行

　面会交流が調停や審判の内容の通りに実施されない場合，実施を促進するには，履行勧告（家審15条の5，家事289条）や再調停の申立てにより面会を促したり調整する方法があるほか，間接強制の方法がある。

　ただし，当初定められた面会交流がうまく実施できない場合は，面会を困難にする何らかの事情の変化がある場合が多い。再調停をしても，不調となり審判となると，当初の面会内容を後退させざるを得ない場合が少なくなく，面会交流の権利者は必ずしも再調停に積極的ではない。こうした流れは，外国人当事者にとっては，あたかも裁判所が自ら調停・審判の内容を後退させていくように感じられ，納得することが容易でない。

　間接強制執行の申立てが認容されたものとして，不履行1回につき3万円（高松高決平成13．3．7判例集未登載），5万円（岡山家津山支審平成20．9．18家月61-7-69,）20万円（大阪高決平成14．1．15家月56-2-142）などの例があり，養育費の額や義務者の資力が参考にされている。調停調書，審判は債務名義となりうるが，面会交流は，財産上の請求権ではないので，強制執行認諾約款付公正証書により詳細に合意しても，間接強制執行は認められない。

　面会交流の条項が抽象的であるとして，債務名義にあたらないとして否定した例として，高松高裁平成14年6月25日決定（家月55-4-66），東京高裁平成18年8月7日決定（判タ1268-268），最高裁平成18年10月27日決定（判時1972-29・原審東京高決平成18．8．7）などがある。一般的に，面会交流の調停条項や審判主文では，詳細に実施日時を指定して当事者の柔軟な協議の余地を封じることは，継続的に事情に応じて行われるべき面会交流の実態・あるべき姿に適せず，作為義務条項の抽象性は不可避である。しかし，抽象性の故に債務名義としての認定を狭めると，調停や審判の実効力を弱める結果となる。面会交流の条項や審判は，作為義務を求めるとともに，面会交流を義務者が受忍するという不作為義務をも課すものであると解されるので，作為内容が特定されていないとの点は執行を否定する理由にならないと考えられるとの見解もあり（釜元修・沼田幸雄「面接交渉と強制執行」判タ1087―46，花元彩「面接交渉の間接強制」判タ1155―91），債務名義として認めうる「債務の特定」は，現在の実務よりもう少しゆるやかに認められてもよいのではないかと考えられる。

> **Column　面会交流の条項と間接強制執行**
>
> 　実務では多く,「面会交流をすることを認める。」との文言の調停や審判がなされてきた。
> 　間接強制執行を申し立てるには,離婚調停の中で面会交流が認められた場合は,一般調停であるため,執行文の付与を受ける必要がある(家審21条1項本文,家事268条1項)。しかし,「認める」は,単なる確認条項であり執行力がなく,間接強制執行申立てに必要な執行文付与はできないと判断される場合もあった。
> 　一方,面会交流の調停・審判の場合は,「執行力のある債務名義と同一の効力」を有するので,執行文の付与を受ける必要はないが(家審21条1項・15条,家事268条1項・75条),「認める」との表現が確認条項であり強制執行を許さないのか,給付条項で強制執行を許すのかについて,やはり諸説が錯綜してきた。
> 　したがって,「面接させるものとする。」との文言にするのが無難である。
> 　しかし,「認める」は,これまで裁判所が実務慣行上常套句として使用してきたのであるから,当事者にとって理解できない些末な文言の違いで間接強制への道を閉ざすのは適切でないとする運用が,ほぼ固まってきている。

7　面会妨害の不法行為

　協議や審判により面会交流の内容が具体的に定められたにもかかわらず,正当な理由なく面会を妨害する行為は,不法行為に該当する場合がある。46万5,000円の慰謝料(東京地判昭和63.10.21家月41-10-145,欠席判決),500万円の慰謝料(静岡地浜松支判平成11.12.21判時1713-92)などの例がある。非公表例の中には,非監護親の面会交流に際しての言動,執拗な非難や追求の有無,子らの意思・状況,監護親の心身の状況など,面会が実現できなくなった事情を総合して不法行為の成立を否定するものもある。

第4　子の引渡し請求

1　子の引渡し請求の方法

　子の親権や監護権をめぐる紛争では，親権者変更や監護者指定の申立に併せて，あるいは独立して，子の引渡し請求が申し立てられることが少なくない。

　子の引渡し請求のために，通常，用いられる方法として，次のようなものがある。

①　家庭裁判所に対してする民法766条の「子の監護に関する処分」としての調停又は審判の申立て（家審法9条1項乙類4号，家事二表三）
②　①の調停や審判に併せて家庭裁判所に対してする審判前の保全処分の申立て（家審15条の3，家事105条1項）
③　離婚訴訟に①を附帯して申し立てる方法（人訴32条1項・2項）
④　刑事告訴
⑤　地方裁判所に対してする人身保護法に基づく人身保護請求

　他に，親権に基づく民事訴訟としての妨害排除請求（最三小判昭和35.3.15民集14-3-430），家庭裁判所に対してする人事訴訟法における保全申立て（人訴30条1項），などの方法もあるが，ほとんど用いられていない。子の引渡し請求事件の新受件数は，調停，審判，審判前の保全処分のいずれの申立てについても，年々増加傾向にある。

2　子の監護に関する処分

　親権者や監護者がいまだ決まってない場合の引渡しの認容基準は，親権者・監護者の決定の基準（186頁以下参照）と同様であり，当事者双方や子の状況から総合判断する比較基準が用いられる。共同親権下で認容した例として，仙台高裁秋田支部平成17年6月2日決定（家月58-4-71），札幌高裁平成17年6月3日決定（家月58-4-84）等がある。

　しかし，すでに親権者あるいは監護者が決定している場合は，比較基準ではなく，明白基準が用いられる。例えば，離婚後，母が2名の子（7歳男子，5歳女子）の親権者になったが，事情で父が2名を引き取り，母が子の引渡しを求めた事案において，「子の福祉を実現する観点から，本件

申立てが子の福祉に反することが明らかな場合等の特段の事情が認められない限り，本件申立てを正当として認容すべきである」とする（東京高決平成15．3．12家月55－8－54）。一方，親権者の監護能力や環境に問題がある場合には，親権者からの引渡し請求であっても認められない（高松高決平成元．7．25家月41－12－117，福島家会津若松支審平成3．1．28家月44－5－74等）。

3 審判前の保全処分

審判前の保全処分（家審15条の3，家事105条1項）は，民事保全法以外の法律に根拠を置く特殊保全処分である。強制執行を保全し，又は事件の関係人の急迫の危険を防止するため必要があること（家審規52条の2）及び本案認容の蓋然性があることが要件である。

家事審判法では調停段階における保全処分の申立てが認められていなかったが，家事事件手続法では，調停と審判の連続性を考慮し，調停段階でも申立てができることとなった。

保全処分とはいえ，その決定が最終的な結果に影響をもたらす可能性が高く，本案訴訟への附従性，すなわち，仮処分と本案の結論の一致が望まれる。保全と本案の結論が異なれば，子は何度も辛い引渡しを経験しなければならず，子の利益にも反する。手続は，迅速性をもたせながらも，調査官の調査を経て慎重に判断されている。通常，1か月ないし3か月で結論が出されているようであるが，速いものでは10日程度というものもある。「連れ去った者勝ち」という長年の悪しき実態を改善するには，迅速で的確な保全処分が必要である。

保全の必要性については，「子の福祉が害されているため，早急にその状態を解消する必要があるときや，本案の審判を待っていては，仮に本案で子の引渡しを命じる審判がされてもその目的を達することができないような場合がこれに当たり，具体的には，子に対する虐待，放任等が現になされている場合，子が相手方の監護が原因で発達遅滞や情緒不安定を起こしている場合などが該当する」とされている（子らは一応安定した生活を送っているとして保全の必要性を否定した東京高決平成15．1．20家月55－6－122）。

共同親権下での保全処分としての引渡しを認めた例として，東京高裁平成20年12月18日決定（家月61－7－59），却下例として，福岡高裁平成20年11

月27日決定（判時2062-71），甲府家裁平成20年11月7日審判（家月61-7-65）等がある。

4　刑事手続

違法な子の奪取につき，未成年者略取罪（刑224条）が適用される場合がある。離婚係争中の夫が，妻の監護下の2歳の子を有形力を用いて連れ去った行為につき，懲役1年執行猶予4年に処せられた例（最二小決平成17.12.6刑集59-10-1901），実の娘の再婚に反対し，その娘から祖父母が孫を連れ去った行為につき，未成年者誘拐罪を適用し，懲役10月，執行猶予3年に処せられた例（最一小判平成18.10.12裁判集刑290-517）などである。

5　人身保護請求

(1)　人身保護請求手続

人身保護請求手続は，ある者が法律上正当な手続によらないで，身体の自由を拘束されているときに，被拘束者自身又は他の誰からでも，裁判所に対して，自由を回復させることを請求することができる制度である（人保2条）。

この手続は，本来，国家等の権力や支配力をもった機関等による不当な拘束を規制するための制度であり，家族紛争である子の引渡しに適合するように作られたものではない。

しかし，迅速性（人保6条・12条4項，人保規36条）と実効性（人保12条1項2項・18条・26条）の点で優れている。すなわち，審理・裁判は，事件受理の前後にかかわらず，他の事件に優先させなければならず，審問期日は請求の日から1週間以内に開き，判決言渡しは審問終結の日から5日以内にすることを要し，被拘束者を出頭させることを命じることができ，かつ人身保護命令に従わない拘束者に対して勾留や過料に処し，拘束者が被拘束者の救済を妨げる行為をした場合には，2年以下の懲役又は5万円以下の罰金に処するという刑罰を背景として，履行を間接的に強制することができる。被拘束者である子自身の任意代理人がいない場合には，裁判所により国選代理人が選任され（人保14条2項，人保規31条2項），訴訟代理や調査活動を行う。このため，後記判例により，認容の要件が限定された後も，限定

した範囲で子の引渡しのために利用されている。

(2) 判例の示す要件

認容要件は，①子が拘束されていること，②その拘束が違法であること，③救済の目的を達成するために，他に適切な方法がないことである（人保規4条）。

②の拘束の違法性について，判例は，共同親権者の一方が他方に対して請求する場合，「夫婦の一方による右幼児に対する監護は，親権に基づくものとして，特段の事情がない限り，適法というべきであるから，右監護・拘束が人身保護規則4条にいう顕著な違法性があるというためには，右監護が子の幸福に反することが明白であることを要するものといわなければならない」（最三小判平成5.10.19民集47-8-5099）とし，その具体的内容としては，「幼児引渡しを命ずる仮処分又は審判が出され，その親権行使が実質上制限されているのに拘束者が右仮処分等に従わない場合……拘束者の監護の下においては著しくその健康が損なわれたり，満足な義務教育を受けることができないなど，拘束者の幼児に対する処遇が親権行使という観点からみてもこれを容認することができないような例外的な場合」をあげた（最三小判平成6.4.26民集48-3-992）。すなわち，人身保護請求認容の要件を厳格にし，子の引渡しの問題は，原則として家庭裁判所による審判によるべきことを示した。

これらの判例の後に人身保護請求が認容された例として，最高裁平成6年7月8日判決（家月47-5-43），最高裁平成6年11月8日判決（家月47-6-26），最高裁平成11年4月26日判決（判タ1004-107），最高裁平成11年5月25日判決（家月51-10-118），福岡高裁平成11年12月21日判決（判タ1081-280），棄却例として，神戸地裁平成5年12月15日判決（判タ874-281），札幌地裁平成6年3月24日判決（判タ857-254），大阪地裁平成19年2月21日判決（判タ1251-339）等がある。

(3) 渉外事案における人身保護請求

近時の実務における注目すべき判例として，以下を紹介する。

【最高裁第二小法廷平成22年8月4日決定（家月63－1－97）】

　子の父（アメリカ在住，単独監護者に指定）から母（日本在住）に対する人身保護請求事件についての特別抗告を棄却し，理由中で人身保護法11条1項に基づく決定によるのではなく，審問手続を経た上で判決により判断を示すべきであると判断した例

「……民事事件について特別抗告をすることが許されるのは，民訴法336条1項所定の場合に限られるところ，本件抗告理由は，違憲をいうが，その実質は原決定の単なる法令違反を主張するものであって，同項に規定する事由に該当しない。

　なお，人身保護法11条1項にいう「請求の理由のないことが明白なとき」とは，人身保護規則21条1項1号から5号までに規定する場合のほか，これらに準ずる程度に請求に理由のないことが明白な場合（同項6号）に限られる。本件は，子の父親である抗告人が子を拘束している母親及びその両親である相手方らに対して人身保護法に基づき子の引渡し等を求める事案であるところ，抗告人は，アメリカ合衆国ウィスコンシン州ミルウォーキー郡巡回裁判所の確定判決により子の単独監護権者に指定され，原決定によれば，上記確定判決は民訴法118条各号所定の外国判決の承認の要件を満たしているというのであって，その他の当事者の主張内容等に照らしても，被拘束者を請求者の監護の下に置くことが拘束者の監護の下に置くことに比べて子の幸福の観点から著しく不当なものであることが一見して明らかであるとすることはできない（最高裁平成6年(オ)第1437号同年11月8日第三小法廷判決・民集48巻7号1337頁参照）。そうであれば，原審は，本件請求につき，決定によりこれを棄却するのではなく，審問手続を経た上で，判決により，その判断を示すべきであったといわざるを得ない。しかし，原決定にこのような問題がある場合であっても，上級審においてこれを是正するのではなく，改めて請求がされたときにこれを審理する裁判所において審問手続を経た判断が行われることが，法の予定するところである。……」

　わざわざ，なお書きを付して，一審から改めてやり直せば請求者の勝訴の余地があることを示唆しており，ハーグ条約の批准の動向も意識した判例と考えられる。なお，ハーグ条約批准後にも，条約に基づく請求と人身保護手続とは併存しうるが，ハーグ条約による手続中は人身保護請求はなし得ないと考えられる（ハーグ条約16条による）。

6　手段の比較

　人身保護請求は緊急の暫定的な手段であり，家庭裁判所の調査官による調査もないまま，短い期間に審理しなければならない。しかし，前記判例により認容の要件が厳格になったとはいえ，拘束者側から，請求者である単独親権者は子を虐待していたとの抗弁が主張されれば，上記明白性の要件を慎重に審理しなければならず，審理にそれなりの時間を要する。審問期日までの期間制限について，特別の事情のあるときは短縮伸長できるとされているため（人保12条4項ただし書），迅速性は必ずしも担保されず，審判前の保全処分による方が迅速である場合もある。実効性についても，刑罰は，確かに拘束者に心理的影響を与えるが，間接的な強制にすぎず，検察官が起訴をするまで待たなければならない。子の引渡しの強制執行の方法もない。認容判決が出たにもかかわらず，拘束者が引き渡さないため，権利者から執行文の付与を求めた事案で，民事執行法による執行手続により判決内容を実現することはできないとするものがある（大阪高決平成2.10.31判タ746-213）。

　本来，子の監護をめぐる争いは，家裁調査官や技官など科学的な調査機能や知見と後見的・調整的機能を有する家庭裁判所において解決を図ることが望ましい。また，審判前の保全手続であれば，子の養育費や夫婦関係調整を同じ家庭裁判所内で並行して審理することも可能であるし，後記の通り，子の年齢によっては執行官による直接強制も実施されており，実効性を高めつつある。人身保護請求の利用は，拘束開始時の違法性が高かったり，拘束者が虐待しているなど，違法性の極めて高い場合に限定すべきであろう。

7　子の引渡しの強制執行

(1)　間接強制執行

　家事審判としての子の引渡し命令につき，本案であれば民事執行法，仮処分であれば民事保全法の規定（家審15条の3第6項，家事109条3項）に基づき強制執行をすることができる。

　間接強制執行（遅滞日数ごとに損害金）は，2003（平成15）年の民事執行法の改正により，直接強制との併用，あるいは，いずれか一方を先行して

他方を後にすることが可能になった。直接強制が不能となっても，後に間接強制執行を行うことによって引渡しの結果を得ている事案もある。公表例としては，引渡しがなされるまで間接強制金1日5万円（東京地判平成2．8．3家月43－7－103）や1日3万円を命じた例（東京高決平成20．7．4家月61－7－53）があるが，1日の間接強制金を30万円とするものも珍しくないようである（杉山115頁以下）。

なお，7ないし8歳の小学2年の女児の引渡し命令についての間接強制執行申立について，先になされた直接強制執行の際に，子自身が激しく抵抗して泣き，直接強制執行が取り下げられたこと，監護親は子を引渡さなければならないことは理解しており，子への説得に努めていること，子は非監護親と頻回に面会交流をしていること，監護親は子の引渡しを妨害していないこと，等から，却下したものがある（東京高決平成23．3．23家月63－12－92）。

(2) **直接強制執行**

近時，子の引渡しに，動産の執行（民執169条）を類推適用し，直接強制執行，すなわち子を執行官が義務者から取り上げて権利者に渡す方法が認められている。別居中の妻から夫に対する子（5歳と2歳）の引渡し請求を認めるとともに，子の年齢並びに従前の子の引渡しの仮処分，履行勧告及び間接強制に対する夫の拒否的な対応を考慮して，引渡しを実現する方法としては直接強制によるべきである旨の付言をした例（東京家審平成8．3．28家月49－7－80）がある。幼児に限定せず，7歳9か月の児童を執行対象とする子の引渡しの直接強制を肯定した例（東京地立川支決平成21．4．28家月61－11－80）もある。

なお，債務名義が審判前の保全処分である場合は，債務名義が債権者へ送達されてから2週間以内に執行に着手しなければならない（民保43条2項）という制約がある。

生後間もない子であっても物（動産）と同視しうるのかとの批判もあったが，子自身の利益を守るためにはやむを得ないものとして，その具体的方法につき，工夫が積み重ねられてきた。動産執行と同様に，開錠技術者を同行しての開錠執行や，警察援助（民執6条1項）を求めることもできる。

実際には，執行官と権利者がいつどのように対応すれば結果を出せるかを入念に打ち合わせ，事案に応じた対策をとり，時には執行官のねばり強い説得によって引渡しの結果を得ることもある（前掲杉山に横浜地方裁判所管内での豊富な執行事例が紹介されている）。

　引渡しの執行による子の心理面での負担を軽減するには，私服の女性警官等の協力を得て子の身柄を確保する，申立人である親が確保の部分を担う，その後に，調査官が中心となり，カウンセラー，ソーシャルワーカー，医師等の協力を得ながら，子の気持ちをフォローすることなどが不可欠である（瀬木比呂志「子の引渡しに関する家裁の裁判と人身保護請求の役割分担」判タ1081－62。同旨石田ほか89頁）。

第5　養育費

1　養育費とは

　離婚に伴う未成年子の養育費用の離婚当事者による負担・支払の問題は，渉外離婚の場合，費用の名称の如何を問わず通則法は適用されず（通則法43条1項），「扶養義務の準拠法に関する法律」により準拠法が決定される。子の扶養については同法2条により扶養権利者の常居所地法，この法により扶養が受けられない場合は扶養権利者・扶養義務者の共通本国法，これらのいずれによっても扶養を受けられないときは日本法が準拠法とされる。以下では，日本法が準拠法となる場合について説明する。

　離婚後も，父母は，同順位で未成熟子（112頁参照）に対して扶養義務を負う（民877条）。親子関係より生じる義務であり，親権の有無，同居の有無にかかわらない。義務の程度は，生活保持義務とされる。

> ※　**生活保持義務と生活扶助義務**
> 　未成熟子又は配偶者に対する扶養義務は，生活保持義務とされ，義務者の経済力に余力がなくても義務者と同程度の生活を被扶養者に保持させる高い義務である。その他の親族に対する扶養義務は，生活扶助義務とされ，義務者に経済的余力があり権利者が要扶養状態にあるときに，健康で文化的な最低限の生活を援助する義務である（中川善之助『新訂親族法』青林書院新社1965年596頁）。
> 　実務でも，長くこの二分類によって説明されてきたが，標準算定表は必ずしもこの生活保持義務を保障できていないのではないかとの議論もなされている。

　未成熟子が養子縁組をした場合は，養親が第一順位の扶養義務者となり，非親権者は養親に劣後する扶養義務を負うに過ぎない（神戸家姫路支審平成12.9.4家月53−2−151）。

　未成熟子の扶養料を請求する方法として，離婚前は婚姻費用として請求するのが一般的であり，離婚後又は婚外子の場合には，監護親が申立人となって，子の監護に関する処分として監護費用を請求するのが一般的である（民766条，家審法9条1項乙類4号，家事二表三）。これを養育費と呼んでおり，

審判事項であるので，調停が不成立になると審判に自動的に移行し裁判所が判断する。離婚訴訟に附帯して申立てすることも可能であり，過去の未払い分についても附帯申立てが認められる（最二小判平成19．3．30家月59－7－120）。

子が成人しているが要扶養状態にある場合（大学生であったり障害がある場合等）には，子が申立人となり扶養料を請求することができる（民877条ないし880条，家審法9条1項乙類8号，家事二表九及び十）。

養育費は，定期金としての性質上，毎月ごとに養育費支払請求権が発生するものであり，期限の利益喪失約款は付されない（東京家審平成18．6．29家月59－1－103）。

2　養育費の始期

いつの時点からの養育費を請求できるか（始期）は，過去の養育費請求が認められるかという問題である。義務者が不知の間の債務の累積を回避させる必要性と，過去の分担すべき費用を義務者に負担させる必要性とを考慮し，裁判所の合理的裁量により決定され（岡建太郎「養育費の算定と執行」新大系②311頁），事案ごとに結論は異なる。審判や調停の申立て時（東京家審昭和54．11．8家月32－6－60等）とするものが一般的であるが，調停申立て前の請求時（請求日が証明できたり争いがない場合）とするものもある。

なお，養育費請求は，人事訴訟法32条1項所定の子の監護に関する処分を求める申立てであるので，過去の養育費についても，離婚訴訟に附帯して申立てがなされた場合には，申立ての当否について審理判断しなければならない（前掲最二小判平成19．3．30）。

3　養育費の終期

未成熟子とは何を意味するかについては，婚姻費用（111頁）と同様である。原則は，成人年齢の20歳の誕生月までであるが（大阪高決昭和57．5．14家月35－10－62），20歳未満であっても，就労し自活できる収入を得ている場合には扶養義務は終了していると考えられる。しかし，就労していても低額のアルバイト収入である場合等もあり，すべて直ちに成熟しているとは言い難く，事案ごとに異なる。

一方，終期を20歳を超えて大学卒業予定の22歳3月までとすることができるか（父が医師である場合につき福岡高決昭和47．2．10家月25－2－79，父が小学校教員である場合につき東京家審昭和50．7．15家月28－8－62等）について，裁判例は分かれており，調停実務もさまざまである。養育費決定時にすでに大学に進学していたり又は進学が決定している場合には，22歳3月までと判断されやすい（すでに大学に進学している子につき大阪高決平成2．8．7家月43－1－119）。

　終期を20歳の誕生月とし，子が成年に達すると改めて子自身で扶養料（民877条1項）申立てをする必要があるとするのはいかにも硬直的であって，子が未成熟子であり現に監護している事実がある以上，成年後の分も一括して解決することが子の福祉にも資すると思われ，事案によっては民法766条の類推適用を認めるべきである（前掲岡・新大系②306頁）。

　成人した大学生である子からの扶養料申立事件であるが（したがって，20歳を超えた場合の監護親の申立権の有無は問題にならない），「当該子が，卒業すべき年齢時までその不足する学費・生活費をどのように調達すべきかについては，その不足する額，不足するに至った経緯，受けることができる奨学金（給与金のみならず貸与金を含む。以下に同じ。）の種類，その金額，支給（貸与）の時期，方法等，いわゆるアルバイトによる収入の有無，見込み，その金額等，奨学団体以外からその学費の貸与を受ける可能性の有無，親の資力，親の当該子の4年制大学進学に関する意向その他の当該子の学業継続に関連する諸般の事情を考慮した上で，その調達の方法ひいては親からの扶養の要否を論ずるべきものであって，その子が成人に達し，かつ，健康であることの一事をもって直ちに，その子が要扶養状態にないと断定することは相当でない。」として原審を取り消して差し戻した例（東京高決平成12．12．5家月53－5－187），協議離婚の際に合意した養育費の終期（18歳まで）につき，22歳までの延長を認めるべき事情の変更はないとした例（大阪高決平成19．11．9家月60－6－55）などがある。

4　具体的算定方法──標準算定表

　養育費は，婚姻費用同様，調停においても審判においても，標準算定表（東京大阪養育費等研究会「簡易迅速な養育費等の算定を目指して－養育費・婚姻費用の算定方式と算定表の提案」判タ1111－285）によって簡易に算定する実務が定着し

ている（最三小決平成18. 4. 26家月58－9－31，仙台高決平成16. 2. 25家月56－7－116，大阪高決平成16. 1. 14家月56－6－155等）。

標準算定表は，下記のような方法で作成されている。
① 権利者・義務者それぞれの基礎収入を認定する。
② 子が義務者と同居したと仮定すれば，子のために費消されるはずの生活費をいくらであるかを算定する。
③ 子の生活費は父母それぞれが負担能力に応じて分担すべきとして，②の生活費を①の基礎収入に応じて按分する。

①の基礎収入の計算方法，②の子の生活費の計算方法は，標準算定表の説明を参照されたい。同表では対応し得ない複合家族の場合などは，個別に算定する（判タ1111－291）。

5 特別な事情

算定表はあくまで標準的な養育費を簡易迅速に算出することを目的とするものであり，最終的な養育費の額は各事案の個別の要素を考慮して定まるものである。しかし，算定表により算定される額とは異なる額の認定をなしうるのは，この算定表によることが著しく不公平となるような特別な事情がある場合に限られるとされている（判タ1111－292）。

算定表公表後，何が特別な事情にあたるか，自宅のローンを返済している場合はどうか等の細かい論点につき，裁判例の積み重ねや議論がなされてきた（大阪家庭裁判所『養育費・婚姻費用算定表についての解説』調停時報155－5日本調停協会連合会，濱谷由紀・中村昭子「養育費・婚姻費用算定の実務 大阪家庭裁判所における実情」判タ1179－35，岡健太郎「養育費・婚姻費用算定表の運用上の諸問題」判タ1209－4）。以下，頻繁に争点となる問題についてのみ取り上げる。

(1) 教育費

特別な事情として最も問題となるのが，私学の学費や塾費用等の高額の教育費である。算定表は，すでに公立中学校及び公立高校の学校教育費を指数として考慮しているが，私立学校の学校教育費は考慮していない。

公立に進学する場合でも，義務者の収入が低い場合には，十分な額が組み込まれているわけではないため，当事者間で柔軟な増額や臨時費用の負

担の合意をする例が多い。

　審判では，義務者が私学の入学を承諾した等の事情があり，義務者に私学費用を負担させることが相当と判断される場合には，私学費用が加算される場合がある（その算定方法については，前掲岡・判タ10頁参照。）。例えば，父の意向を無視して親権者である母が子を私立高校に進学させた場合には，その費用を父親に請求することは当然には認められず，ただ，父親の資力，社会的地位等からみて相応の部分につき負担を命じたものがある（神戸家審平成元.11.14家月42－3－94）。

　2010年度より高校授業料が無償化され，本来，算定表につき，その分の修正がなされる必要があるが，実務では個別に修正していない。特にもともと十分な教育費が組み込まれているとはいえない低収入層では，子の福祉のためにはせめて算定表の金額の維持は必要であろう。

(2) 医療費

　医療費については，特別高額であるが必要な治療費や，持病があり継続的に出費を伴うものなどは加算されうる。

(3) 義務者の負債

　養育費に優先して支払わせることが相当ではない債務については，特別な事情として考慮すべきではない。ただし，義務者が婚姻生活を維持するためにやむを得ず借り入れたと認定される負債については，権利者に返済額の何割かを負担させるのが相当であるとされる（前掲濱谷・中村40頁，住宅ローンの場合については前掲岡・判タ9頁）。

6　事情の変更による増減請求

　いったん取り決められた養育費につき，その後に失業・病気・事故等により父母の経済状態が変動したり，子の教育費が増加したなど事情に変更が生じたときは，家庭裁判所は変更又は取消しをすることができる（民880条）。

　裁判例では，増額が認められた事情の変更として，子の病気及び学齢に到達したこと（仙台高決昭和56.8.24家月35－2－145），教育費負担（東京家審昭

和54.11.8家月32－6－60）などがあり，一方，増額を認めなかった例（東京高決平成10.4.6家月50－10－130，広島家審平成11.3.17家月51－8－64，東京高決平成19.11.9家月60－6－43等），協議離婚の際に定めた養育費の終期（18歳まで）について，22歳までの延長を認めるべき事情の変更はないとした例（大阪高決平成19.11.9家月60－6－55），減額請求を認容した例（山口家審平成4.12.16家月46－4－60，福島家会津若松支審平成19.11.9日家月60－6－62）などがある。

7　取立方法

婚姻費用と同様に，履行勧告，直接強制執行，間接強制執行の方法がある。直接強制として，給与等の将来分の差押え，差押禁止範囲の縮小（被差押債権の範囲の拡張）も可能である（117頁を参照）。

間接強制執行の認容例として，1日につき1,000円の間接強制金の支払いを命じた例（広島家決平成19.11.22家月60－4－92，大阪家審平成19.3.15家月60－4－87等），1日5,000円の間接強制金とした例（横浜家審平成19.9.3家月60－4－90）などがある。

8　渉外事案の養育費裁判例

渉外事案の公表裁判例として，下記がある。

【東京地裁平成7年12月26日判決（判タ922－276）】

日本人夫からイタリア人妻に対し離婚が提訴され，妻より離婚の反訴及び過去及び将来の養育費の附帯申立てをした。妻は子ら2人を連れてイタリアに帰国しているが応訴したため，国際裁判管轄の問題は生じなかった。判決は，子らの過去の養育費を婚姻費用の清算のための給付として財産分与に含ませ，700万の限度で認容し，将来分については，月10万円の支払いを命じた。過去の養育費につき，ローマ高等裁判所が一定額の支払いを命じており，それによる支払いは700万から控除されることが理由中に付記された。

【東京高裁平成9年9月18日判決（判タ973－252）】

元は日本に居住していた米国オハイオ州在住の日本人女性が，日本在住の日本人男性に対して，オハイオ州の郡裁判所に，オハイオ州在住の子の養育費の支払いを申し立て，これを命じた同裁判所の判決について，父母の住所地が異

なった原因が，非監護親父の事情にあるのではなく，監護親母の事情にあったという特別の事情があるから，オハイオ州の郡裁判所には国際裁判管轄権がなく，改正前の民事訴訟法200条1号（現行118条1号）の要件を具備したものとはいえないとした例。

【東京高裁平成10年2月26日判決（判タ1017－273）】

米国ミネソタ州裁判所が判決を言渡して確定した日本人父母間の子の養育費の支払いにつき，その方法として，差押えも介さず支払義務者の使用者に対して給与から天引きして直接送金することを命じているところ（給与天引制度による），第一審は，「わが国の強制執行に親しむ被告の原告に対する具体的な給付請求権を表示してその給付を命じる内容を有するものとは認められないから，…これを承認し執行を許可することはできない」（東京地判平成8．9．2判時1608－130）としたが，抗告審においてこれを取り消して，「確かに，右のような養育費支払についての給与天引制度は，アメリカ合衆国の前記法律によって認められたものであって，我が国には存在しない制度であるから，我が国においては，本件外国判決によって，判決の当事者ではない被控訴人の使用者等に対し，差押え等を介することなく，一郎の養育費を被控訴人の給与から天引し，これを公的な集金機関に送金すべきことを命ずることができないのは明らかであるが，判決によって支払を命じられた養育費については，ミネソタ州法上，支払が30日間以上ないときには，支払請求権者が支払義務者に対し所定の通知をし，支払義務者が支払をするか，所定の手続をとらない限り，執行することができるとされているのであって，本件外国判決のうち，被控訴人の使用者等に対し，被控訴人の給与の天引きとヘネピン州A・アンド・Bサービスへの送金を命ずる部分は，ミネソタ州において，被控訴人に対し養育費の支払を命ずるものとして執行力を有しているというべきであるから，本件外国判決のうち養育費の支払を命ずる部分の執行力を，我が国においても外国裁判所の判決の効力として認めることができるものである。」とした例。

【浦和家裁川越支部平成11年7月8日審判（家月51－12－37）】

フィリピン人母（日本居住）が有配偶者である日本人父（建設業自営）に対し，子（日本国籍，日本居住）の養育費を請求したが，父は全く出頭せず収入

の状況も不明であるため，総務庁統計局の個人企業経済調査年表を用いて算定し，過去分36万円，将来分として月4万円の支払を命じた例。

Column　国境を越える養育費の請求・回収

　一般に，裁判の相手方が外国にいる場合の裁判手続は，管轄や準拠法，送達，裁判にかかる時間や費用の点で負担が大きくなる。養育費の請求の相手方（義務者）が外国にいる場合，学説・実務は，権利者（子ども）及び義務者のいずれの住所地国にも国際裁判管轄が認められるとするので，子どもの住所が日本にあれば，日本の裁判所での手続も可能であるし，相手方の住所のある外国の裁判所で手続をすることも可能である。しかし，国境を越える養育費の請求・回収は，子どもの利益・福祉のために必要性が高いにもかかわらず，請求額の割にコスト（費用，時間，手間等）が大きい。例えば，日本の裁判所での手続の場合，調停は相手方の出頭可能性が確実でなければ利用できないため，審判の申立てを行うこととなる。

　外国にいる相手方に対する審判申立書の送付は，送達の方法によるのが最近の実務であることから，申立書の外国語への翻訳が必要であるし，送達に数か月以上要することになる。相手方が手続に全く応じない場合，相手方の収入の認定は賃金センサスによる推定や擬制等の方法でなされるであろうが，養育費の支払いを命ずる審判が確定しても，相手方が任意に支払わない場合は，相手方が居住する外国における強制執行手続が必要になり，当該国において日本の裁判所の審判が承認されるかが問題となる。

　そのため，執行の必要性が高い場合には，最初から相手方の住所地国で養育費の請求手続を行った方が確実に思われるが，日本から見て当該国に養育費の国際裁判管轄があったとしても，当該国の管轄規則によれば，管轄があるとは限らない。管轄はあったとしても，当該国の弁護士を探して手続を依頼するのは容易ではない。外国によっては，養育費の請求や回収の手続は行政機関を通じて行うことが可能な場合が少なくなく，外国にいる当事者であっても利用可能なこともあるので，調べてみることをお勧めする。

　なお，このように，国境を越える婚姻費用や養育費の請求・回収が困難であることから，ハーグ国際私法会議において，2007年，国家間の行政協力の仕組みを定めた「子及びその他の親族の扶養料の国際的な回収に関する条約」が採択されたが，まだ発効に至っていない。

第7章 国境を越える子の監護に関する問題

第1 国境を越える子の監護・引渡し紛争の問題点

　近年，国際結婚・離婚の増加や家族の国境を越えた移動の増加に伴い，両親の一方が子を連れて出身国に戻ったり，外国に移住するといった，国境を越える子の移動の問題について，日本の弁護士も，当事者の一方から相談を受けることが多くなっている。

　国境を越える子の移動の問題を含む，子の監護・引渡し紛争をめぐる事件においては，国際裁判管轄，準拠法，外国判決の承認執行の問題が複雑に絡み合うだけでなく，外国の監護法制や裁判手続の実務一般，国際的な子の連れ去りの民事面に関する条約（以下，「ハーグ条約」という）に関する知識が求められる。国によっては，親によるものであっても他方親の同意のない子の国外への連出しを犯罪とするところも少なくないことから，当該外国への入国の可否，入国した場合の逮捕や刑事訴追の危険，当該外国以外の第三国における逮捕の危険，国際刑事機構（インターポール）を通じた日本の警察からの連絡への対応，さらに，外国大使館からの領事面会の要求や介入への対応等，民事面だけでなく刑事面や，国際法に関する問題にまで広がり，相談を受けた弁護士も戸惑うことが多い。そのため，場合によっては，弁護士が，不正確な知識や理解に基づき，不適切，あるいは誤った助言をしてしまう危険がある。また，そうした懸念から，弁護士が，最初から相談に応じることを回避することも少なくない。

　諸外国の国際家族法専門の弁護士の間でも，国境を越える子の監護・引渡し紛争に関する実務は高い専門性を要求され，知識と経験がないまま事件処理にあたることは，依頼者の利益保護や，何よりも子どもの利益保護の観点から適切ではないことが認識されている。そのため，この問題は，国際家族法実務の研修や会議で常に取り上げられる専門分野である。

　国境を越える子の移動が絡む子の監護・引渡し紛争の相談は，日本に子を連れ帰ってきた親からの相談もあれば，日本に子を連れ去られたと訴え

る外国に居住する親からの相談もある。最近では，外国で結婚生活が破綻し日本に子を連れ帰りたいと考える親が，外国の裁判所で日本に子を連れ帰ることを禁止・制限され，助言を求めて日本の弁護士に相談する例も増えている。また，日本から子を外国に連れ去られたという親からの相談，子を外国に連れ去られそうになっているという親からの相談も少なくない。

　そこで，本章では，国境を越える子の移動が絡む子の監護・引渡し紛争に含まれる国際裁判管轄や外国判決の承認・執行等の諸問題を解説するとともに，実務上の留意点を示し，この類型の事件を扱う弁護士への情報提供としたい。

第2　外国から日本への子の連れ帰り

1　外国から日本への子の連れ帰り事案の類型

　外国に居住する子の両親の一方が，結婚生活の破綻に伴い，子を他国に連れ出し（母国に連れ帰る場合が多い），又は，母国に一時帰国するなどしたまま元の居住地国に子を返さず，そのまま子を他国に留め置く場合がある。このように，子を連れ出したのが子の親であっても，また，その親に親権・監護権があっても，他方親の同意や必要な裁判所の許可なく連れ出し，又は，一時的に連れ出した後，元の居住国に戻さない場合を総称して，「国際的な子の連れ去り（international child abduction）」と呼ぶ。

　国際的な子の連れ去りにあたる，外国から日本への子の連れ帰り事案は，おおむね，次のとおり分類できる。

① 外国の裁判所において子の監護権決定もなく，裁判手続も始まっていない状態で，親の一方が他方親の同意なく子を日本に連れ帰った場合，又は，他方親から一時帰国（旅行）の同意を得て子を日本に連れ帰り，そのまま子を帰国させなかった場合

② 外国の裁判所において別居・離婚に伴う子の監護権決定の裁判手続中に，親の一方が他方親の同意又は裁判所の許可なく子を日本に連れ帰った場合，又は，他方親の同意又は裁判所の許可により一時帰国（旅行）を認められ，子を日本に連れ帰り，そのまま子の返還期限に子を帰国させなかった場合

③ 外国の裁判所において別居・離婚に伴う子の監護権決定がなされた後，親の一方が，裁判所の命令に違反して，子を日本に連れ帰った場合

2　外国における法的手続

　前項の①ないし③のいずれの類型の事案についても，当該外国における子の監護問題に関する管轄基準からすれば，当該外国の裁判所が子の監護の裁判に関する管轄を有するとして，外国に残された親が，外国の裁判所に子の監護権の決定や子の引渡しを求める裁判を申し立てることがある。

　すでに外国の裁判所で裁判手続が行われており，子を連れ出した親に当

該外国で代理人弁護士が就いていれば，裁判書類の送達は代理人宛てになされ，当事者の親と子がもはや当該外国にいなくても，手続は進行する。子を連れ出した親に当該外国で代理人弁護士が就いていない場合や，就いていた代理人が辞任してしまった場合，裁判書類は，日本に帰ってしまった親宛てに送達されることになるが，しばしば，その送達が正式な外国送達の方法によらず，日本語の翻訳文も添付せずに郵便で送られるだけのことがある。外国裁判所は，子を連れ帰った親に対し，子を戻すよう命令するが，子を連れ去った親が応じない場合，外国に残された親に監護権を付与する決定がなされることがある。

　他方親の同意や裁判所の許可を得ず，あるいは裁判所の決定に反して子を国外に連れ出すことが犯罪とされている国の場合，残された親が警察に通報し，子を連れ出した親に対する逮捕状が発布され，国際手配されることもある。

3　日本における法的手続

　ハーグ条約では，国際的な子の連れ去りが，子が連れ去りの直前まで生活していた国（常居所地国）の法令に基づく監護権の侵害にあたれば，常居所地国に残された親は自国の中央当局に対し，条約に基づく返還申立てをすることができ，返還申立ての転達を受けた子の連れ去り先の国の中央当局は，子の所在確知や裁判所に対する返還手続開始のための支援等を行う。また，子の連れ去り先の国は，子の返還申立てを受けた場合，返還申立要件があれば，原則として子を迅速に常居所地国に返還しなければならない（ハーグ条約については後記267頁参照）。

　日本は，現在，ハーグ条約を締結していないため（執筆時2011年12月末現在），外国から日本への子の連れ帰り事案に対して，当該外国がハーグ条約の締約国である場合も（米国，カナダ，英国，フランス，オーストラリア等），外国に残された親は，外国への子の返還を求めたい場合，日本の国内法に基づく手続を利用するほかない。

(1)　外国裁判所の決定に基づく子の引渡し請求

　外国に残された親が，日本の裁判所において，子の引渡し請求を行う場

合，その手続としては，(i)外国裁判所の監護権決定を前提とする人身保護請求，(ii)外国裁判所の子の引渡し命令の執行，(iii)日本の裁判所における子の監護者指定・引渡しが考えられるが，(i)及び(ii)の手続を選択する場合，外国判決の承認執行要件を満たしているかが問題となる。

ア　外国裁判所の監護権決定・子の引渡し命令の日本における承認要件の充足性

　外国裁判所で監護権決定がなされ，残された親が単独監護権者に指定されている場合，日本において子の引渡しを求める手続としては，平成5年最高裁判決の基準に従い，人身保護請求の申立てが可能である（最三小判平成5.10.19民集47-8-5099）。この場合，請求者は，外国裁判所の監護権決定を根拠として自身の監護権を主張することになるが，外国裁判所の監護権決定により請求者が日本で監護権を主張するためには，外国裁判所の監護権決定が日本において承認され効力を有することが必要である。なお，監護権決定は，いわゆる非訟事件であるが，監護権決定の裁判についても同条が適用されると解されていることから，民事訴訟法118条各号すべての要件を検討しておく必要がある。また，外国裁判所がなした子の引渡し命令について，日本の裁判所においてその執行判決を得て，子の引渡しの強制執行を行うことも考えられるが，この場合も，外国裁判所の子の引渡し命令が日本における承認要件を満たしていることが必要となる。

イ　外国裁判所における監護権裁判の手続中又は決定後の子の日本への連れ帰り

　子の日本への連れ帰りが，外国裁判所の監護権決定に反して，あるいは，監護権決定の手続中に行われた場合，民事訴訟法118条の外国判決の承認要件のうち，1号の管轄と2号の送達の要件は満たしていることが多い。なぜなら，外国裁判所で監護権の裁判が申し立てられた時点では連れ帰った親も子も当該外国に居住しており，当該外国が子の監護に関する管轄を有することは明らかであり，また，裁判開始の時点では，連れ帰りをした親はまだ外国国内におり，送達は当該外国法の定める通常の国内の送達手続によればよいから，外国国内で適法な送達がなされ，裁判手続が開始し

ている限り，日本に帰国した後の裁判書類の送達が適法な外国送達としての要件を満たしていなくても，外国判決の承認要件としての送達の要件は満たしていることになるためである。

　ただし，国際的な子の連れ去り事案について外国裁判所がなした監護権決定の中には，いわゆるチェイシング・オーダーと呼ばれる，親の一方が他方親の同意や裁判所の許可なしに子を国外に連れ去ったことを理由として，子の監護状況についての調査を行うこともなく，残された親に監護権を付与したり，子を連れ去った親に対し，残された親への子の引渡しを命ずるものがある。このような外国裁判所の決定は，民事訴訟法118条の定める確定性要件，公序要件を満たさないとして承認されない可能性がある。

　公刊された裁判例で，外国裁判所の監護権決定や子の引渡し命令を，手続的公序の点から公序違反としたものは見当たらないが，子の監護権決定の裁判中に日本人母が子を日本に連れ帰った後，少数者に対する日本社会における偏見・差別を考えると子の将来の幸福にとってアメリカで生活する方が適切であるとして，残された父親の申立てを認めて，子の監護権者を母から父に変更し，母に対し子を父に引き渡すよう命じたテキサス州判決について，子が日本社会になじんでいる段階では子の福祉にとってかえって有害であるとして，テキサス州裁判所の判決の承認・執行は公序に反するとした裁判例がある（東京高判平成 5.11.15家月46-6-47）。

　ウ　子の日本への連れ帰り後に外国裁判所に申し立てられた監護権の裁判の決定

　これに対し，子の日本への連れ帰りの後に，残された親の申立てにより裁判手続が開始され，外国裁判所が残された親を監護者として指定し，子の引渡しを命ずる決定をなした場合，このような外国裁判所の決定は管轄要件が否定される可能性がある。すなわち，当該外国の管轄規則によれば，子が国外に連れ出された場合でも，子の常居所地である当該外国の裁判所に管轄があるが，日本の国際裁判管轄決定規準からすれば，日本への連れ帰り後，すでに子が日本に住所を有していれば，当該外国の裁判所には子の監護権決定の管轄はないとされる可能性があるためである。

　また，子の日本への連れ帰りの後に外国裁判所で開始された子の監護権

の裁判の決定については，被告（相手方）が日本にいるにもかかわらず，送達が適式な外国送達の方式によっておらず（翻訳文の添付を欠く直接郵送等），民事訴訟法118条2号の送達要件を欠くとして承認されない可能性もある。そのような送達でも，被告が応訴すれば，2号違反とならないが，国際的な子の連れ去り事案では，被告が応訴もせず放置する場合が少なくない。その場合は，日本に居住する連れ帰った親に対する送達が外国送達として適式なものでなければ，外国裁判所の監護権決定や子の引渡し命令は送達要件を欠き，日本では承認されないことになる。外国から日本への子の連れ帰りの事案について，この点で外国裁判所の監護権決定や子の引渡し命令が承認されないとして外国に残された父親から日本人母親に対する子の引渡請求を否定した裁判例として，東京地裁八王子支部平成9年12月8日判決（判タ976—235）がある（前記57頁参照）。

(2) 家庭裁判所に対する子の監護者指定・引渡しの審判の申立て

外国裁判所がなした監護権決定や引渡し命令があるが，(i)外国判決の承認執行要件を欠いており，当該監護権決定を前提とする人身保護請求や引渡し命令の強制執行が認められない可能性がある場合，(ii)外国裁判所の監護権決定が，連れ去った親と残された親の両方に共同監護権を付与しているため，人身保護請求ができない場合，又は，(iii)監護権に関する外国裁判所の決定がなく，共同親権・監護権状態である場合には，外国に残された親が日本の国内法に基づき子の引渡しを求めるための手続として，日本の家庭裁判所に対し子の監護者指定及び子の引渡しの審判を申し立てることが可能である。

この場合，子の住所が日本にあり，外国に居住する残された親自身が日本の裁判所に対し申立てをしていることから，日本の裁判所が子の監護権決定についての国際裁判管轄を有し，行使することに問題はない。そして，子が日本と外国の二重国籍を有している場合，監護に関する準拠法として，子を連れ帰った親が日本人であれば，子と当該親の同一の本国法である日本法が適用され，日本法に基づいて，監護者指定・引渡しについての判断がなされることになる（通則法38条1項・32条）。

その際，特に，外国裁判所における監護権の裁判の手続中や決定後に，

外国裁判所の命令に違反して子が日本に連れ帰られたという経緯がある場合，このような事情がどの程度，子の監護者指定の判断において考慮されるかであるが，実務では，すでに子が日本における生活に定着し，子の生活が安定していると認められる場合には，子が連れ帰られた経緯よりも子の安定の方がより重視され，日本に子を連れ帰った親を子の監護者と指定する傾向が見られる。

(3) **子を連れ帰った親からの家庭裁判所に対する監護者（親権者）の指定・変更の申立て**

外国裁判所において監護権決定の裁判も離婚判決もなされていない場合，日本に子を連れ帰った親が日本の家庭裁判所に対し，別居中の監護者指定の審判を求め，又は，離婚訴訟を提起し，その中で親権者指定を求める場合がある。外国裁判所において離婚判決だけがなされ子の親権者（監護者）の決定がなされていない場合には，子を連れ帰ってきた親は，日本の家庭裁判所に対し，親権者指定の審判の申立てを行うのが通例である。また，外国裁判所がなした監護権決定が日本において承認され効力を有する場合，日本に子を連れ帰った親が，日本の家庭裁判所に対し，外国裁判所の決定に基づく親権者（監護者）の変更を求める場合がある。

ア 日本の裁判所の国際裁判管轄

日本における子の監護権に関する国際裁判管轄の決定基準について明文の規定はないが，離婚に伴う親権者指定の場合は，離婚の国際裁判管轄を有する裁判所に子の親権者指定の管轄があるとする立場が多数説及び実務である。また，離婚請求の附帯処分としてではない独立の子の監護者指定や，親権者・監護者変更の場合は，学説及び裁判例によれば，一般に，子の住所地国の裁判所に国際裁判管轄が認められるとされている（第Ⅰ部第3章7・30頁参照）。

そこで，まず，日本に子を連れ帰った親が家庭裁判所に離婚請求訴訟を提起し，その中で附帯請求として子の親権者指定を求める場合には，日本の裁判所に離婚の国際裁判管轄が認められれば子の親権者指定の国際裁判管轄も肯定され，離婚の国際裁判管轄が否定されれば，離婚請求の附帯請

求としての子の親権者指定の国際裁判管轄も否定されることになる。そして，日本人親が外国から子とともに帰国した場合に，日本の裁判所に離婚事件の国際裁判管轄が認められるかについては，昭和39年最高裁大法廷判決に準じて，遺棄行方不明に準じるような例外事情がある場合には，日本の裁判所に離婚事件の国際裁判管轄が認められることになる可能性がある（第Ⅰ部第3章6離婚事件の国際裁判管轄・21頁を参照。）。

　実際，東京地裁平成16年1月30日判決（判時1854—51）は，フランス人夫から重大なドメスティック・バイオレンスを受けていた日本人母が，フランスから日本に子を連れ帰り，日本の裁判所に離婚及び子の親権者指定を求める訴訟を提起した事案において，原告がフランスで離婚の手続を遂行することはドメスティック・バイオレンス等の危険があるとして，日本の裁判所に国際裁判管轄を認めた。

　次に，日本に子を連れ帰った親が，離婚請求の附帯処分としてでなく，家庭裁判所に，子の親権者・監護者の指定又は変更の審判の申立てをする場合には，子の住所が日本にあれば日本の裁判所に国際裁判管轄が認められることになる。そして，これまでの実務では，外国から日本への子の連れ帰り事案であっても，日本への帰国後に，子の住民登録手続がなされていれば，日本に子の住所があるとされ，国際裁判管轄の点が問題とされることはなかったと言ってよい。たとえ，日本への子の連れ帰りが，単に他方親の同意を得ていないとか，他方親の意思に反するというだけでなく，外国裁判所の監護権決定に違反するものであっても，そのような事情を理由に日本の裁判所の国際裁判管轄が否定された例は近年まで見当たらなかった。

　この点，東京家裁平成20年8月7日決定（家月61—11—65）は，米国ワシントン州裁判所が米国人父に子の単独監護権を付与する決定をなした後に，日本人母が同州裁判所から子を日本に一時的に連れ帰ることの許可を得て日本に帰国し，そのまま子を父に返還する期限が来ても子を返還せず，日本に子の住民登録をし，日本の家庭裁判所に対し，子の養育場所を日本とし，監護者を父親から母親に変更することを求めた審判事件であるが，母親がワシントン州裁判所における子の監護権の決定に関する手続に参加し，子の調査等を経て監護決定がなされたにもかかわらず，同裁判所の決

定に違反して子を日本に留め置いたこと，日本に一時帰国したまま子を米国に返還しない状態が未だ短期間に過ぎないことを理由として，子の住所が未だ日本にあるとは言えないとして，子の監護権に関する日本の裁判所の国際裁判管轄権を否定した。抗告審である東京高裁平成20年9月16日決定（家月61-11-63）も原審の判断を是認した。このように外国から日本への子の連れ帰り事案において，日本の裁判所が子の監護権に関する決定を行う国際裁判管轄を否定した裁判例は珍しい。

　この決定に対しては，外国裁判所の決定が日本において承認されるか否かの検討なしに，子の住所の概念に外国裁判所の存在を持ちこんだものであり，住所の有無は客観的な事実により判断されるべきであった，国際裁判管轄の有無は子の福祉の観点から判断されるべきところ，このような事案において国際裁判管轄を否定することは紛争の解決にならず子の福祉を図ることにならない，むしろ，裁判所は日本に国際裁判管轄があることを認めたうえで，外国裁判所の決定の承認の可否を検討し，監護権の変更を認めないという本案の判断をすべきであったとの批判的な意見もある（織田有基子・評釈・戸時660―2）。

　また，この事案では，日本人母からの外国裁判所が決定した監護権の内容の変更を求める審判の申立ては，母が外国裁判所の許可に違反して子を米国に戻さないという行為をなした時点から僅か数週間後になされており，審判申立ての時点では，子の日本における居住期間が極めて短期間であったという特殊性が考慮された可能性がある。さらに，ワシントン州裁判所における監護権の裁判では，日本人母も代理人弁護士を選任して手続に参加し，子についての調査も経たうえで決定がなされており，日本人母が日本の家庭裁判所に対してなした申立ては，外国裁判所の監護権決定をその直後に日本で変更しようとしたものと言える。したがって，この決定が外国から日本への子の連れ帰り事案一般において，日本の裁判所に子の監護権についての国際裁判管轄が認められるかという問題について新たな決定基準を示したとまで評価することはできないであろう。

　しかしながら，少なくとも，これまでの日本の裁判実務では，日本人親が外国から日本に子を連れ帰った事案であっても，子の住所が日本にある以上，無条件に，日本の裁判所に子の監護に関する国際裁判管轄を認めて

きたのに対して，国際的な子の連れ去り事案における子の監護に関する国際裁判管轄について問題意識を持って判断した裁判例として注目される。

イ　外国裁判所の監護権決定を前提とする人身保護請求と親権者・監護者変更の審判の関係

　外国に残された親が，外国裁判所の監護権決定により単独親権・監護権を付与されていた場合でも，日本の家庭裁判所が，日本に子を連れ帰った親からの親権者・監護者変更の審判の申立てを受け，国際裁判管轄を有するとして，子の親権者・監護者を日本に子を連れ帰った親に変更する審判をなした場合には，外国に残された親は外国裁判所の決定により付与された親権・監護権を根拠として，人身保護請求を申し立てても認められないこととなる。

　実際，カナダのブリティッシュコロンビア州裁判所においてカナダ人父に子の単独監護権を付与する決定がなされた後，同州裁判所から子を日本に一時帰国させる許可を得た日本人母がそのまま，裁判所の命令に違反して子を父の元に戻さなかったという事案において，カナダ人父が同州裁判所の監護権決定により単独監護権を付与されているとして，日本の地方裁判所に人身保護請求を申し立てたところ，その手続中に，日本人母が日本の家庭裁判所に親権者変更の審判を申し立て，これが先に認容され，地方裁判所は同州の決定は民事訴訟法118条の要件を満たすとして効力を認めたものの，人身保護請求を棄却した例がある（判例集未搭載）。

ウ　国際裁判管轄の競合による日本の裁判所と外国裁判所の決定の矛盾

　外国から日本への子の連れ帰り事案において，日本の裁判所が子の監護に関する国際裁判管轄があるとして子の親権者・監護者指定の審判（又は離婚請求に伴う子の親権者指定の判決）をなし，あるいは，外国裁判所がなした監護権決定を変更する審判をなした結果，子を連れ帰った親が日本においては子の単独親権者・監護者と認められたとしても，そのような日本の裁判所の判決や審判が，当該外国で承認されるとは限らない。

　外国における子の監護に関する管轄規則によれば，外国から日本に子が連れ去られた後も，子の常居所地国である当該外国の裁判所が，監護の問

題について専属的・継続的に管轄を有し，また，外国裁判所の決定に反して子が国外に連れ去られたような場合には，子の連れ去り先の国の管轄は認めないとされている場合がある。このような管轄規則を有する外国の残された親や裁判所から見れば，外国裁判所が行った監護権決定に違反して日本に連れ去られた子について，日本の裁判所が管轄権を行使して，外国裁判所がなした監護権決定の変更を行うことは，外国裁判所の決定を不当に無視する不適切な行為と受けとめられかねない。実際，昨今の外国から日本への子の連れ去りの問題における外国から日本に対する批判の一因もこの点にある。

　他方で，外国裁判所は，当該外国法の管轄規則に照らして，当該外国裁判所に管轄があれば，子が日本に連れ去られた後でも，残された親からの申立てを受け，子の監護に関する決定を行い，残された親に単独監護権を付与することがある。このような外国裁判所の監護権決定は，当該外国においては，同国の国内法と裁判手続に則った正当で有効なものであったとしても，子を連れ帰った日本人親にとっては，日本人親の言い分も聞かず，子の調査も経ずになされた一方的で不当な決定と感じられることが少なくない。また，このような外国裁判所の監護権決定は，法的にも民事訴訟法118条の外国判決の承認要件を欠き，日本では効力を有しない可能性がある（前記3(1)イ参照）。

　このように，外国から日本への子の連れ帰り事案においては，当該外国と日本における子の監護に関する国際裁判管轄の考え方・基準の違いにより，国際裁判管轄が競合し，外国と日本の裁判所がそれぞれ子の監護権決定を行い，あるいは外国裁判所の監護権決定を日本の裁判所が変更した結果，子の監護権が日本においては日本人親に付与され，外国においては外国人親に付与されるという事態が生じ，子の親権・監護権に関する不均衡な法律関係が継続したまま解消されないという状況が起こりうる。

　さらに，最近では，外国から日本への子の連れ帰りの事案について，日本の裁判所に国際裁判管轄は認められるべきではないとの立場や，日本の裁判所に訴えても日本人親に有利な判断しかなされないとの懸念や不満から，外国に残された親が，日本の裁判所における法的手続の利用を回避し，メディアやインターネット上で子の返還を訴えたり，子を連れ帰ろうとし

て自力救済行為に及んだり，外交的な手段に訴えたり，外国の裁判所において子を連れ帰った日本人親に対する高額の損害賠償請求訴訟を提起するといった例が見られる。

4　外国から日本に子を連れ帰った親からの相談

　本章の冒頭に述べたとおり，外国から日本に子を連れ帰った親から受ける相談の内容は，多岐にわたる。もっとも，相談の中心は，日本における離婚と子の親権に関する問題であろう。具体的には，相談者が日本で離婚し子の親権者となることができるか（外国で離婚が成立していない場合），外国裁判所で子の監護権決定がなされている場合はこれを変更することができるか（共同監護権の決定を変更して自分が単独親権者となれるか，残された親に単独監護権が付与されている場合はこれを変更して自分が単独親権者となれるか）といった問題である。その他，外国から日本に子を連れ帰った親からの相談としては，以下のものがある。

　①　外国で刑事訴追された場合，日本で逮捕されることはあるのか。
　②　日本から出国した場合，外国で逮捕されることはあるか。
　③　残された親からの攻撃的な連絡にどう対処すればよいか。
　④　インターネット上で自分や子どもの写真や名前が公開され，非難中傷されているが，止めることはできないか。
　⑤　外国大使館からの連絡や領事面会要請にどう対応すればよいか。
　⑥　残された親が日本に来て直接の話合いや子との面会を求めてくるがどう対応すればよいか。
　⑦　外国の裁判所から子の返還命令が出された場合に日本で執行されることがあるのか。

　日本における離婚及び子の親権，他方親からの子の引渡し請求については，これまでに述べてきた通り，日本の裁判所に国際裁判管轄が認められるための要件，相談を受けた具体的事案に則して国際裁判管轄が認められる可能性，外国裁判所における監護権の裁判係属中に子を連れ帰った場合や監護権の決定がなされた後に子を連れ帰った場合の問題，残された親が日本の裁判所で子の引渡しを求める手続をしてきた場合の見通し等について説明することになる。

外国における刑事訴追の可能性や，外国に戻った場合や第三国に入国した場合に逮捕される可能性については，日本と異なり，諸外国では，他方親の同意なしに，あるいは裁判所の決定や命令に違反して子を外国に連れ去る行為を犯罪として厳しく取り扱うところも多く，当該外国の法制度及び実務に精通していない日本の弁護士が安易に助言することは危険であり，慎むべきであろう。例えば，米国の場合，親による子の誘拐の容疑者として逮捕状が出されている親の氏名や写真等が連邦警察（FBI）のウェブサイト上に公開されているが（http：//www.fbi.gov/wanted/parent/@@wanted-group-listing），このリストに載っていなければ逮捕の可能性がないとの確証はない。さらに，国際的な子の連れ去りは，連邦犯罪とされているほか，州法によっても犯罪として訴追される可能性があり，複雑である。

また，日本における刑事訴追や逮捕の可能性については，外国から日本への子の連れ帰りについての未成年者略取誘拐罪（刑224条）や，所在国外移送目的略取誘拐罪（刑226条）といった，日本の刑法が適用されるが（刑3条），実際に，外国から日本に子を連れ帰った親の刑事責任が問われた裁判例や報道は，これまでのところ見当たらない。さらに，外国において逮捕状が出されていても，外国の裁判所が発布した逮捕状がそのまま日本で執行されるわけではない。

外国にいる他方親からの連絡や，在日外国大使館からの連絡や面会要請については，子を連れ帰ってきた親の中には，残された他方親が子を連れ戻しにくることを恐れて，一切の連絡を絶ち，所在も秘匿する例がある。あるいは，所在は秘匿しないまでも，他方親からの子との面会や電話等による接触をすべて拒否し，外国大使館からの領事面会の要請にも応じない例もある。外国から日本に子を連れ帰ってきた事情はさまざまであろうし，中には他方親からのドメスティック・バイオレンスや自力救済的に子を連れ戻される危険があるなどの理由から，子を連れ帰った親が子とともに身を隠す場合もある。しかし，そうした事情がない場合には，他方親からの子の状況についての問合せにはできるだけ応じ，電話やスカイプ等による他方親と子の交流を行い，他方親が来日して子と面会することを希望する場合は，これに応ずることが，子が両親のそれぞれと接触する権利（子どもの権利条約9条3項）の観点からも，また，他方親が監護権・面会交流権を

有している場合には，これを尊重するという観点からも望ましく，友好的な話合いによる解決に至る可能性も高まる。

　他方親が来日して子との直接の面会交流を要請してくる場合，子を連れ帰った親としては，他方親による再連れ去りを懸念し，面会交流に応じることを躊躇する場合が多い。

　再連れ去りの危険防止の方法としては，他方親から面会交流の終了時に子を返還すること，及び子を日本国外に連れ出さないことの念書を差し入れてもらう，他方親が子の外国パスポートを保管している場合には面会交流の間パスポートを渡してもらい預かる，外国大使館に対し他方親から子のパスポート申請があっても受け付けないよう要請する，他方親の来日・離日の具体的予定・航空機便名・日本滞在中の宿泊先と連絡方法（携帯電話番号・メールアドレス等）を開示してもらう，親自身又は第三者（親族や弁護士，面会交流支援機関）が面会に立ち会う，他方親と子のみで面会する場合は，面会交流中に確認の電話を入れる（もらう），子自身に携帯電話を持たせる（GPS機能付き）等の措置が考えられ，実際にこれらの措置を取りながら，外国から来日した他方親と子との面会交流を実施している例がある。

　もちろん，これらのほとんどの措置が，他方親が同意して初めて可能になるものであり，具体的にどの方法が可能であり適切であるかは，個別の事案や子の年齢，他方親の態度等により異なる。

　国際的な子の連れ去り事案では，残された親は，突然子を連れ去られたことに対する怒りと，一生子に会えなくなるのではないかという強い不安を感じていることが多い。一方，子を連れ去った親は，他方親に子を連れ戻されるのではないかという不安に怯えていることが少なくない。こうした両当事者の強い不安と緊張関係の中にあっても，子を連れ帰った親が他方親の心情を理解し，子との面会に応ずることによって，両親の間に一定の信頼関係が醸成され，その後の話合いを冷静に進めていくことができる可能性もある。

　日本に子を連れ帰った親から相談を受ける弁護士としても，この点を理解しておく必要がある。なお，万が一，来日した他方親と子との面会交流中に他方親による子の連れ去りが起きてしまった場合には，速やかに警察

や他方親の搭乗予定便名がわかっている場合にはその航空会社，空港の出国審査官等に連絡し，子が出国しないよう援助を求めるべきである。しかしながら，他方親による子の連れ去りの態様によっては，未成年者略取誘拐罪に該当するとして，他方親が逮捕される可能性もあるが，他方親による子の国外への連出しを強制的に止めるような法的制度は，現在のところ，日本にはない。

また，他方親の本国の在日大使館から，子を連れ帰った親に対し，子の安否や状況についての問い合わせや領事面会の要請がなされることがあるが，外国大使館の介入ということで，連絡を受けた親は，必要以上に不安を感じ，対応に戸惑うことが多い。子を連れ帰った親から領事面会の要請への対応について相談を受けた場合，弁護士としては，領事面会とは，在外自国民（子は日本と外国の二重国籍を有していることが多く，その場合，当該外国から見れば，子は自国民である）の保護の観点から，その安否や福祉状況を確認する目的で領事が業務として行うものであること，要請に応じる義務はないが領事面会に応ずることで他方親が安心し話合いの促進につながる場合もあること，外国領事が日本の管轄内で領事面会の機会に子を実力で連れ戻すことは許されないこと等を説明し，親の不安を取り除き，領事面会を受け入れるよう促すことが望ましい。

5　外国から子を日本に連れ帰りたいと考えている親からの相談

国際通信手段やインターネットによる情報へのアクセスの発達に伴い，近年では日本の弁護士が海外に居住する相談者から法律相談を受けることも少なくない。外国から日本への子の連れ帰りについても，実際に連れ帰ってきた親からの相談のほかに，これから日本に子を連れ帰りたいと考えている日本人親が事前に相談してくることがある。このような相談の内容としては，日本に子を連れ帰った場合の，日本における離婚や子の親権に関する手続の可能性や見込み，外国や日本における刑事訴追の可能性，ハーグ条約についての質問，外国の裁判所からの子の連れ出し禁止命令や日本への帰国の許可についての質問等が多い。

(1) 外国法に関する助言は現地の専門弁護士に任せる

　日本の弁護士としては，日本に子を連れて帰ってきた場合における，日本における裁判手続について説明することはできるが，当該外国法に関する質問については，当該外国の家族法専門の弁護士に専門的な助言を求めるよう奨励すべきである。特に，日本では，共同親権者の一方の親が別居に際し子を連れ出すことは違法とはされていないが，諸外国では，そのような行為が犯罪とされていることも少なくないなど，別居・離婚に伴う子の監護問題についての法制度や実務の差が大きいことから，日本の弁護士が外国における扱いについて安易に助言することは不正確となりかねず適切ではない。

　なお，日本人相談者は，現地の弁護士の中でも，日本語ができる弁護士に相談することを希望することが多いが，別居・離婚に伴う子の監護の問題に詳しい家族法専門の弁護士に相談するよう助言するのが適切である。特に，国境を越える子の監護紛争については，より高度な専門的知識を必要とするため，国際家事事件についての専門性が要求されるような事件では，できれば，国際家事事件を扱った経験のある，適切な専門家を紹介することが望ましい。

(2) 親権・監護権の付与とリロケーション

　また，外国から子を日本に連れ帰りたいとして相談してくる日本人親の中には，子を連れ帰ったら日本で離婚や子の親権についての裁判ができるかという相談のほか，最近のハーグ条約に関する報道等に接し，法的に問題のない形で帰国するにはどうすればよいかを相談してくる場合がある。このような相談を受けた場合，日本の弁護士が気をつけるべき点は，共同親権制を採用している多くの国では，親権・監護権が付与されることと，子を国外に転居させてよいかは別の問題であることを意識して助言する必要があるということである。

　もちろん，詳しい相談は，当該外国の家族法専門の弁護士に助言を求めるよう奨励すべきであるが，単独親権制度の下で親権さえ取れれば子とともにどこに住むかは自由と考えられている日本人親は，外国における離婚や子の監護に関する裁判においても，自分に監護権が付与されれば子を連

れて日本に帰ることができると考えがちである。

　しかしながら、共同親権制を採用している国では、離婚後、共同監護の決定がなされた場合はもちろん、一方の親に単独の身上監護権が付与された場合であっても、他方の親も共同で居所指定権を含む法定監護権を付与され、あるいは、一方の親に完全に単独監護権が付与された場合でも非監護親には面会交流権が付与され、その実効性の確保のために、子の居所が指定され、監護権者である親が子を国外に転居させるには他方親の同意又は裁判所の許可を必要とする場合がある。そして、離婚後に子と居住する監護親が子とともに転居することは「リロケーション」と呼ばれ（国や州によっては呼び方は異なる場合がある）、リロケーションの要件や手続は国によって異なる。裁判所の転居許可（リロケーション・オーダー）が必要となる場合もある。そのため、法的に問題のない形で日本に子を連れ帰りたいと考えている日本人親に対しては、親権・監護権を取得することと、日本に子を転居させることとは別問題であること、離婚に伴う監護権の裁判において、あるいは離婚後に改めて、子の日本への転居について他方親の同意又は裁判所の許可を得る必要があること、裁判所の許可を得るためには転居許可の申立てが必要であることを説明すべきである。

(3)　**国際転居（インターナショナル・リロケーション）とミラー・オーダー**

　裁判所が外国への転居（インターナショナル・リロケーション）を認める基準は国により異なるが、転居の目的が問われるほか、転居後も子と外国に残された親との面会交流が実効的に確保されることが、国際転居の許可の条件とされる傾向が見られる。そのため、外国裁判所がなした共同監護や面会交流についての決定（当事者の合意に基づくコンセント・オーダー（合意命令）を含む）の内容が、子の日本への転居後も確実に遵守されることを確保するため、外国裁判所の決定・命令と同一の内容について、日本への転居を求める親が日本の裁判所で決定・命令を得ることを、外国裁判所が、国際転居許可の条件として命ずることがある。

　このように、子の転居・移動に伴い、転居・移動前の子の居住国の裁判所がなした命令と同一内容で子の転居・移動先の国の裁判所においてなされる命令をミラー・オーダーと呼ぶ。

特に，子の転居先の国がハーグ条約の締約国でない場合，子の日本への転居を認めると子との面会交流ができなくなる恐れがあると他方親が主張し，日本への転居許可の条件として，日本人親が日本の裁判所におけるミラー・オーダーの取得や高額の保証金・不動産担保の差し入れを求められる例が少なくない。このような条件は，日本への完全な転居（permanent relocation）の場合に命じられることがあるだけでなく，日本への子を連れての一時帰国の許可を得る場合にも，子の返還を確実にするために命じられることがある。

　このように，外国から日本に子を連れ帰りたい親からの相談や，外国裁判所においてリロケーションの許可を求める日本人親の代理人の外国弁護士からの問合せの中には，近時，日本におけるミラー・オーダーの取得に関するものが増えている。しかしながら，日本にはミラー・オーダーの概念や制度はない。外国裁判所が日本の裁判所におけるミラー・オーダーの取得を子どもの日本への転居や一時帰国の条件としようとしても，条件の実現ができない。そこで，日本の裁判所におけるミラー・オーダーの取得や，それができない場合は他の方法による外国裁判所の命令の日本における履行確保の方法について，子の日本への一時帰国許可や転居許可を，外国裁判所において求めている親やその代理人弁護士から相談を受けた場合は，代替策として，外国裁判所の決定・命令の内容を当事者の合意として家庭裁判所で調停条項とすることを提案することが考えられる。

　実際に，調停の方法がミラー・オーダーの代替として英国の裁判所で認められた例がある。

6　外国に残された親からの相談

　日本の弁護士が，外国にいる残された親から相談を受ける場合もある。この場合には，外国にいる親が日本の裁判所において取り得る手続とその見込み，外国裁判所の決定の日本における効力（民訴118条の外国判決の承認執行の要件），子を連れ帰った親が日本の裁判所で取り得る手続とその見込み等について説明する必要がある。

　また，残された親が子との面会や接触を求めている場合や，子を連れ帰った親との話合いによる解決を希望している場合においては，子を連れ

帰った親との接触や話合いができるだけ円滑に進められるための助言を行うことが望ましい。

　残された親が，子が日本に連れ去られた後で，外国裁判所において子の監護者決定や引渡し命令等を得ようとしている場合には，日本における国際裁判管轄基準からすれば，子の住所が日本にあるのになされた外国裁判所の決定は管轄要件（民訴118条1号）を欠くとして承認されない可能性があること，送達は外国送達としての適式な方法でしておかないと送達に関する承認要件（同条2号）を欠くとして承認されないことになることについても，説明しておくべきである。

第3 日本から外国への子の連れ出し

1 日本の裁判所における手続

　日本から外国に子が連れ去られて，すでに子が外国にいる場合における，子の監護者指定や引渡し等に関する裁判例で公刊されたものは少ない。その理由は，日本の裁判所は，子が日本にいない場合には，子に関する裁判の国際裁判管轄はないとの考えから，そのような申立てがなされても取り下げるよう勧告したり，相談を受けた弁護士も，日本では裁判はできない，あるいはできたとしても実効性がないから意味がないと考え，そのような申立てをしたいという依頼者がいても受任しないことがあるためではないかと推測される。

　なお，日本から外国に子を連れ去られたのが離婚前であった場合，離婚の国際裁判管轄の決定基準によれば，原告が遺棄された場合に当たり，被告の住所が日本になくても，日本の裁判所に国際裁判管轄が認められる（昭和39年最高裁大法廷判決参照）。そのため，日本に残された親から，子を外国に連れ去った親に対する離婚請求訴訟を日本の裁判所に提起することは可能である。そして，子の親権についての国際裁判管轄の決定基準として，離婚請求に伴う附帯処分としての子の親権者指定については，子の住所が日本にない場合でも日本の裁判所が離婚についての国際裁判管轄を有していれば，子の親権者指定についても附帯処分の申立てができるというのがおおむねの実務である。

　この附帯申立てが認められれば，日本に残された親が，日本の裁判所に離婚請求訴訟を提起し，離婚が認められれば，併せて子の親権者の指定の判決を得ることは可能である。また，外国に子を連れ去った親の方から，日本に残された親に対する離婚訴訟を日本の裁判所に提起した場合にも，日本に離婚の国際裁判管轄があるから，離婚請求が認容されれば，子が日本にいなくても，子の親権者の指定がなされることも考えられる。なお，以上は，いずれも，子の監護者の準拠法が日本法であることを前提にしている。しかしながら，これまでに公刊された裁判例として，離婚請求の附帯処分として，外国に居住する子について，子とともに外国に居住する親を子の親権者に指定した例はあるが，日本に残された親を親権者に指定し

た例は見当たらないようである。

　日本の裁判所は，子の親権者指定の判断要素として，一般的に，子の監護状態の継続性を重視する傾向があり，特に子を主として監護してきた母親が別居後も子の監護を継続している場合には，子の福祉が懸念される特段の事情がなければ，そのまま母親が離婚後の親権者として指定されることが多い。この傾向が，子が外国に居住している場合にも，そのまま持ち込まれているものと推測される。

　実際，日本に残された親が親権を主張しても，外国にいる子について，国内事案と同じように監護状況についての調査ができないことや，日本に残された親を親権者に指定しても，外国にいる他方親が子を任意に引き渡さない限り，子の引渡しを強制的に実現する方法がないことなども，外国で現に子を監護している親を親権者に指定するという判断につながっている可能性がある。

　しかし，外国で子を監護している親が子の親権を主張し，子の監護状況や監護能力についての主張立証を行い，当該親を子の親権者として指定することが子の福祉・利益の観点から適切であることが証拠から判断できる場合は一応よいとしても，外国に子を連れ去った親が行方不明であったり，裁判に欠席した等の事情により，日本の裁判所が子の監護状況について調査もせずに子の親権者の指定の裁判を行うとすれば，子の利益の観点から疑問がある。このような場合には，そもそも，日本の裁判所が子の親権者指定の国際裁判管轄を行使することが適切かという問題自体を検討する必要があるように思われる。

　日本の裁判所が離婚について国際裁判管轄を有する場合でも，子の監護状況がまったく確認もできないような場合には，日本の裁判所が親権者指定の国際裁判管轄を行使すべきでなく，離婚請求は認めるが，子の親権者の指定は行わないという対応を原則とすべきとも考えられる。これは，「裁判上の離婚の場合には，裁判所は，父母の一方を親権者と定める」と規定する民法819条2項に反するとの反論も予想されるが，日本の裁判所が子の親権者指定について国際裁判管轄を有しないとすれば，民法819条2項の規定にかかわらず，子の親権者指定の裁判はできないはずである。その場合，離婚は成立するが，子の親権者の指定はなされていないため，

子の住所地国の裁判所で子の親権者が指定され，又は，その後の新たな事情により日本の裁判所が子の親権者の指定について国際裁判管轄を行使しうる状態となり，子の親権者の指定を行うまで，両親が子の共同親権者であるという状態が継続することになるが，子の監護状況が全くわからないのに両親の一方を単独親権者に指定してしまうことに比べれば，子の利益・福祉の観点からは，問題が少ないように思われる。

2　外国裁判所における手続

日本に残された親は，日本において法的手続を取ることができない，あるいは困難である以上，子が連れ去られた先の外国において，子の返還を求める裁判手続を行うほかはない。

外国における手続としては，日本は，ハーグ条約の締約国でないため，子の連れ去り先の国が同条約の締約国であったとしても，条約に基づく返還手続を申し立てることはできず，当該外国の利用可能な国内法手続に従い，子の返還を求めることになる（執筆当時2011年12月現在）。子の返還のためにどのような手続が可能かについては，当該外国の家族法専門の弁護士に確認する必要がある。また，子の所在がわからない場合に，子の所在を発見するための手段・方法についても，当該外国の専門の弁護士に相談し，助言を受けるのが最も効果的である。

日本に残された親が，日本に居住しながら，外国で弁護士を探して依頼し，裁判を提起・遂行することは容易ではない。弁護士を見つけて相談するところまではこぎつけても，日本人親に有利な決定が得られる見込みが低い，あるいは，弁護士費用の問題から，外国で裁判手続を取ることをあきらめる親も少なくない。日本の外務省や，連れ去り先の国にある日本大使館や領事部に相談し助言を求める親もいるが，個別の事案について具体的な支援を受けることは難しいのが実情のようである。在外大使館・領事部から日本語による対応が可能な弁護士のリストを渡される例もあるようであるが，国際的な子の連れ去り事件は専門性が高いため，さまざまな方面・ネットワークを通じて，可能な限り，国際的な子の連れ去り案件についての知識と経験のある弁護士を探して相談を受けることが望ましい。国際家事事件専門の弁護士が見つからない場合にも，日本語による対応可能

性の有無よりは，子の監護・連れ去り・引渡しの事件についての専門性や経験を重視した方がよい。

　依頼できる弁護士が見つかり，外国裁判所において子の返還の裁判を行う場合，しばしば，外国裁判所において，日本法の問題が争点になったり，子を日本に返した場合の日本の裁判所における親権・監護権決定の手続，基準等について，裁判官が情報を求め，あるいは，代理人弁護士において主張の必要があることがある。その際，日本の弁護士が，そうした質問についての情報の提供や，鑑定意見書の作成を引き受けてくれる鑑定人候補を探すことについて要請を受け，協力を求められることもある。

3　子の外国への連れ去りの防止

　このように，子がひとたび日本から外国に連れ去られてしまうと，その後に子を日本に戻すことは，日本の裁判所においても，外国の裁判所においても，容易なことではない。このため，現に，子が外国に連れ去られる恐れがあると懸念する親から，子が連れ去られる前に，これを防止する手段はないかと相談を受けることがある。しかしながら，現在の日本の法制度では，これを法的に止める手段がない。

　子の監護について両親の間に紛争があり，子が国外に連れ去られる恐れがある場合に，家庭裁判所が民法766条の子の監護に関する処分として，子を国外に連れ去ることを禁止する審判及び審判前の保全処分を行うことは可能ではないかと考えられる。しかしながら，少なくとも公刊された審判例や審判前の保全処分として，子の国外への連れ出し禁止を命じたものは見当たらない。また，仮にそのような審判が出されたとしても，これに違反して子が国外に連れ出されようとした場合，子の出国審査において，裁判所の決定があるだけでは，入国管理局職員が現実に子の出国を止める権限はなく，現実に子の連れ去りを食い止めることはできない。

　事案によっては，子を国外に連れ出す行為が，未成年者略取誘拐罪（刑224条），又は，所在国外移送目的略取誘拐罪（刑226条）に該当する可能性もあり，警察に通報すれば，子を国外に連れ出そうとしている親が出国前に逮捕される可能性もある。実際，入院中の2歳の子をオランダに連れ去る目的で病院から連れ出したオランダ人の父親の行為について国外移送略取

罪の成立が認められた例や（最判平成15.3.18刑集57－3－371），日本人母が米国の裁判所の決定に違反して子を日本に連れ帰ったのに対して，父が来日し，子を車に乗せて米国領事館に向かおうとしたところ，逮捕された例がある。しかし，逮捕にまで至るのは，連れ去りが計画性や手段・態様の点で違法性が高い場合に限られるであろうが，裁判所による子の連れ出し禁止の審判や審判前の保全処分があり，これに違反して連れ去りが実行されたような場合には，連れ去りの違法性が高いと判断されることになると考えられる。

　子の国外への連れ去りの危険がある場合に，子のパスポートの取得や保管，取消しをめぐる問題について相談を受けることがある。子を外国に連れ出すおそれのある親が子のパスポートを保管しており子の連れ去りの危険があるので，子のパスポートを自分に引き渡すよう求めたい，子のパスポートは日本人親が保管しているが，外国人親が自分が知らない間に外国パスポートを取得して子を連れ去る恐れがあるのでパスポートの取得を止められないか，外国人親が子のパスポートを自分に引き渡さないのでパスポートを取り消すことはできないか等の相談である。

　パスポートの引渡しについては，子の監護に関する処分の一内容として，あるいは子の国外への連れ去り防止のための保全処分として，裁判所が子のパスポートの引渡しを命じた裁判例は見当たらない。諸外国の中には，子の国外への連れ去りを防止するために，裁判所が子の国外連れ出し禁止の命令を出し，子のパスポートの提出・保管を命じる制度を有する国があるが，日本にはそのような制度はない。

　パスポートの発行については，日本国のパスポートの場合，共同親権者の一方が子の法定代理人として子のパスポートの発給を申請することが可能であるが，現在は，他方の親権者から不同意の意思表示があらかじめなされている場合は，申請について両親の合意があることが確認されてからでなければパスポートを発給しない取扱いとなっている。

外務省ウェブサイト～未成年者の旅券発給申請における注意点[1]
　未成年の子どもに係る日本国旅券の発給申請については，親権者である両親のいずれか一方の申請書裏面の「法定代理人署名」欄への署名により手続を

> 行っています。ただし，旅券申請に際し，もう一方の親権者から子どもの旅券申請に同意しない旨の意思表示（不同意の意思表示は，親権者であることを証明する書類（戸籍など）を添付の上，書面（自署）で行うことが原則になります。）があらかじめ都道府県旅券事務所や在外公館に対してなされているときは，旅券の発給は，通常，当該申請が両親の合意によるものとなったことが確認されてからとなります（親権者用お知らせ（PDF））。その確認のため，都道府県旅券事務所や在外公館では，通常，子どもの旅券申請についてあらかじめ不同意の意思表示を行っていた側の親権者に対し，同人が作成（自署）した「旅券申請同意書」の提出意思をお尋ねし，同意書の提出が行われた後に旅券を発給しています。

　そのため，外国人親が子の日本パスポートを単独で申請取得するおそれがある場合には，これに同意しない旨の不同意の届出を提出しておくことにより，子のパスポートの発給を防止することができる。なお，旅券法によれば，旅券の発給申請は代理人によることもできるが，受領は本人出頭が原則とされているところ（8条），子のパスポートについても同条が適用されるため，受領には子を窓口に連れて行く必要がある。

　すでに，子の日本パスポートが発給されている場合，パスポートの取消しという方法があるが，そのためにはパスポートの提出が必要であることから，他方親がパスポートを保管している状態では，実際には，取消しの申請はできない。

　外国パスポートの申請や取消しの要件や手続は，当該外国法の定めるところによるので，各国大使館に確認する必要がある。特にハーグ条約の締約国では，子の国外への連れ去りを防止するため，16歳未満の子（ハーグ条約の適用対象となる子）のパスポートの申請には，両親の同意を必要とする国が多い。また，親の一方からあらかじめ届出のあった子について他方親からパスポートの発給の申請がなされた場合，そのことをもう一方の親に知らせる制度を設けている国もある。こうした制度の有無にかかわらず，外国人親が子を国外に連れ去る危険がある場合には，当該外国の大使館に

1　http://www.mofa.go.jp/announce/info/passport.html

対し，両親が子の共同親権を有していること，子の国外への連れ出しに同意していないこと，他方親が一方的に子を国外に連れ出そうとしている可能性があること，他方親から子のパスポート発給の申請がなされた場合，子のパスポートを発給しないでもらいたいこと，そのような申請がなされた場合には知らせてもらいたいこと等を書面で申し入れておくことが考えられる。

　なお，子が実際に国外に連れ出されてしまった場合は，子の連れ去り先の国において利用可能な方法を追及することの方が実効性があることから，直ちに子の出国の有無，出国先を確認することが有用である。子の親権者であれば，入国管理局に対し，子の出国記録の照会を行うことが可能である。

4　子の外国への連れ去りの回避と対応

　国際結婚の破綻に伴う国境を越えた子の連れ去りは，あらゆる国で起きている世界的な問題である。その原因は，他方親の国籍国で裁判になれば，外国人親は不利に扱われ，子の親権を取れないことへの危惧であったり，家族のいる母国に子を連れて帰りたいという動機であったり，配偶者からの暴力から逃れ，あるいは子に対する虐待から子を守るためであったり，外国で生活していくことの困難など，さまざまである。

　日本から外国への子の連れ去りにおいても，これらの原因は共通であるが，特に，日本においては，離婚後の子の親権は両親の一方に付与されるという単独親権制であり，母親が親権者となる割合が極めて高いこと（離婚総数の約8割），非親権親（非監護親）の面会交流が権利として明確に保障されていないだけでなく，非親権親は子に関する重大な決定（医療，教育，居所指定，氏の変更，養子縁組等）に関与する権限がないこと，面会交流が調停や審判で決まったとしても守られない場合に実効性ある履行確保手段がないといったことなどから，外国人親が日本で子の親権・監護権の裁判をすることになれば，一生子に会えなくなることを懸念し，子を自国に連れ帰る例が見られる。

　日本から外国への子の連れ去りは，フィリピンや中国などアジア出身の妻が日本人夫から子を連れ去るケースが多いとのイメージがあるが，実際

には，そのようなケースだけでなく，共同親権制で離婚後も父親が子について監護権や面会交流権を持つことが一般的な欧米諸国出身の夫が日本人妻から子を連れ去るケースや，エジプト，イラン，パキスタン等，父権が強く保障されているイスラム教国出身の夫が日本人妻から子を連れ去るケースも少なくない。

　国境を越えた子の連れ去りは，子をそれまでに生活してきた環境から突然切り離すことになり，その国に残された親との関係も断ち切られることも多く，子の人権保障の観点から問題がある（子どもの権利条約11条・35条は，子どもを国境を越える不法な連れ去りから保護することを締約国に義務付けている）。国境を越えた子の連れ去りができるだけ起きないようにするためには，国際結婚の当事者間において，外国人配偶者の本国における離婚後の親子関係のあり方や，外国で離婚という事態に直面することとなった外国人配偶者の不安な心情に対する理解や，離婚によって外国人配偶者と子の関係が断ち切られることのないよう，話合いを通じ，合意による解決に至ることができれば，それが望ましい。

　日本人親の代理人となる弁護士においても，日本に国際裁判管轄があり，子の親権・監護権・面会交流の問題については準拠法として日本法が適用されるという法的枠組を前提としながらも，外国人親が抱いている離婚後の親子関係についての異なる価値観，外国の裁判所で当事者となることについての不安な心情についての理解・配慮に努め，可能な限り，友好的な解決を目指して当事者間の話合いを促進するよう努めることが望ましい。

　特に，共同親権制の国の外国人親が，日本法の下では不可能な「共同親権」を求め，話合いが進まなくなることがある。このような場合には，当事者双方が求めている具体的な内容を探り，それに応じて，外国人親が親権者となり，子を実際に監護する日本人親が監護権者となるという親権と監護権の分離や，日本人親が親権者となり，日本人親と外国人親が共同監護権者となる（子の監護者を両親と定めることは民法766条の下で可能である）という取決め，子の居所，教育，医療，養子縁組，氏の変更等についての非親権親の関与の取決め（非親権者との協議や同意を必要とすること）等について合意できる場合には，合意内容を裁判所で調停条項や和解条項にすること等の提案をすることが考えられる。ただし，このような取決めの中に

は，当事者間で合意しても，法的な効力を有しないとして，担当裁判官によっては調停条項や和解条項に入れることに否定的な考えの場合もある。調停条項や和解条項に入れることが認められた場合にも，その法的効力については，当事者に誤解のないように，明確に説明しておく必要がある。また，外国人親を親権者とし，日本人親を監護権者と指定する合意をする場合，抽象的に「親権」と「監護権」を分属させただけでは，それぞれの親が有する権利の内容が明確ではなく，かえってその解釈をめぐって後に紛争が生じる恐れもあることから，親権者・監護権者が子について有する権利の重要な内容については，具体的な条項にしておくことが望ましい。細かい条項を盛り込むことについては消極的な裁判官もいるが，近時は，特に当事者の一方又は両方が外国人の場合の子の親権・監護権に関する調停や和解において，外国人当事者の納得や後の紛争を防止する観点から，そのような具体的・詳細な取決めの必要性や有用性についての認識・理解が進んできているように思われる。弁護士としても，具体的な調停条項や和解条項の例について情報交換を行い，友好的な解決の促進に努めることが有用である。

5　子を外国へ連れ帰りたいと考えている外国人親からの相談

　諸外国では，離婚後に子の単独親権を付与されても，裁判所の命令により子の居所が指定され，子を連れて国外に転居（リロケーション）するには，他方親の同意や裁判所の許可が必要である場合が少なくない。しかるに，日本では，居所指定権は親権の一内容であり（民821条），子の居所について監護に関する事項（民766条）として両親が何らかの合意をしたり，裁判所が処分を行った場合を除き，離婚後は単独親権者が居所指定権を単独で有し，行使することができる法制になっている。そのため，日本で離婚して子を連れて自国に帰りたいと考えている外国人親から相談を受けた場合，日本法の下では，子の親権を取得すれば，特に他方親から転居について合意を得たり，裁判所から許可を受ける必要はないことを説明することになる。

　離婚訴訟において，両親がいずれも子の親権を主張した場合，一般的には，それぞれの親が子の監護状況に関する報告書を提出し，調査官による

子の監護状況や意向調査が行われ、裁判所が親権者の指定を行う。その場合、外国人親が、離婚後も日本に居住して日本で子を監護していく予定である場合は、そのことを前提に親権者指定の判断がなされる。親権者指定の判断における考慮要素として、親の国籍が決定的な意味を持つものではなく、外国人であるというだけで不利に扱われることはないが、監護能力に含まれる要素として、実務上、特に、在留資格、収入、日本語の能力等が重視されているように思われる。

　そのため、離婚後は、「日本人の配偶者等」の在留資格から「定住者」その他の在留資格に変更する予定の場合は、早めにその手続を行っておいたり、その可能性や見込みについて相談をしたり、子の監護に必要な程度の日本語能力の習得に力を入れたり、子が保育園・幼稚園や小学校に通う年齢の場合、園や学校との連絡（保育園では毎日の連絡ノートの記入が必要。保育園・幼稚園・小学校のいずれでも行事や健康、持ち物、提出物等に関する書類による連絡が日常的にある、小学校では親が宿題を手伝う必要があることも多い）を補助してくれる日本人の友人（園や学校の子の友だちの親、近所の家庭、職場の友人等）の協力を確保しておく、学校に特別の配慮を要請し協力が得られるようにしておくこと等が重要である。

　これと異なり、外国人親が子を自国に連れ帰る（あるいは他国に移り住む）ことを前提に親権の主張をする場合、子を連れて外国に転居することを求める親としては、当該外国における住居、収入、監護体制、監護補助者、学校等についての証拠を提出することになる。外国人親が子とともに外国に転居することを前提に、外国人親が子の親権者に指定された例も実際にあるとは思われるが、公刊された裁判例の中には見当たらないようである。

　筆者が経験した事例を紹介すると、入管に収容中のオーバーステイのフィリピン人母が、定住者であるタイ人父に対し子の引渡しを求めた人身保護請求事件において、裁判所は子の引渡しを認めたが、この事件では、フィリピン人母はフィリピンにおける子の監護環境が適切なものであることを示すために、日本国際社会事業団（International Social Service Japan）を通じて、フィリピン社会福祉発達省（Department of Social Welfare and Development）に要請をし、同省の職員がフィリピン人母の実家を訪問して

家庭環境調査報告書を作成し，これを裁判所に提出した。

> **Column 国際社会事業団**
>
> 国際社会事業団（International Social Service：ISS）は，国境を越える子の福祉に関する活動を行う国際的な非営利組織で，140か国以上にネットワークを持って活動している。国際養子縁組のために，養親家庭の調査を行うなどの活動のほか，国際的な子の監護紛争の裁判で，養親権者の指定や子の外国への転居を認めるかの判断において，裁判所が親の外国における監護体制について信頼できる機関による調査を必要とする場合に，国際社会事業団が要請されて監護状況の調査報告書を提出するという活動を行う場合もある。より詳しい情報は，ISSのウェブサイトを参照されたい。
> ▶ http://www.iss-ssi.org/2009/index.php?id=1

　外国人親が親権者として指定されなくても，外国人親が自国に戻る（又は外国に転居する）ことを決めている場合，外国人親が日本にいる間に，離婚後における外国人親と子の面会交流を確保するために話合いや裁判を行っておくことが望ましい。その方法としては，①親権者指定の裁判がなされた後，これを受け入れて，面会交流についての協議を求める，②外国人親が親権者として指定されることを主位的に求めたうえで，親権者として指定されなかった場合に備えて予備的な附帯請求として面会交流の請求をしておく，③外国人親が親権者として指定される見込みが低い場合は，他方親を親権者として指定することに同意するかわりに子との面会交流を確保する内容で調停・和解を成立させる，といったことが考えられる。特に，外国人親が日本に入国するためにビザを必要とする国の外国人である場合，子との面会交流のために来日するには，日本人親からの呼び寄せの手紙や保証書の提出等の協力が必要となる。このような協力をしてもらうことの約束を取り付け，条項化しておくこと等も考えられる。

　なお，離婚に伴い単独親権者に指定された親が子を連れて外国に転居することは，居所指定権の行使として問題はないが，別居中の子の監護者として指定された親が，共同親権者の一人である他方親の同意なしに（あるいは他方親の意思に反して），子を外国に連れ出し，あるいは転居することが認められるかについては，必ずしも明確ではない。監護者の権限には子

の居所指定権を含むと解する考え方が有力と思われるが，この立場を支持する論者も，共同親権者の一方の明示の意思に反してまで子を国外に転居させるという権限を含むことまで認められるかについては明らかにしていないうえ，この問題を論じた裁判例も論文も見当たらない。しかしながら，別居中の監護者に指定された共同親権を有する親の一人が，他方の親の意思に反して子を外国に転居させた場合，転居先の外国においては，他方共同親権者の親権を侵害する不法な連れ去りとして扱われる可能性がある。このような事態を避けるためには，親が監護者に指定された場合には，子を連れて外国に転居することを予定している場合，審判の主文において，外国への転居の権限を有することを明示的に求める等の工夫をすることが考えられる。現在のところ，そのような審判例は公刊されたものとしては見当たらないが，家族問題のグローバル化に伴うニーズとして，裁判実務の中で，積極的に問題提起していくことが有用である。

第4　国境を越える面会交流

　国境を越える面会交流の事案としては，(1)日本に居住する子と外国に居住する親との面会交流の事案と，(2)外国に居住する子と日本に居住する親との面会交流の事案とがある。

1　外国に居住する親と日本に居住する子との面会交流

　この類型の中でさらに，(i)外国に居住する親が日本の裁判所に子との面会交流について調停・審判を求める場合，(ii)外国の裁判所がなした面会交流についての決定の執行を求める場合とがある。(i)については，子の住所が日本にあることから，日本の裁判所が面会交流について国際裁判管轄を有することに問題はない。準拠法は，親子関係の問題として，通則法32条により決定されるが，日本人と外国人夫婦の子の場合，日本国籍と外国籍を有する重国籍者であることが多く，そうだとすると，準拠法は日本法となる。

　外国に居住する外国人親からの面会交流の申立てであるというだけで，面会交流が否定されたり制約を受けるものではなく，面会交流の認容や制限の判断については，面会を認めることが子の福祉・利益に反するか否かという基準によるべきことは，国内における面会交流の場合と同様である（第6章第3・201頁参照）。

　しかしながら，外国に居住する親からの面会交流の申立事案に特有の問題点もある。外国人親が来日して日本で行う面会については，その回数や長さ・宿泊の有無（外国人親は仕事を休んで渡航費をかけて外国から子に会いに来るのであるから，1回の来日時に日本滞在中は数日，宿泊を伴う面会を求めるのは自然なことである）がしばしば問題となる。また，日本人親が面会を拒否する理由として子の連れ去りの危険や言語の問題を持ち出すこと，外国人親が外国における面会を求めるが日本人親が拒否すること（外国にいる子の祖父母が子との面会を強く求めることも多い）もよく起きる問題である。連れ去りの危険や言語の問題，外国における面会の許否は，国境を越えた面会交流の事案においてだけでなく，外国人親が日本国内にいる場合の面会交流事案においても争点となることが多いが，外国人親が外国に居住して

いる場合は，日本国内に居住している場合に比べ，日本人親にとっては連れ去りの懸念がより強いことが多く，そのため，面会交流に応じない理由として連れ去りの危険が強調され，あるいは面会交流に応じる場合にも，第三者の立会いや，宿泊は認めないという条件が付されることが多い。

　特に，外国に居住する親が日本に居住する子との面会交流を求める事案の中には，子の元の生活地が当該外国であり，日本人親が外国人親の同意を得ず，あるいは外国裁判所の命令に反して，子を日本に連れ帰った，いわゆる国際的な子の連れ去りのケースの場合もある。このような事案の中には，外国人親は日本人親の連れ帰り行為を誘拐・犯罪であると非難し，あるいは外国裁判所の決定で自分に監護権が付与されているとして子の外国への返還を求め，他方，日本人親の方は子を強制的に連れ戻されるのではないかと恐れて，あるいは，感情的な対立から，外国人親からの連絡にも一切応じないという態度で応ずることも少なくなく，外国人親と子の面会交流の実現が極めて難しくなっている事案が見られる。

　さらに，外国から日本への子の連れ帰りの事案においては，外国人親は日本での子との面会交流を求めるだけでなく，外国での面会を強く求めることも多い。しかし，日本人親は，日本における面会交流についても消極的であるが，それ以上に，面会のために子を外国に行かせれば二度と日本に帰ってこなくなるのではと恐れて，外国における面会交流には絶対に応じられないという態度になることが多い。

　外国に居住する親との外国における面会交流を認めた審判例は，公刊されたものとしてはこれまで見当たらなかったが（子が中学校に進学するまでは，日本国内における面会のみを認め，フランスにおける面会は子が中学に進学した時点で改めて父母間において協議すべきとした京都家裁平成6年3月31日審判（判時1545—81）等日本国内における面会を認めた例はある），近時は，外国における面会交流を認めた審判例も報告されている（判例集未搭載）。

　このように，外国から日本への子の連れ帰りを背景とする子の面会交流の事案では，話合いがこじれて膠着状態になっているものも見られる。このような事件で，弁護士が，日本人親から相談を受けた場合，弁護士自身も，子が父母のそれぞれと交流することは子どもの権利であるとの基本的認識に立ち，日本人親にその重要性を説明し，領事面会の要請がなされて

いる場合は，まずこれに応じることから始める（領事面会については，243頁以下を参照）よう促す，直接の面会交流の実施が難しい場合には，手紙や電話，Eメール，SNS，スカイプ，写真の送付等による子との交流や，子の成長の様子を伝える方法を示唆する等の取組みが有用である。

　また，外国人親から相談を受けた場合には，外国人親が日本人親を誘拐犯としてインターネット上に写真や名前を公表し非難していたり，マスコミに情報を提供していること等が日本人親の態度をより硬化させている場合もあることから，日本人親からインターネットやマスコミへの公開をやめてもらいたいとの要請があった場合にはこれに応じること，日本人親が受け入れる方法で少しずつ交流を開始し，信頼関係を回復するための工夫を行うこと等の助言をすることも有用である。

　外国からの連れ帰りの事案では，外国人親が外国で子との面会交流についての決定を得ており，外国裁判所の決定に基づく面会の実施を求めてくる場合もある。この場合，外国裁判所の面会交流の決定が外国判決の承認の要件を満たせば，その効力は日本でも承認され，子を監護する親が任意の履行に応じない場合には，外国裁判所の決定について執行判決を得て間接強制の申立てをすることも可能であるが，公刊された裁判例を見る限り，そのような実例は見当たらない。

2　外国にいる子と日本に居住する親との面会交流

　子に関する問題についての国際裁判管轄基準に照らし，日本の裁判所は，外国に住所を有する子の面会交流については，原則として国際裁判管轄を有しないと考えられる。日本に居住する親は，子が居住する外国の国内法及び手続に従い，当該外国において，面会交流を求める申立てをする必要がある。

　子が日本から外国に連れ去られた場合で，すでに日本の裁判所で面会交流についての調停調書や審判，和解，判決等があった場合には，その内容の執行を子の居住地国において求めることができるか否かは，当該外国の法制によるので，当該外国の弁護士に相談すべきである。

　子が他方親によって一方的に外国に連れ去られた場合，子との面会交流を求めて，当該外国で弁護士を探して依頼し，裁判を申し立てることは容易ではない。ハーグ条約21条は，このような場合に，子を連れ去られた親

が自国に中央当局に面会交流の申立てを行うことにより，子の所在国の中央当局による面会交流申立ての手続に関する支援等を受けることができるとするものである。21条の運用は締約国によって異なり，残された親が具体的にどの程度の支援を受けることができるかは，各締約国の運用によるが，日本がハーグ条約を締結した場合，子の連れ去り先の国がハーグ条約の締約国であれば，日本に残された親は日本の中央当局への申立てにより，子の連れ去り先の国における面会交流の申立て等について支援を受けることができる可能性が開けることとなる。

> **Column　国境を越える子の面会交流に関する条約**
>
> 　1989年に採択された国連の子どもの権利条約は，父母の一方又は双方から分離されている子が定期的に父母のいずれとも人的な関係及び直接の接触を維持する権利を定めている（9条3項）。ここでいう分離には，両親の別居・離婚により，子が父母の一方と同居していない場合を含み，非監護親が子と定期的に交流することは，子どもの人権である。特に，子どもの権利条約は，父母と異なる国に居住する子どもについて，さらに10条2項で，例外的な事情がある場合を除くほか，定期的に父母との人的な関係及び直接の接触を維持する権利を有することを規定している。
>
> 　国際的な子の連れ去りの民事面に関するハーグ条約は，子どもの権利条約よりも前に1980年に採択された条約で（その詳細は，後述第5を参照），国境を越えた子の不法な連れ去りの場合に子を元の生活地の国に迅速に返還することを定めた条約であるが，1条aで，締約国の法令に基づく面会交流の権利が他の締約国において効果的に尊重されることを確保することを目的の1つに掲げ，21条で国境を越える子の面会交流の確保のために，締約国の中央当局が支援を行うことを規定している。
>
> 　しかしながら，ハーグ条約は国境を越えた子の面会交流については，21条を置くのみで，子の返還手続のような詳細な規定はない。そのため，ハーグ国際私法会議や同条約の締約国の間では，21条の実効性を高めるための取組みについての議論がなされているが，国境を越えた子の面会交流の実効的な確保のためには，子の常居所地国がなした面会交流の裁判が他の締約国で承認されること等を定めた「子の保護のための親責任と措置に関する管轄，準拠法，承認，執行，協力に関する1996年ハーグ条約」（日本では「親責任条約」という略称で呼ばれることがあるが，諸外国では「96年条約」又は「子の保護条約」と称される）の締結の促進が有用であると言われる。ただし，96年条約は，2011年10月現在の締約国数は未だ33か国と少なく，オーストラリア，フランスは締約国であるが，アメリカ，イギリス，カナダは締結していない。

第5　国際的な子の奪取の民事上の側面に関するハーグ条約

　2011年5月，政府は「国際的な子の奪取の民事上の側面に関する条約」（ハーグ条約）の締結に向けた準備を始めることとしたとする閣議了解を発表した。この条約は，1980年にハーグ国際私法会議において採択された条約で，2011年12月現在，欧米先進国を中心に87か国が締結している。

　ハーグ条約は，16歳未満の子が，子の常居所地国から国境を越えて他国に移動又は留置され，その移動・留置が子の常居所地の法によれば監護権の侵害にあたる場合，「不法」であるとして，子を常居所地国に迅速に返還すべきことや，そのための国家間の協力，また，国境を越えた面会交流の実現のための国家間の協力を定めた条約である。日本は現在，この条約を締結していないところ，条約の締約国である欧米諸国から，日本人母親が父親の同意なく，あるいはその国の裁判所の命令に違反して，子を日本に連れ帰る例が多数あり，その結果，子が元の国に戻されることがないばかりか，子と会うこともできなくなっている外国人父親がいるとして，これらの国が日本に対し，ハーグ条約を速やかに締結するよう要請してきている（子を日本に連れ帰る親は母親に限られないが，報道等によれば圧倒的に母親による連れ帰りが多いようである）。

　日本がハーグ条約を締結すると，本章に述べた国境を越える子の監護・引渡し・面会交流に関する紛争の実務が，少なくとも条約の締約国との間では，これまでと大幅に変わることになる。そこで，やや先取り的ではあるが，ハーグ条約の概要と，特に，現在の実務がどのように変わるかについて触れておきたい。

1　ハーグ条約の概要
(1)　ハーグ条約に基づく子の返還申立て手続の流れ

　ハーグ条約の締約国から子が不法に他の締約国に連れ去られ，又は留置された場合，監護権を侵害された親は，自国の中央当局に対し，子の返還援助の申請ができる（8条）。返還援助申請は，子が連れ去られ，又は留置されている国の中央当局に対し行うこともできる（8条）。自国の中央当局に返還援助申請を行うという簡易な方法により，条約に基づく子の返還を

求めることができるという点に特徴がある。

　中央当局とは，条約の締約国が条約上の義務として設置する行政機関で，国によって異なるが，法務省・司法省や外務省等が中央当局に指定されていることが多い。日本の場合，閣議了解では，中央当局を外務省に置くとされた。子を他の締約国に連れ去られた親にとっては，自国の中央当局に対し，まず子の返還援助の申請をすればよく，申請書を受理した中央当局が，子の所在国（子が連れ去られ，又は留置された国）の中央当局に，申請書を転達する（9条）。

　他の締約国から子の返還援助申請書を受理した中央当局は，国内に子がいるかどうかの確認，子の所在の確知，子を連れ去った親等に対し子を子の常居所地国に任意に返還するよう促し，任意の返還がなされない場合は，申立人が返還命令のための手続を開始するのを支援する等の活動を行う（7条）。

　行政当局である中央当局への返還申立ては，子の所在国の中央当局が条約上の義務として行う子の返還のための支援を受けるための端緒であるが，子が任意に返還されない場合には，子の所在国の行政機関又は司法機関が子を常居所地国に返還することを命ずることとなる（11条・12条）。この返還命令の手続を行うのは，条約では子の所在国の行政機関又は司法機関とされているが，ほとんどの締約国において，返還命令の審理を行うのは，司法機関（裁判所）である。

　子を連れ去られた親が最初に中央当局に対して行う，返還のための援助を受けるための申立てと，子の所在国の裁判所に対して行う返還手続の申立てとは別であり，中央当局に対する返還援助の申請をすれば必ずしも自動的に子の所在国における返還のため裁判手続が開始されるというわけではない。例えば，オーストラリアの場合，中央当局が子を連れ去られた親の代わりにオーストラリアの裁判所に対する返還申立てを行う。イギリスの場合，中央当局がリストに登載された弁護士に事件を回付し，弁護士が子を連れ去られた親の代理人として返還手続を申し立てる。米国の場合は，中央当局が，子を連れ去られた親からの要請により，返還手続のための代理人となる弁護士を探すことについて協力はするが，弁護士を依頼して裁判の申立てをするのは連れ去られた親である。

(2) 返還手続の裁判

　子の返還を求める申立てに対し，子の所在国の裁判所は，返還申立ての要件があれば，原則として子を迅速に常居所地国に返還することを命ずる義務を負う（12条）。返還手続の審理は迅速に行われるものとされ，申立てから6週間以内に決定がなされない場合，返還手続の申立人は，その理由を裁判所に対し求めることができる（12条3項）。このことは，返還手続の決定が6週間以内になされなければならないことまでを義務付けたものではないが，返還手続の審理の迅速性の要請は，この条約の特徴の1つである。しかしながら，実際には，締約国の審理日数は数か月から長い場合は1年以上かかっているのが実情である。

　返還手続において，返還を求める申立人は，(i)子が16歳未満であること，(ii)子が連れ去られ，又は，留置される直前に条約の締約国に常居所を有していたこと，(iii)子の連れ去り・留置が子の常居所地国の法令によれば申立人の監護権を侵害すること，の各要件を主張立証しなければならない。なお，ここでいう連れ去り，留置とは，国境を越える移動・留置の意味であり，留置とは，他国に一時的に滞在していた子を常居所地国に戻さないことをいう。

　条約には，子の利益の観点から，いくつかの返還拒否事由が定められており，返還拒否事由が認められると，裁判所は子の返還を拒否することができる。具体的には，(i)返還手続の開始が連れ去り・留置から1年を経過した後で，かつ，子が新しい環境になじんでいること（12条2項），(ii)申立人が監護権を現実に行使していなかったこと（13条1項(a)），(iii)申立人が連れ去り・留置について事前又は事後に同意したこと（13条1項(a)），(iv)子の常居所地国への返還が，子に身体的又は精神的な害を与え，もしくは，子を耐え難い状況に置くこととなる重大な危険があること（13条1項(b)），(v)子が常居所地国への返還に異議を述べており，子がその意見を考慮に入れるのが適切な年齢・成熟度に達していること（13条2項），(vi)子の常居所地国への返還が，子の所在国の人権及び基本的自由に関する原則に反していること（20条）である。

　裁判所は，申立ての要件がすべて認められれば，返還拒否事由が認められない限り，子の常居所地国への返還を命じなければならない。すなわち，

ハーグ条約の審理は，両親のいずれが子を監護するのが適切か，子の常居所地国と，子が現在いる連れ去り先の国のいずれで子が生活することがより子の利益に適うかという，子の監護の本案の問題を「子の最善の利益」の観点から審理するものではない。子の常居所地国への返還は一般的に子の利益に適うことを前提とし，「子の最善の利益」の観点からの子の監護の本案の審理は子の常居所地国の裁判所に委ねるのが適切であるとの考え方に立って，子の返還の原則に対する例外事由（拒否事由）の有無を審理するという構造になっている。

返還命令は，常居所地国への返還であって，申立人への引渡しではないから，子を連れ去り・留置した親が子とともに子の常居所地国に戻ることは制限されないし，逆に，強制もされない。実際，子を連れ去り・留置した親が母親の場合，子の返還が命じられると，母親も子とともに戻ることが多いといわれる。

なお，子の連れ去り・留置があったとの通知を受けると，子の所在地国の裁判所は，返還申立てについての決定があるまで，又は相当の期間が経過するまでの間，監護権の本案に関する裁判をすることができない（16条）。

(3) ハーグ条約に基づく面会交流の申立て

ハーグ条約については，外国から連れ帰られた子を元の国に送り返さなければならないという返還手続に関心が集まっているが，国境を越えた面会交流の確保も条約の目的の1つである（21条）。子を連れ去られた親は，自国の中央当局に対し面会交流の援助申請をすることにより，子の所在国の中央当局の支援を受けることができる。ただし，支援の程度・内容は締約国によって運用が異なる。

2 日本がハーグ条約を締結した場合の実務への影響

日本がハーグ条約を締結した場合，別居・離婚に伴う子の監護・引渡し・面会交流に関する実務に影響を及ぼす可能性が指摘されている。ここで影響の可能性が指摘されている実務としては，国内事案についての実務も含まれるが，ハーグ条約の適用対象は，国境を越えた子の連れ去り・留置に限られ，条約締結によって生ずる直接影響が及ぶのは，国境を越えた

子の連れ去り・留置の事案の実務についてである。そこで，国内事案への事実上の影響は除き，ここでは，日本がハーグ条約を締結することにより，直接実務が変わることとなる，国境を越えた子の連れ去り・留置の事案について，具体的に，どのように実務が変わることになるのかを整理しておくこととしたい。

(1) 外国から日本への子の連れ帰り・留置

　本章第3・第4の3で述べたとおり，日本がハーグ条約を締結していない現在，子の常居所地国に残された親が子の返還や面会を求めたい場合，日本の国内法の下で国内事案と同様の手続や判断基準で処理がなされる。

　すなわち，常居所地国の裁判所の決定で，子を連れ去られた親が単独親権者・監護権者に指定されており，当該常居所地国の裁判所の決定が，外国判決として民事訴訟法118条の各号の要件を満たし，日本で承認され効力を有する場合は，人身保護請求により子の引渡しを求めることが可能であり，監護権者への引渡しが著しく子の利益に反するという特段の事情がない限り，子の引渡しが認められるべきこととなる。また，日本への子の連れ去りが，両親が共同親権者の状態で起きた場合には，子を連れ去られた親は，日本の家庭裁判所に対し子の監護者指定及び引渡しの審判を求めることになる。その際，一方の親が他方の親の同意なしに子を日本に連れ帰ったという事実は，子の常居所地国においては犯罪とされることもあるが，日本ではそれ自体違法や犯罪とされているわけではない。かかる事情は，両親のそれぞれの監護者としての適格性の判断の一要素とはなりうるが，一般には，子が日本に帰国後，相当の期間が経過し，日本での生活に順応している場合には，そのまま日本に子を連れ帰り，子を事実上監護している親が監護者として指定される可能性が高い。そして，そもそも，いずれの手続によるべき場合であっても，子の所在がわからなければ，連れ去られた親としては事実上，裁判手続を開始することができない。

　これに対し，日本がハーグ条約を締結した場合，子が日本への帰国前に常居所を有していた国が，ハーグ条約の締約国であれば，子を連れ去られた親は，条約に基づく返還援助申請の申立てをすることができ，日本国内における子の所在がわからなくても，日本の中央当局が子の所在確知のた

めの協力を行うことになる。子の所在が元々わかっている場合，及び，日本の中央当局の協力により子の所在が確知された場合，子を連れ去られた親は，同じく日本の中央当局の支援により，日本の裁判所に子の返還又は面会交流の申立てを行うことになる。そして，前述の返還申立ての要件事実が立証されれば，返還拒否事由が認められない限り，子の返還が命じられることになる。

　この時，現在の日本の国内法に基づく実務との違いとして注意を要するのは，ハーグ条約上の「不法」とは，常居所地国の法令によれば申立人の監護権の侵害となる場合を意味することである。すなわち，常居所地国の裁判所において子を連れ去られた親が単独親権者・監護者に指定されていた場合はもちろん，監護権に関する裁判中や，さらには，監護権に関する裁判や離婚の裁判の手続がまだ開始されていない状態で，子を他方親の同意を得ずに日本に連れ帰ったというような場合もすべて，監護権の侵害にあたり，子の返還が原則とされることになる。日本国内において，共同親権者間における子の奪い合い紛争において，子の連れ去りが「違法」とされるのは，一定期間平穏に継続していた一方の親による監護状態にある子を他方親が有形力を行使して連れ去ったとか，裁判所の決定に違反して連れ去った等，連れ去りの態様が重視されるが，ハーグ条約上の「不法」概念においては，監護権の侵害という法的評価が中心である。

　なお，ハーグ条約に批准し発効した後も，子の返還を求めるために，従前用いられていた日本の国内法に基づく人身保護請求等の手続を利用することも可能である。

　また，これまでは，日本に子を連れ帰った親が，帰国後に日本の家庭裁判所に子の親権者・監護者指定や変更の審判を求め，あるいは，離婚訴訟の附帯請求として子の親権者指定を求めた場合，日本の裁判所は，日本に国際裁判管轄があると判断すれば，子の親権者・監護者指定又は変更の判決ないし審判をしていたのが，ハーグ条約締結後は，返還手続の審理が係属している間は，子の監護権の本案に関する裁判はできないこととなる(16条)。

　ハーグ条約の締約国から子を連れ帰った親から相談を受けた弁護士としては，ハーグ条約の仕組みを説明し，返還命令が出ることが予測される事

案においては，任意の返還に応じる方向で返還・帰国に関する条件について交渉することや，子を連れ去られた親の意向によっては面会交流について定めたうえで子を返還しない合意の可能性を探ってみること等，話合いによる任意の解決という選択肢もありうることも説明すべきである。当事者が任意の解決を検討することを望まず，あるいは，任意の解決に向けた交渉・協議が決裂し，返還手続の審理に進むこととなる場合は，ハーグ条約の返還手続の申立要件，返還拒否事由に沿った効果的な主張立証を迅速な審理の中で行うべく，証拠の収集や主張立証の準備を迅速に進める必要がある。その際，「常居所地」「監護権の侵害」「なじんだ」「監護権の現実の行使」「重大な危険」「子の異議」等，ハーグ条約上の概念は，日本の国内法実務における類似の概念とは意味や解釈が異なることがあるため，十分な注意が必要である。

　ハーグ条約については，日本語の論文も数多く著されているが，これらの条約上の概念の解釈や締約国の判例の動向に関する日本語による情報としては，『国際的な子の奪取に関するハーグ条約関係裁判例についての委託調査報告書（日本弁護士連合会委託調査報告書）』が，外務省及び法務省のホームページに掲載されているので参考にされたい。

　また，ハーグ条約の締結後には，日本の弁護士になされる相談として，日本に子を連れ帰った親からの相談だけではなく，ハーグ条約の締約国から子を日本に連れ帰りたいと考えている親からの相談が増えることも予想される。現在でも同じことであるが，締約国によっては，他方親の同意なしに子を国外に連れ出すことは犯罪とされているところもあり，当該国の国内法との関係での問題点については，当該国の弁護士から正確な情報と適切な助言を得るよう促すことが望ましい。そのうえで，相談者としては，他方親の同意や裁判所の許可を得ずに日本に子を連れ帰った場合のハーグ条約の適用可能性の有無，返還命令が出される見通し等について質問してくるだろうから，条約についての正確な知識・理解に基づき，事案に沿った適切な助言をすることが求められる。特に，単独親権制度の下で，子の親権を取得すれば日本に子を連れ帰るのは自由であると考えている日本人親が多いと思われるため，共同親権制度を採用している多くの国では，子の親権・監護権が認められることと子を国外に転居させることができるこ

ととは別の問題であり，適法に日本に子を連れ帰るためには，他方親の同意を得るか，裁判所の許可が必要であることを説明し，日本への転居の許可の裁判を得る申立てをすることについて，現地の弁護士と相談するよう促すことが重要である。また，事案によっては，当該外国が常居所地にあたらない，返還拒否事由のいずれかにあたる等，子を連れ帰ったとしても，返還が命じられない可能性が高い場合もありうるため，事案の慎重な検討と説明が必要である。

日本がハーグ条約を締結するための条約批准の国会承認がなされた場合，ハーグ条約の発効時期や，発効前に帰国した場合にも子を連れ戻されるのか等の相談が多く寄せられることが予想される。ハーグ条約の発効時期については，日本が条約を批准してから3か月後に発効すること，条約には遡及効はなく，条約発効前に，子の日本への連れ去り，又は，日本での留置がすでに発生していた事案については，条約に基づく返還手続の対象とはならないこと（35条）を説明することとなる。

ただし，面会交流に関する21条に基づく援助については，ハーグ条約が発効した後に，他の締約国に居住する親が，日本に移動した子との面会交流を妨げられている状況があれば，申請の対象となると考えられている。

(2) 日本から外国への連れ去り・留置

日本がハーグ条約を締結した後には，条約発効後に，外国への連れ去り・留置が起きた場合，子の連れ去り先がハーグ条約の締約国であれば，子を連れ去られた親は，日本の中央当局に対し，返還申立てをすることができる。その後の手続は，返還援助の申請書が日本の中央当局から子の所在地国の中央当局に転達され，任意の返還がなされなければ，子の所在地国の裁判所に対し，返還申立ての裁判を提起することになり，基本的には，当該国の弁護士（国によっては，中央当局や検察官の場合もある）が，返還手続における申立人又は代理人として，手続を進めていくことになる。子の連れ去りが，日本法の下で監護権の侵害にあたらない場合は，ハーグ条約に基づく子の返還援助申請はできないが，21条に基づく面会交流のための援助申請は可能である場合もある。

子を連れ去られた親が，日本の弁護士に，ハーグ条約に基づく返還手続

について説明を求めたり，話合いによる解決の是非について助言を求めたり，あるいは，子の所在地国における返還手続の裁判で必要となる主張立証が日本法に関連したり，日本にある証拠に関する場合，助言や協力を求めてくることが考えられる。日本の弁護士としてもこうした相談に十分対応できるよう，準備しておく必要がある。

※　2012年1月23日，ハーグ条約の国内手続を検討してきた法務省の法制審議会ハーグ条約（子の返還手続関係）部会は，「『国際的な子の奪取の民事上の側面に関する条約（仮称）』を実施するための子の返還手続等の整備に関する要綱案」をまとめた。2月の総会で正式に要綱案として決定し法務大臣に答申され，2012年の通常国会に提出される予定である。なお，要綱案については，法務省のホームページにアップされている。

第8章 離婚後に必要な諸手続

第1 戸籍手続について

1 離婚の「届出」

　日本では，協議・調停・審判・判決・裁判上の和解又は認諾による離婚のいずれの形式による離婚が成立しても，必ず戸籍の「届出」が必要である（戸76条・77条）。

　協議離婚の場合には，離婚意思の確認と届出が離婚成立の有効要件であり，離婚を戸籍に届け出ることによって効力を生じる「創設的届出」である。それ以外の形式による離婚の場合には，戸籍法上の届出がなくても離婚はすでに成立しているため，「報告的届出」である。

　報告的届出の場合，離婚成立の日から10日以内に届け出なくてはならず，これを怠ると過料の制裁がある（戸135条）。

　報告的届出における届出義務者は，原則としてその手続で離婚を申し立てた者（すなわち，申立人や原告である。戸77条1項・63条）である。届出義務者が届出を怠った場合にのみ，相手方や被告が届け出ることができる。ただし，調停や和解の場合には，届出義務者を調停条項や和解条項に明記することにより，その事件の相手方や被告であっても，報告的届出をすることができる（昭和43.9.14民事甲3041号回答）とされており，事件相手方が婚氏続称届をあわせて届け出たい場合などに，「申立人と相手方は，相手方の届出により調停離婚することに合意する。」等の条項を記載して届出義務者を交替することができる。

　報告的届出も，離婚届書（協議離婚の届出書と同じもの）に記載して行うが，届出義務者が届出人欄に署名押印すれば足り，証人は不要であるし，相手方配偶者の署名押印も不要である。報告的届出においては，調停調書・和解調書・認諾調書（通常は，戸籍届出に必要な事項のみを記載した省略謄本で足りる）を添付し，判決・審判についてはそれぞれの省略謄本に加えて確定証明を添付する。この点，外国人当事者には，自らサインをせず

に手続が済むことから，離婚がいつの段階で成立したのかについて理解するのが困難なケースがあるので，創設的届出と報告的届出の違いなどについて十分説明する必要があろう。

戸籍法は，属地的効力により日本国内に居住する外国人についても適用され，婚姻，離婚，出生等の報告的届出をしなければならないが，戸籍は日本人についてのみ編纂されるので，入籍届，分籍届，転籍届，氏名の変更届，復氏届，就籍届等は外国人に適用されない（南71頁）。

2009（平成21）年7月15日，「出入国管理及び難民認定法及び日本国との平和条約に基づき日本の国籍を離脱した者等の出入国管理に関する特例法の一部を改正する等の法律」が公布され，新たな在留管理制度が，2012（平成24）年7月9日から施行される。

本書では，この新しい在留管理制度を指して「在留管理制度」と表記する。

もちろん，まだ施行されていない制度であるため，その実務的運用がどのようになされるかについては，詳しい情報が十分でない点に留意されたい。

なお，届出義務者が離婚時において外国に居住している場合，離婚が成立してから，報告的届出のために離婚届書の署名押印をもらっていては届出義務期間を徒過する可能性があるので，あらかじめ用意しておいたり，先に述べた届出義務者を変更するなどの工夫が必要である。

外国人が届出人欄に記載する場合，アルファベットによるサイン（署名）でもよい（届出人欄以外はカタカナで表記する）。日本人配偶者の戸籍に外国人配偶者の氏名の記載がある場合には，その表記と同じ表記で記載する。本来の発音ではない記載で，カタカナ表記がされていることがあるが，戸籍に記載の通りで署名するよう戸籍係から指導される。中国籍や韓国籍など漢字を使用する氏名の場合は，そのまま表記すれば足りる。また，父母の姓名などは適宜読みをカタカナに書き換えて記載する。印鑑は所持していれば押印してもかまわないが，押印しなくてもよい。署名の証明は不要である。届出用紙の記載方法の詳細は，渉外戸籍の取扱実務経験が豊富な市区町村窓口に問い合わせるのがよいであろう。

在留管理制度の施行により，離婚による身分事項の届出の方法は，大き

く変わることになる。

　従来の外国人登録制度では，外国人の在留期間の途中における事情の変更，例えば離婚については，市区町村における外国人登録制度で把握され，入国や在留期間更新時等の各種許可審査は出入国管理及び難民認定法（以下，「入管法」という）により，入国管理局が行っていた。

　在留管理制度は，外国人登録制度を廃止するものであり，入管法による情報把握，管理に一元化するものである。

　したがって，配偶者としての身分が在留資格の基礎となっている場合については，離婚による外国人の身分事項の変動に際し，相手方日本人から市区町村への届出に加えて，在留管理制度施行後は，入管への届出が必要となる。

　在留管理制度の下では，これまでの外国人登録証明書とは異なり，在留カードが導入される。

　在留カードには，氏名は原則としてアルファベットで記載されるが，漢字（正字）の併記も可能となる見通しである。

　なお，中国籍の外国人等，氏名に簡体字等，日本の正字でないものが使われている場合，正字に変換して記載される。また，通称名は使用されない。

　適法に日本に中長期に滞在する外国人が日本で離婚した場合には，入国管理局に届出を行い，在留カードを変更してもらうことになる。

　日本人配偶者と離婚した外国人は，配偶者の戸籍の身分事項から消除される。

　外国の裁判所の離婚判決については，3か月以内に外国に駐在する大使等に対して報告的届出をしなければならない（戸41条1項）。

　なお，在留カードは，施行後に，上陸許可，在留資格の変更許可，在留期間の更新許可等，在留に係る許可を受けた外国人に順次交付されていく。

　従前の外国人登録制度では，離婚の届出については，必ずしも入管への届出が必要ではなかったため，日本人との結婚が在留資格の基礎となっていた外国人であっても，離婚後も当初の結婚によって与えられた在留期間満期まで，日本に滞在する例は少なくなかった。

　しかし，在留管理制度施行後は，離婚等により在留資格の基礎となって

いる事実に変動が生じ，入国管理局への届出が必要であるにもかかわらず，その事由が生じた日から14日以内に届け出なかった場合，20万円以下の罰金に処せられることがある（戸71条の3）。

このように，新たな在留管理制度において，入国管理局への離婚の届出をした後，そのまま元の在留資格で得た在留期間の満了日まで日本に滞在できるとは限らないことに注意が必要である。

例えば，「日本人の配偶者等」の資格で在留していた外国人が離婚後，正当な理由なく配偶者としての活動を継続して6か月以上行わない場合，在留資格取消しの対象となるため，離婚と必ずしも同時である必要はないものの，できるだけ早期に適切な在留資格に切り替えなければ，日本への滞在はできなくなってしまいかねない。

他方で，例えば，日本人配偶者が勝手に離婚届を出したために，在留資格取消し手続が始まったとしても，必ず在留資格が取り消されてしまうというのではなく，取消しにあたってはそれぞれの事情が判断の対象となる。

日系2世の配偶者の配偶者であり，在留資格が「定住者」である外国人など，配偶者の身分を有することのみをもって，在留資格を得ているわけではない場合には，在留管理制度のもとで離婚と入国管理局に届け出る義務はない。

平成20年1月11日に内閣府から発出された，配偶者からの暴力の防止及び被害者の保護に関する法律に基づく「基本方針」を受けて，外国人が配偶者からの暴力の被害にあった場合は，保護施策として，入国管理局などに対し，DV被害者の外国人について，居所の秘密保持や在留期間更新許可申請などについての本省への請訓や，現行入管法22条の4第1項各号（特に5号による，配偶者としての活動を継続して3か月以上行わないことなど）による取消事由についての本省への進達などがなされている（平成20.7.10管総2323号通達）。

これらの措置が，新しい在留資格制度でも維持されるかどうかは，現時点（2011年12月時点）では，まだはっきりとした情報はないが，個別事情による取消事由判断や，住民基本台帳に関する閲覧制限などの支援が引き続き実施される可能性はあろう。

2　離婚による復氏について

　日本人同士の夫婦が離婚した場合，婚姻によって氏を変更した者は，原則として旧姓に戻る（協議離婚について民767条1項，裁判離婚の場合は民771条）が，離婚の日から3か月以内に届け出ることによって，家庭裁判所の許可を得ずに離婚の際に称していた氏を称することができる（いわゆる婚氏続称届。民767条2項・771条，戸77条の2）。3か月経過後に婚氏に戻りたい場合，あるいは婚氏続称を行ったが，その後に婚姻前の氏に復氏したい場合には，「やむを得ない事由」による氏の変更許可審判（戸107条1項）の手続が必要である。

　外国人と婚姻した日本人配偶者の氏名は，結婚前と変わらず，夫婦別姓となるのが原則であるが，婚姻の日から6か月以内に届け出ることによって家庭裁判所の許可を得ずに外国人配偶者の氏に変更することができる（戸107条2項）。家庭裁判所の許可が不要であるのは，日本人配偶者の戸籍に記載された外国人配偶者のラストネーム（ファミリーネーム）を氏とする場合だけであり，双方の複合氏にする場合などは，氏の変更許可審判（戸107条1項）による必要があり，申し立てれば通常認容される。外国人配偶者の氏に変更していた日本人配偶者が離婚した場合には，当然に婚姻前の旧姓に戻るのではなく，旧姓に戻るには家庭裁判所の氏の変更審判の手続が再び必要である。

　上記はすべて，日本人配偶者の氏の変更についての記述である。離婚によって外国人の氏名が影響を受けるか否かは，離婚の効果と考えれば離婚準拠法によるべきことになるが，復氏の身分登録や戸籍上での表記に関しては当該登録所管国（多くは本国）の法による。しかし，人の氏名は人格権の問題として制定規定を欠くものの条理により本国法によるべきであるとの立場からも，その外国人の本国法によることになる。

3　子の氏について

　外国人と日本人の婚姻中に出生した子が日本国籍を留保した場合，その氏は，戸籍法の性格上，日本人親の氏と同一となる。

　しかし，親が離婚した場合，子の氏は日本人親の氏の変更と同時に当然に変更されるわけではない。子の氏を親の氏に変更するには，子の氏の変

更許可審判が必要となる（民791条）[1]。

　子が15歳以上である場合には，子が申立人となり，子が15歳未満である場合には，法定代理人が申立人となる（民791条3項）。また，氏を改めた子が成年に達したときは，1年以内に届け出ることにより，家庭裁判所の許可を得ずに，日本人親の従前の氏を名乗ることができる（民791条4項）。

　外国人との離婚に伴い，外国人配偶者の氏を名乗っていた日本人親が旧姓に戻る場合でも，子の氏を外国人親と同一にすることはできる。この場合，筆頭者である日本人親は除籍され，日本人親の婚姻中の氏名を筆頭者としたままの戸籍に子だけが従前の戸籍に残ることになる。

　外国人との離婚に伴い，外国人配偶者の氏を名乗っていた日本人がそのまま外国人配偶者の氏を名乗る場合（婚氏続称），原則として，子の氏もそのまま変更はない。

　なお，子の氏の変更許可審判を得ても，直ちに氏が変更されるわけではなく，入籍届出（創設的届出）により戸籍が変更され，氏が変わる。子の氏の変更許可審判から入籍届出までに期間制限はない。

　また，日本人親の戸籍から子を分籍するには，子自身が成人に達してからでなくてはならず，未成年の子の戸籍を外国人親権者が非親権者の日本人親の籍から分籍させることはできない。

---

[1] 例外として，昭和51年11月4日法務省民二5351号通達。これによると，離婚により復氏した親に，その者の婚姻前の戸籍に在籍する子がおり，その子を自己の新戸籍に入れる場合には，子の氏の変更許可を得ることなく，入籍できる，とされている。

第2　社会保障等の手続について

　在留管理制度の導入にあわせ，外国人住民についても，日本人と同様に，住民基本台帳法の適用対象とする「住民基本台帳法の一部を改正する法律」が2009（平成21）年7月15日に公布され，改正入管法の施行日である2012（平成24）年7月9日に同時に施行される。

　これにより，外国人住民に対し，基礎的行政サービスを提供する基盤ができることが期待されている。

　これまでは，複数国籍世帯は，外国人登録法と住民基本台帳法の2つの制度で別々に把握するほかなかったが，新たな在留管理制度においては，外国人を含む世帯全員が住民票に記載されることになるのである。

　現在，外国人が住所を移した場合，転入先の市町村長に居住地変更登録申請をするだけでよく，転出地における手続はなかった。

　しかし，改正住基法施行後は，日本人同様に，転出地の市町村長に転出届をして転出証明書の交付を受け，転入先の市町村長に転入届をすることになる。

　離婚に伴い居住地を変更する外国人は，改正入管法施行後は入国管理局への住所変更届に加え，改正住基法による市区町村長への転出入届の手続が必要となるのである。

1　医療保険

　日本の医療保険制度は，「被用者保険」と「国民健康保険」がある。外国人配偶者は，日本国内で自ら被用者保険に加入することもできれば，日本人配偶者の扶養者として被用者保険に加入することもできる。また，1年以上在住する全ての外国人は，国民健康保険料を支払うことにより，国民健康保険に加入することもできる。

　離婚する場合，日本人配偶者の扶養者として被用者保険に加入している場合には，被用者保険から脱退の手続をとることになる。被用者保険から脱退して国民健康保険に加入するためには，日本人配偶者の勤務先から「資格喪失証明書」を入手して，国民健康保険の手続において提出する必要がある（日本人同士の場合でも同様である）。

外国人の場合，日本の医療保険制度への加入は義務ではないが，万一に備えて，加入することを推奨したい。

2　子ども手当

2010年に新設された子ども手当は，国籍要件はないので，在日外国人の子も，その子が日本国籍を持たなくても，支給要件を満たせば受給できる。

2011年（平成23）10月より，子ども手当の制度について「平成23年度における子ども手当の支給等に関わる特別措置法」が施行され，制度が変更されている。

離婚紛争や外国人との関係で重要なのは次の点である。
・留学中を除き，国内居住要件が設けられたこと。
・父母等が国外にいて，子が国内にいる場合，父母指定者に対しても，父母と同一の要件（監護・生計同一）で手当が支給されること。
・離婚協議中別居の場合に，子どもと同居している者に支給されること。

なお，留学のため海外にいても，手当を受給できる要件は以下である。
① 日本国内に住所を有しなくなった前日までに日本国内に3年を超えて住所を有していたこと。
② 教育を受けることを目的として海外に居住しており，父母（又は未成年後見人）と同居していないこと。
③ 日本国内に住所を有しなくなった日から3年以内であること。

同様の制度が，外国にも存在することがあり，外国人親の仕事の都合による一時的な来日など，子の日本滞在が一時的である場合などには，日本にいる外国籍の親の子についてその親の母国から手当が支給される可能性がある。また，日本人が外国に居住している場合にも，その国の定める要件に該当する場合には，当該国の制度に基づく手当を受給できる場合がある。

なお，自治体により支給される子どもに関連する手当があるので，各自治体に問い合わせるのがよい。例えば，2011年12月現在で，東京都では父子家庭・母子家庭の子につき支給される児童育成手当（月額13,500円）があるし，それ以外にも区によって手当が存在している。

3 児童扶養手当

児童扶養手当とは，父母の離婚などにより，父又は母と生計を同じくしていない子どもが育成される家庭（ひとり親家庭[2]）の生活の安定と自立の促進に寄与し，子どもの福祉の増進を図ることを目的として支給される手当である（児童扶養手当法）。

児童扶養手当を受給する要件に，日本国籍の有無は関係ないので，日本において，子を監護しかつ生計を同じくしている外国人親は，日本人と同様の支給要件を満たす限り，児童扶養手当を受給することができる。

申請方法・支給要件・支給額などの詳細については，居住地の市町村や厚生労働省のホームページなどを参照されたい。

4 その他の社会保障

(1) 生活保護

外国人も生活保護の申請をすることはできる。しかし，外国人に対する生活保護は各自治体の裁量とされており，生活保護申請が受理されなかったりすることもあり，それに対する不服申立てもできないとされている。

もっとも，実務上は，日本人配偶者と離婚して生活に困窮した外国人に生活保護決定がなされることが多いので，自治体の窓口で事情をよく説明して，生活保護を受けることを検討するとよい。特に，日本国籍を有する子を監護養育している場合には，生活保護が受けられる可能性が高い。生活保護を受けている場合には，在留資格の取得（特に「永住者」）やその延長などには，不利益に取り扱われることが多い。日本国籍の未成年の子どもがいることを理由に生活保護決定を受けた場合，離婚後の在留資格は，「定住者」となることが多く，生活保護状態のまま「永住者」の資格を得ることは非常に難しい。また，資格の更新も，生活保護決定後は，より短期に切り替えられたりする場合がある。

日本国籍の未成年の子がいない外国人配偶者で，すでに永住資格を持っている者が，生活保護の受給により定住者や特定活動などの資格へ切り替えられた例は寡聞にして知らないが，自費で滞在することがままならない

---

2 2011（平成22）年8月1日より，父子家庭も支給の対象となった。

以上，そのような取扱いもあり得よう。
　この点，福岡高等裁判所は，平成23年11月10日，永住資格を持つ中国籍の外国人に対し，大分市がなした生活保護申請の却下処分を取り消した（判例集未登載）。
　判決中で「国は，難民条約の批准等及びこれに伴う国会審議を契機として，外国人に対する生活保護について一定範囲で国際法及び国内公法上の義務を負うことを認めたものということができる。すなわち，行政府と立法府が，当時の出入国管理令との関係上支障が生じないとの認定の下で，一定範囲の外国人に対し，日本国民に準じた生活保護法上の待遇を与えることを是認したものということができるのであって，換言すれば一定範囲の外国人において上記待遇を受ける地位が法的に保護されることになったものである」と判断されていることから，今後の実務への影響が予想される。

(2)　母子福祉貸付金
　離婚してひとり親家庭になった場合，自治体によりさまざまな福祉施策を受けられる可能性がある。代表的なものとして母子福祉貸付金制度がある（母子及び寡婦福祉法）。母子福祉貸付金は，母子家庭の母等が，就労や児童の就学などで資金が必要となったときに，在住する各自治体から貸付けを受けられる制度で，母子家庭の母の経済的自立を支援し，監護養育している子の福祉を増進することを目的としている。
　外国人母であっても，日本国籍を有する子の養育監護にあたってこうした貸付金を利用することができる（日本国籍を有しない子については自治体の裁量となろう）。しかし，日本人であっても父子家庭の父は利用することができないことが多い。ただし，自治体によって取扱いが異なるものもあるので，類似の制度の存否について，まずは問い合わせてみるとよいだろう。

第9章 離婚と在留資格

第1 離婚による在留資格への影響とその対応

1 はじめに

　日本人の配偶者を持つ外国人から離婚の相談を受けるとき，その在留資格に対する配慮は不可欠である。本章では，適法な在留資格を得ている外国人配偶者について，離婚による在留資格への影響とその対応を述べる[1]。

　外国人の在住資格としては，出入国管理及び難民認定法（以下，「入管法」という）別表第2による「永住者」（Permanent Resident），「日本人の配偶者等」（Spouse or Child of Japanese National），「永住者の配偶者等」（Spouse or Child of Permanent Resident），「定住者」（Long-Term Resident）などがある。

【入管法別表第2（2条の2，7条，22条の3，22条の4，61条の2の2，61条の2の8関係）】

在留資格	本邦において有する身分又は地位
永住者	法務大臣が永住を認める者
日本人の配偶者等	日本人の配偶者若しくは民法（明治29年法律第89号）第817条の2の規定による特別養子又は日本人の子として出生した者
永住者の配偶者等	永住者の在留資格をもって在留する者若しくは特別永住者（以下「永住者等」と総称する。）の配偶者又は永住者等の子として本邦で出生しその後引き続き本邦に在留している者
定住者	法務大臣が特別な理由を考慮し一定の在留期間を指定して居住を認める者

　以下，入管法2条の2第2項及び別表第2の規定に照らし，それぞれの在留資格と在留期間をみていく。

　「永住者」とは，「法務大臣が永住を認める者」であり，その在留期間は無期限である。在留中の活動に制限はない。

　「日本人の配偶者等」とは，「日本人の配偶者若しくは民法817条の2の

規定による特別養子又は日本人の子として出生した者」であり，その在留期間は，3年又は1年である。在留中の活動に制限はない。

「永住者の配偶者等」とは，「永住者の在留資格をもつて在留する者若しくは特別永住者（以下「永住者等」と総称する。）の配偶者又は永住者等の子として本邦で出生しその後引き続き本邦に在留している者」であって，その在留期間は3年又は1年である。在留中の活動に制限はない。

「定住者」とは，「法務大臣が特別な理由を考慮し一定の在留期間を指定して居住を認める者」であり，その在留期間は，3年又は1年並びに3年を超えない範囲で法務大臣が個々の外国人について指定する期間である。在留中の活動に制限はない。なお，改正入管法により，これまで在留期間の上限が3年とされていた在留資格について，上限が5年に伸長される。

このうち，実務上，「定住者」資格の日本人配偶者は少ない。後述するように，日本人配偶者との婚姻実態がないが，日本国籍を有する子どもと居住しているなどの長期的に安定した定住実態を考慮される場合，「定住者」資格を取得できることがある。また，前婚の前後に「定住者」資格を取得して，離婚後に日本国内で再婚している者もいる。その他の在留資格で在留している者もいる。例えば，日本人配偶者等の資格で在留していたが別居となり，日本国籍を有する子とも同居していないようなケースで，「教育」「投資・経営」などの在留資格に切り替えられる要件を満たしている場合には，早期に在留資格の変更を検討すべきである。

なぜなら，改正入管法22条の4第1項7号に規定する正当な理由がないのに，6か月以上継続して日本人の配偶者等の活動を行わない場合，在留資格が取り消されてしまうからである。

これらの規定からもわかるように，入管実務は，法務大臣裁量の要素が多く，在留資格の付与や喪失に関し，明確な基準や運用が明らかにされて

1　不法滞在の状態にある外国人配偶者については，家族法より，入管法の問題として対応していくべき要素が大きいことから，本書では触れない。入管の実務に関しては，入管実務研究会「入管実務マニュアル（改訂第2版）」（現代人文社，2007年）などを参考にされたい。また，日本に在留する外国人同士の離婚においては，離婚の事実が在留資格と直接関連しないため，本書では述べない。在留特別許可による在留ケースについても，触れない。

いないことが少なくない。また，本章で述べているのは本書執筆時の入管実務であって，今後の動向によっては，運用が変わる可能性があることに注意されたい。

2　離婚による在留資格への影響とその対応
(1)　「日本人の配偶者等」の在留資格への影響

「永住者」の資格で在留している外国人配偶者については，離婚という事実のみによってその在留資格が影響を受けることは通常ない[2]。

離婚との関係で，通常問題となるのは，「日本人の配偶者等」（「日配（にっぱい）」などと呼ばれることもある）等婚姻を基礎的な事情としての在留資格を得て滞在している外国人の離婚後の在留資格である。

「日本人の配偶者等」の在留資格につき，最高裁は，「当該外国人が，日本人との間に，両性が永続的な精神的及び肉体的結合を目的として真しな意思をもって共同生活を営むことを本質とする婚姻という特別な身分関係を有する者として本邦において活動しようとすることに基づくものと解される。」「日本人との間に婚姻関係が法律上存続している外国人であっても，その婚姻関係が社会生活上の実質的基礎を失っている場合には，その者の活動は日本人の配偶者の身分を有する者としての活動に該当するということはできないと解するのが相当である。」とした（最一小判平成14.10.17判時1806-25）。すなわち，「日本人の配偶者等」は，単に法的婚姻関係さえ存在すれば更新されるものではなく，日本人の配偶者としての身分を有し，かつ，配偶者として同居や相互扶助などの実質的な活動を継続的に行っている事実がなければ，更新されないことを明らかにした。

このような判例は，改正入管法施行後は，在留資格の取消制度，特に「配偶者の身分を有する者としての活動を継続して6月以上行わないで在留していること（当該活動を行わないで在留していることにつき正当な理

---

[2]　入管実務は，法務大臣裁量による部分が大きく，明確な基準や運用が示されていないことも少なくない。特に，「定住者」はその要件が不明瞭である。そのため，離婚を検討するようになったら，所管の入国管理局に対し，離婚を検討していることとそれに伴う次回の在留資格更新への影響の有無について，事前に相談に行くなどしておくのが無難であろう。

由がある場合を除く。)」(入管22条の4第1項7号)の解釈をめぐる問題となろう。

(2) 「日本人の配偶者等」の在留期間中に離婚をする場合

「日本人の配偶者等」の在留資格等,婚姻の実態に在留資格が依拠している場合,その在留資格を持つ外国人がその在留期間中に離婚したときには,他の在留資格に変更しない限り従前の在留資格での在留は困難となるであろう。

したがって,離婚前に,在留資格のことを考慮して,離婚後どこで生活をする予定であるのかを相談者から十分に聴き取りをしておく必要がある。

(3) 別居中に「日本人の配偶者等」の在留期限が満了する場合

別居中に在留期限が満了するケースでは,在留期間更新について注意が必要である。例えば,実質的に破綻していると認定された場合には,他に適切に変更できる在留資格がないと,出国準備のための「特定活動」(Designated Activities)に在留資格が変更され,就労に制限がなされたりする結果,出国せざるを得なくなってしまう可能性があるからである。

第2　離婚による在留資格の変更

1　「日本人の配偶者等」から「永住者」への在留資格変更

　離婚紛争の存否にかかわらず，「日本人の配偶者等」の在留資格を「永住者」に変更できれば，在留資格は最も安定する。法務省及び入国管理局は，国際人流1998年11月号（25頁）において，「永住者」への変更許可に関する運用基準を明らかにしている。

　すなわち，「日本人」，「永住者」又は「特別永住者の配偶者又は実子もしくは特別養子」について，配偶者については婚姻後3年以上の在留，又は海外において婚姻・同居歴のある場合には，婚姻後3年が経過し，かつ本法で1年以上の在留を要件としてこれを認めることとしている。

　さらに，すでに「定住者」の在留資格を得ている者については，定住許可後5年以上の在留を要件として「永住者」への変更が認められる。

　もっとも，これらの条件を具備していても，その者が現に有する在留資格の最長の在留期間をもって在留していることが必要とされる。

　したがって，以上のような要件を具備する外国人配偶者については，その在留の法的安定性を図る見地からも，「永住者」の在留資格取得を申請するのがよい。

2　「日本人の配偶者等」から「定住者」への在留資格変更

(1)　一般的要件

　一定期間以上日本人との婚姻期間が継続し，「日本人の配偶者等」の在留資格を有していた外国人に対しては，離婚後に「定住者」の在留資格が付与されることがある。しかし，その基準はケースバイケースであり，明らかではない。

(2)　夫婦間に実子がいる場合

　夫婦の間に未成年で未婚の子どもがいる場合，平成8年7月30日法務省入国管理局によるいわゆる「定住通達」により，その子を養育する外国人の親に「定住者」の在留資格が付与されている。

　すなわち，定住通達は，「未成年かつ未婚の実子を扶養するため本邦在

留を希望する外国人親については，その親子関係，当該外国人が当該実子の親権者であること，現に当該実子を養育，監護していることが確認できれば，「定住者」（1年）への在留資格の変更を許可する。なお，日本人の実子とは，嫡出，非嫡出を問わず，子の出生時点においてその父又は母が日本国籍を有している者をいう。実子の日本国籍の有無は問わないが，日本人父から認知されていることが必要である。」としている。

「定住者」の在留資格を申請しようとする外国人親が，国内でその子を実質的に監護・養育をしていれば，「定住者」への在留資格変更が認められることが多い。ただし，単に定期的に宿泊しているとか，養育費を送金しているとかの程度では，監護養育とは認められず，離婚後の単独親権に匹敵する監護を行っていることの証明が求められる。

また，実子の親権を有し，実質的に養育監護を行っている場合，経済的に困窮していても「定住者」の資格取得にはほとんど影響がないことが多い。例えば，多額の負債を抱えて外国人親が破産開始決定を得た事例や生活保護の申請を行った事例でも，「定住者」の在留資格を取得できている[3]。

したがって，夫婦の実子が存在し，親権を争っていても，実質的な単独監護権を確立し得ていない場合には，「定住者」への在留資格変更が認められず，他の在留資格が得られない限り，在留資格を失ってしまうことがありうる。在留資格を失い帰国せざるを得ないと，子との実質的な交流が完全に絶たれてしまうことになってしまい，極めて問題が大きい。

なお，外国人親に，外国籍の連れ子がいることがあるが，その場合，当該外国人親が「定住者」ないし「永住者」の在留資格を得ることができれば，その連れ子も「定住者」としての在留資格取得の可能性がある。

また，改正入管法後の在留管理制度の導入に伴い，定住者資格の取得が従前の定住通達が，どのように影響を受けるか今後の動向に注意が必要となろう。

---

[3] 破産の場合には，永住者要件を具備していたが，許可の見通しが少ないと指導を受け，定住者としたケースがある。

(3) 子がいない場合

実子がいない場合，「定住者」への在留資格変更は困難であることが多いため，後述するように，別居中であっても「日本人の配偶者等」の更新を入国管理局と交渉する場合が多い。もっとも，適法に安定して日本で生活している場合などは，日本人の実子がいなくても「定住者」への在留資格の取得ができるケースもあるので，定住者の在留資格取得を検討するべきであろう。

これまでは「出入国管理及び難民認定法第7条第1項第2号の規定に基づき同法別表第二の定住者の項の下欄に掲げる地位を定める件」(平成2年法務省告示第132号，いわゆる「定住告示」)以外でも，個々の事案ごとに法務大臣がその必要性を勘案し，子のいない外国人配偶者についても，離婚後の定住者資格の取得が認められるケースがあった。例えば，来日から3年程度実質的な婚姻生活を営み，離婚後も安定的な生活が営めるケースなどでは，定住者の資格取得が認められてきた。しかしながら，新しい在留管理制度の導入により，どのように運用が変化するか，その動向に注意が必要である。

(4) その他実務上のポイント

「定住者」の在留資格取得申請は，婚姻後間もない夫婦間における子の親権をめぐる紛争の最中に行われることもある。このようなケースでは，そもそも子の親権主張が在留資格取得目的だと非難されることも少なくない。しかし，外国人親が子の養育監護を日本で続行しようと考えている事案もあり，こうした批判はあたらないケースもあるが，中には，子を監護する意思が不十分なケースもある。そもそも結婚が偽装的であったり，実子が婚姻中の多くの期間を国外で生活しているなどのケースの場合には，日本での監護養育の意思が本当にあるのかどうかを慎重に見極める必要がある。

3 別居中の「日本人の配偶者等」の在留資格更新の可否

これまでは，別居しているとしても，「日本人の配偶者等」の在留資格を有している外国人配偶者が離婚を望まず，関係修復のための努力を継続

していたり，別居の原因が他方配偶者による暴力であったりする場合には，別居期間や前後の生活状況などを総合的に判断して，「日本人の配偶者等」の在留資格の更新を一律に認めないという取扱いはしないケースが多かった（日本人配偶者からの離婚請求を争っているのであれば，別居中であっても，「日本人の配偶者等」の在留資格更新が認められる可能性もあった）。

　新しい在留管理制度のもとでは，こうした事情は，日本人配偶者としての資格に基づいた活動を行わない「正当な理由」にあたるか否かという問題として，議論されることになろう。

　当然，別居の事実を隠して，「日本人の配偶者等」の在留資格を更新してしまうなどということはすべきではない。もし後日そのような事実が明らかになった場合，たとえ適法な在留資格更新が認められるような客観的状況があったとしても，実際の認定において不利益に扱われてしまう可能性があろう。

第3　不許可処分についての不服申立て

1　不許可処分への対応
　もしも、在留資格の更新や変更について不許可となった場合には、当事者からパスポートの申請番号や不許可通知などで不許可の事実を確認する。というのも、外国人当事者が、窓口の相談で不許可と聞き、正式な申請を行っていないことも少なくないからである。加えて、できる限り担当部門で、不許可の理由の説明を受ける必要があろう。
　また、不許可になっていても、在留資格の期限によっては、再度の申請が可能な場合もあるので、現時点での在留資格の種類と期限を確認し、再度の申請を試みる。

2　出国する場合
　在留資格の更新や変更を申請している途中で、在留期間を経過してしまうこともある。この場合には、オーバーステイにならないよう入国管理局が配慮して、出国意思と予定を確認して、特定活動の在留資格へ変更を行う取扱いをすることがある。審査中は入国管理局と連絡を取り合い、出国するのか、不服で争う考えがあるのかをきちんと伝えておく必要があろう。
　また、出国準備のための特定活動に在留資格が変更されると、就労はできなくなるので、その時点から出国までの生活費や渡航費については、あらかじめ、計画を立てておかなければならない。出国準備期間内に出国すれば、再来日に制約はない。
　もっとも、このように特定活動の在留資格に変更してしまった後で、翻意して改めて在留を希望しても、在留資格更新不許可処分取消しの訴えの利益を欠くとされていることに注意が必要である（東京地判平成4.3.9行裁集43-3-293）。

3　行政訴訟について
　不許可処分を受け、従前の在留期間を経過すると、退去強制手続が開始されることになる。不許可処分を争うには、行政訴訟を提起することになる。この点、通常の行政不服審査法の適用はないことに注意が必要である

（行政不服審査法4条1項10号）。

　取消訴訟の出訴期間は，処分を知った日から6か月間である（行政事件訴訟法14条1項）。

　不許可処分が予想され，不服申立てをする場合には，在留に関する行政訴訟（取消訴訟や無効確認訴訟）については，入管法に詳しい弁護士の援助を受けることが望ましい。

4　実務上のポイント

　まず，在留資格や在留期間については，本人が正確に説明できないことが少なくないので，パスポートの現物や外国人登録証明書（プラスチック製のカード），改正入管法施行後は在留カードなどを見せてもらって，正確に確認する必要がある。本人が実子や連れ子を同伴しているときは，子どもたちの在留資格や在留期限を確認しておくことも大切であり，同様にパスポート等の現物で確認すべきである。

　ドメスティック・バイオレンスの被害などに遭っていた外国人配偶者のケースでは，逃走防止のため，日本人配偶者が，親子のパスポートや外国人登録証明書等を取り上げ，隠してしまっているようなケースに遭遇する。被害者である外国人は，日本の法律をよく知らず，パスポートや証明書なしに外出すると逮捕されるなどと思い込んでいることも少なくない。こうしたケースでは，早期に所管の入国管理局に，ドメスティック・バイオレンスの被害に遭い，他方配偶者にパスポートや各種証明書を取り上げられて取り戻せないことなどを申し出ておけば，特段問題となることはない。この場合，本国の在日大使館などに連絡を取り，速やかな再発行の手続を取ることが望ましい。

判例・先例索引

◆ 判　例

最三小判	昭和31年2月21日（民集10－2－124）	163
東京高決	昭和31年9月21日（家月8－11－37）	199
最二小判	昭和32年7月5日（裁判集民27－27）	178
最二小判	昭和33年7月25日（民集12－12－1823）	129, 135
最一小判	昭和34年2月19日（民集13－2－174）	157
最三小判	昭和35年3月15日（民集14－3－430）	215
新潟地判	昭和36年4月24日（判タ118－107）	193
高知家審	昭和37年1月8日（家月14－4－221）	42
広島高決	昭和38年6月19日（家月15－10－130）	148
最大判	昭和39年3月25日（民集18－3－486）	22, 23
東京家審	昭和39年12月14日（家月17－4－55）	201
最大判	昭和40年6月30日（民集19－4－1114）	113
静岡家沼津支審	昭和40年10月7日（判タ198－199）	191
東京高決	昭和40年12月8日（家月18－7－31）	201
最二小判	昭和41年7月15日（民集20－6－1197）	99, 147
長崎地判	昭和42年9月5日（家月21－2－136）	134, 135
最三小判	昭和45年11月24日（民集24－12－1943）	135
仙台家審	昭和45年12月25日（家月23－8－45）	197
最二小判	昭和46年7月23日（民集25－5－805）	143, 165
福岡高決	昭和47年2月10日（家月25－2－79）	225
名古屋地判	昭和47年2月29日（判時670－77）	133
福岡高決	昭和47年12月22日（判時705－63）	42
最一小判	昭和48年11月15日（民集27－10－1323）	133
東京地判	昭和48年11月30日（家月26－10－83）	59
最三小判	昭和50年5月27日（民集29－5－641）	160
東京家審	昭和50年7月15日（家月28－8－62）	225
福岡家小倉支審	昭和52年2月28日（家月29－10－147）	148
最一小判	昭和52年3月31日（民集31－2－365）	47
最三小判	昭和53年11月14日（民集32－8－1529）	117, 156
東京家審	昭和54年11月8日（家月32－6－60）	224, 227
宇都宮地足利支判	昭和55年2月28日（下民集34－1～4－201）	59
福岡高決	昭和55年6月15日（家月34－11－27）	184
大阪地決	昭和55年6月16日（家月33－1－86）	31
最二小判	昭和55年7月11日（民集34－4－628）	145
横浜地判	昭和55年8月1日（判時1001－94）	167
佐賀家審	昭和55年9月13日（家月34－3－56）	191
東京高判	昭和56年5月26日（判時1009－67）	197
仙台高決	昭和56年8月24日（家月35－2－145）	227
最二小判	昭和56年10月16日（民集35－7－1224）	21
仙台家審	昭和57年3月16日（家月35－8－149）	42
浦和家審	昭和57年4月2日（家月35－8－108）	204, 206
大阪高決	昭和57年5月14日（家月35－10－62）	224
東京高決	昭和57年6月1日（家月35－9－72）	181
東京高判	昭和57年8月31日（判時1056－179）	135
最一小判	昭和58年3月10日（家月36－5－63）	97, 146
最三小判	昭和58年6月7日（民集37－5－611）	60
東京高判	昭和58年9月8日（判時1095－106）	166
東京高決	昭和58年12月16日（家月37－3－69）	114
東京高判	昭和59年2月24日（判時1135－61）	135
最二小決	昭和59年7月6日（家月37－5－35）	42, 201
最二小判	昭和59年7月20日（民集38－8－1051）	41, 46, 47, 139, 162
浦和地判	昭和59年11月27日（判タ548－260）	156
浦和地判	昭和60年1月29日（判タ596－73）	28
東京高決	昭和60年5月27日（家月37－10－75）	199
東京家審	昭和61年9月17日（判時1225－73）	27
東京家審	昭和62年3月31日（家月39－6－58）	204

最大判	昭和62年9月2日	（民集41－6－1423）	131, 133, 136, 146
東京高判	昭和63年4月25日	（判時1275－61）	197
新潟地判	昭和63年5月20日	（判時1292－136）	45
東京地判	昭和63年5月27日	（判タ682－208）	46
東京高判	昭和63年6月7日	（判時1281－96）	159, 167
東京地判	昭和63年10月21日	（家月41－10－145）	214
高松高決	平成元年7月25日	（家月41－12－117）	199, 216
神戸家審	平成元年11月14日	（家月42－3－94）	227
東京高判	平成元年11月22日	（家月42－3－80）	165, 167
名古屋家審	平成2年5月31日	（家月42－12－51）	208
京都地判	平成2年6月14日	（判時1372－123）	167
神戸地判	平成2年6月19日	（判時1383－154）	47, 162
最二小判	平成2年7月20日	（民集44－5－975）	96, 145
東京地判	平成2年8月3日	（家月43－7－103）	221
大阪高決	平成2年8月7日	（家月43－1－119）	225
長野地判	平成2年9月17日	（家月43－6－34）	135
大阪高決	平成2年10月31日	（判タ746－213）	220
最一小判	平成2年11月8日	（家月43－3－72）	136
岡山家審	平成2年12月3日	（家月43－10－38）	206
福島家会津若松支審	平成3年1月28日	（家月44－5－74）	216
東京地判	平成3年3月14日	（判時1387－62）	146
岡山地津山支判	平成3年3月29日	（判時1410－100）	167
東京地判	平成3年3月29日	（家月45－3－67）	48
名古屋地岡崎支判	平成3年9月20日	（判時1409－97）	129
横浜地判	平成3年10月31日	（家月44－12－105）	139, 163
東京地判	平成4年3月9日	（行裁集43－3－293）	295
大阪高決	平成4年7月31日	（家月45－7－63）	208
東京地判	平成4年8月26日	（家月45－12－102）	115
神戸家審	平成4年9月22日	（家月45－9－61）	111
山口家審	平成4年12月16日	（家月46－4－60）	228
横浜家審	平成5年3月31日	（家月46－12－53）	181
東京高決	平成5年9月6日	（家月46－12－45）	181
高松高判	平成5年10月18日	（判タ834－215）	127
最三小判	平成5年10月19日	（民集47－8－5099）	218, 235
東京高判	平成5年11月15日	（家月46－6－47）	236
秋田地大曲支判	平成5年12月14日	（判時1532－116）	163
神戸地判	平成5年12月15日	（判タ874－281）	218
京都地判	平成5年12月22日	（判時1511－131）	97
大阪家審	平成5年12月22日	（家月47－4－45）	204
最三小判	平成6年2月8日	（家月46－9－59）	137
神戸地判	平成6年2月22日	（家月47－4－60）	139, 163
札幌地判	平成6年3月24日	（判タ857－254）	218
京都家審	平成6年3月31日	（判時1545－81）	31, 208
仙台地決	平成6年4月6日	（判タ872－295）	106
東京高決	平成6年4月15日	（家月47－8－39）	184
最三小判	平成6年4月26日	（民集48－3－992）	196, 218
東京家審	平成6年5月31日	（家月47－5－52）	159
最二小判	平成6年7月8日	（家月47－5－43）	218
最三小判	平成6年11月8日	（家月47－6－26）	218
東京家審	平成7年10月9日	（家月48－3－69）	208
東京地判	平成7年12月26日	（判タ922－276）	228
仙台高秋田支判	平成8年1月29日	（判時1556－81）	163
岐阜家大垣支審	平成8年3月18日	（家月48－9－57）	206, 207

最三小判	平成8年3月26日（民集50－4－993）	164
東京家審	平成8年3月28日（家月49－7－80）	221
横浜家審	平成8年4月30日（家月49－3－75）	207
最二小判	平成8年6月24日（民集50－7－1451）	22, 23, 28
名古屋家審	平成8年9月19日（家月49－6－72）	209
名古屋高決	平成9年1月29日（家月49－6－64）	209
横浜地判	平成9年4月14日（家月50－7－90）	167
東京地判	平成9年6月24日（判タ962－224）	117
東京高判	平成9年9月18日（判タ973－252）	228
最三小判	平成9年11月11日（民集51－10－4055）	22
東京地八王子支判	平成9年12月8日（判タ976－235）	57, 237
福岡家小倉支審	平成10年2月12日（判タ985－259）	184
東京地判	平成10年2月24日（判時1657－79）	74
東京高判	平成10年2月26日（判タ1017－273）－執行判決－	58, 229
東京高判	平成10年2月26日（家月50－7－84）－財産分与－	167
東京高決	平成10年3月13日（家月50－11－81）	154
新潟家長岡支審	平成10年3月30日（家月51－3－109）	192
東京高決	平成10年4月6日（家月50－10－130）	228
最三小判	平成10年4月28日（民集52－3－853）	58, 75, 76
熊本家審	平成10年7月28日（家月50－12－28）	111
広島家審	平成11年3月17日（家月51－8－64）	228
最一小判	平成11年4月26日（判タ1004－107）	218
最三小判	平成11年5月25日（家月51－10－118）	218
福岡家小倉支審	平成11年6月8日（家月51－12－30）	184
浦和家川越支審	平成11年7月8日（家月51－12－37）	229
東京地判	平成11年9月3日（判時1700－79）	154
東京高決	平成11年9月20日（家月52－2－163）	191, 192
長野家上田支審	平成11年11月11日（家月52－4－30）	206
名古屋地判	平成11年11月24日（判タ1068－234）	60
静岡地浜松支判	平成11年12月21日（判時1713－92）	214
福岡高判	平成11年12月21日（判タ1081－280）	218
大阪高判	平成12年3月8日（判時1744－91）	159, 164, 167
大阪高決	平成12年4月19日（家月53－1－82）	191, 193, 199
最一小決	平成12年5月1日（民集54－5－1607）	201
東京高判	平成12年7月12日（家月53－5－174）	41, 47
神戸家姫路支審	平成12年9月4日（家月53－2－151）	223
浦和家審	平成12年10月20日（家月53－3－93）	208, 209
東京高決	平成12年12月5日（家月53－5－187）	225
名古屋高判	平成12年12月20日（判タ1095－233）	154
東京高判	平成13年2月8日（判タ1059－232）	58
高松高決	平成13年3月7日（判例集未登載）	213
東京家審	平成13年6月5日（家月54－1－79）	207
大阪地判	平成13年7月5日（法学教室252－175）	167
大阪高決	平成14年1月15日（家月56－2－142）	213
横浜家審	平成14年4月16日（家月54－8－48）	206
東京家審	平成14年5月21日（家月54－11－77）	206
高松高決	平成14年6月25日（家月55－4－66）	213
東京高判	平成14年6月26日（家月55－5－150）	136
最一小判	平成14年10月17日（判時1806－25）	289
東京家審	平成14年10月31日（家月55－5－165）	207
名古屋地判	平成14年11月29日（判タ1134－243）	193

東京高決	平成15年1月20日	(家月56-4-127) －引渡し－	197
東京高決	平成15年1月20日	(家月55-6-122) －保全－	216
仙台高決	平成15年2月27日	(家月55-10-78)	181, 196
東京高決	平成15年3月12日	(家月55-8-54)	196, 197, 216
最判	平成15年3月18日	(刑集57-3-371)	255
東京高決	平成15年7月15日	(判タ1131-228)	192
大阪高決	平成16年1月14日	(家月56-6-155)	226
東京地判	平成16年1月30日	(判時1854-51)	28, 163, 239
仙台高決	平成16年2月25日	(家月56-7-116)	226
広島高岡山支判	平成16年6月18日	(判時1902-61)	152
最一小判	平成16年11月18日	(家月57-5-40)	137
東京地判	平成17年2月18日	(判時1925-121)	45, 140
福岡高宮崎支決	平成17年3月15日	(家月58-3-98)	114
札幌家苫小牧支審	平成17年3月17日	(家月58-4-86)	195
仙台高秋田支決	平成17年6月2日	(家月58-4-71)	192, 215
札幌高決	平成17年6月3日	(家月58-4-84)	192, 215
大阪高判	平成17年6月9日	(判時1938-80)	161
大阪高決	平成17年6月22日	(家月58-4-93)	193, 194
東京高決	平成17年6月28日	(家月58-4-105)	192, 195
大阪家審	平成17年6月28日	(判例集未搭載(新大系①掲載))	150
旭川家審	平成17年9月27日	(家月58-2-172)	117
最三小決	平成17年12月6日	(判時1925-103)	117
最二小決	平成17年12月6日	(刑集59-10-1901)	193, 217
大阪高決	平成18年2月3日	(家月58-11-47)	205
最三小決	平成18年4月26日	(家月58-9-31)	226
名古屋高決	平成18年5月31日	(家月59-2-134)	156
東京家審	平成18年6月29日	(家月59-1-103)	224
大阪高決	平成18年7月31日	(家月59-6-44)	111
東京家審	平成18年7月31日	(家月59-3-73)	205, 208
東京高決	平成18年8月7日	(判タ1268-268)	213
最一小判	平成18年10月12日	(裁判集刑290-517)	217
最決	平成18年10月27日	(判例集未登載(判時1972-29に要約))	213
横浜家川崎支審	平成19年1月10日	(家月60-4-82)	117
広島高決	平成19年1月22日	(家月59-8-39)	192
大阪地判	平成19年2月21日	(判タ1251-339)	218
東京家審	平成19年2月26日	(家月60-2-141)	206
東京高判	平成19年2月27日	(判タ1253-235)	112, 137
大阪家審	平成19年3月15日	(家月60-4-87)	228
最二小決	平成19年3月30日	(家月59-7-120)	117, 224
広島高判	平成19年4月17日	(家月59-11-162)	163
札幌高決	平成19年6月26日	(家月59-11-186)	170
さいたま家審	平成19年7月19日	(家月60-2-149)	207
東京高決	平成19年8月22日	(家月60-2-137)	206, 207
横浜家審	平成19年9月3日	(家月60-4-90)	228
大阪家判	平成19年9月10日	(戸時630-2)	127
東京家審	平成19年9月11日	(家月60-1-108)	56, 59
東京高決	平成19年11月7日	(家月60-11-83)	207, 208
大阪高決	平成19年11月9日	(家月60-6-55)	225, 228
東京高決	平成19年11月9日	(家月60-6-43)	228
福島家会津若松支審	平成19年11月9日	(家月60-6-62)	228
広島家審	平成19年11月22日	(家月60-4-92)	228
名古屋高決	平成20年2月1日	(家月61-3-57)	170

広島高決	平成20年3月14日（家月61－3－60）	170
東京家審	平成20年5月7日（家月60－12－71）	210
最三小決	平成20年5月27日（判例集未搭載（判時2046－28に解説））	170
静岡家浜松支審	平成20年6月16日（家月61－3－64）	170
東京高決	平成20年7月4日（家月61－7－53）	221
東京家審	平成20年7月31日（家月61－2－257）	114
東京家審	平成20年8月7日（家月61－11－65）	239
最三小決	平成20年9月2日（判例集未搭載（判時2046－28に解説））	170
東京高決	平成20年9月16日（家月61－11－63）	240
岡山家津山支審	平成20年9月18日（家月61－7－69）	213
大阪高決	平成20年10月22日（判例集未搭載（家月63－9－36に要約））	194
東京家審	平成20年10月22日（家月61－3－67）	170
甲府家審	平成20年11月7日（家月61－7－65）	217
東京地中間判決	平成20年11月18日（判タ1297－307）	160
福岡高決	平成20年11月27日（判時2062－71）	216
東京高決	平成20年12月18日（家月61－7－59）	216
大阪高決	平成21年1月16日（家月61－11－70）	207, 209
東京地立川支判	平成21年4月28日（家月61－11－80）	221
名古屋高判	平成21年5月28日（判時2069－50）	154
福岡高那覇支判	平成21年5月29日（判タ1307－302）	70
大阪家審	平成21年6月4日（戸時645－31）	127
大阪高決	平成21年9月1日（判例集未搭載（家月63－9－14に要約））	194
大阪高決	平成21年12月15日（判例集未搭載（家月63－9－32に要約））	194
大阪高決	平成22年1月15日（判例集未搭載（家月63－9－19に要約））	194
福岡高那覇支判	平成22年2月23日（家月63－1－134）	32
大阪高決	平成22年3月3日（家月62－11－96）	116
大阪高決	平成22年3月15日（判例集未搭載（家月63－9－33に要約））	195
大阪高決	平成22年7月23日（家月63－3－81）	207
最二小決	平成22年8月4日（家月63－1－97）	218
最一小決	平成22年9月30日（判時2121－19）	115
東京家審	平成22年11月24日（家月63－10－59）	115
東京高決	平成23年3月23日（家月63－12－92）	221
福岡高決	平成23年11月10日（判例集未搭載）	286

◆ 先　例

昭和43年9月14日法務省民事甲3041号民事局長回答 ……………………………………277
　離縁請求調停の申立に対し、相手方から同趣旨の申出による調停が成立した場合の届出人について
昭和51年11月4日法務省民二5351号民事局長通達 ……………………………………282
　離婚等によって復氏した者につき新戸籍が編製された場合における婚姻前の子の入籍に関する取扱いについて
平成元年10月2日法務省民二3900号民事局長通達 ……………………………………43
　法例の一部を改正する法律の施行に伴う戸籍事務の取扱いについて
平成3年4月10日最高裁民二89号事務総長通達 ………………………………………63
　民事訴訟手続に関する条約等による文書の送達、証拠調べ等及び執行認許の請求の嘱託並びに訴訟上の救助請求書の送付について
平成4年8月21日最高裁総三26号事務総長通達 ………………………………………108
　事件の受付及び分配に関する事務の取扱いについて
平成8年7月30日法務省管在2565号入国管理局長通知 …………………………125, 291
　日本人の実子を扶養する外国人親の取扱いについて／いわゆる「定住通達」
平成15年11月17日法務省管総1671号入国管理局長通知 ………………………………124
　出入国管理及び難民認定法第62条第2項に基づく通報義務の解釈について
平成20年2月21日法務省入管登2446号入国管理局登録管理官通知 …………………125
　「配偶者からの暴力及び被害者の保護のための施策に関する基本的な方針」に係る外国人登録原票の取扱いについて
平成20年7月10日法務省管総2323号入国管理局長通達 ……………………………280
　「配偶者からの暴力及び被害者の保護に関する法律」及び「配偶者からの暴力及び被害者の保護のための施策に関する基本的な方針」に係る在留審査及び退去強制手続に関する措置について

● 監修者

渡辺　惺之（わたなべ　さとし）

1942年生まれ。弁護士，苗村法律事務所（大阪弁護士会）
大阪大学名誉教授，立命館大学法科大学院教授（2012年3月まで）

　　[著書]　「国際私法概論第5版」（有斐閣，共著）ほか多数

● 著　者（50音順）

大谷　美紀子（おおたに　みきこ）　【主に第Ⅰ部及び第Ⅱ部第7章担当】

1964年生まれ。弁護士，虎ノ門法律経済事務所（東京弁護士会所属）
日本弁護士連合会家事法制委員会委員・ハーグ条約に関するワーキンググループ副座長，ローエイシア家族法及び家族の権利委員会日本代表，国際家族法弁護士アカデミー会員，外国人ローヤリングネットワーク共同代表，国際人権法学会理事

　　[著書]　「国際人権法実践ハンドブック」（現代人文社，共著）ほか多数

榊原　富士子（さかきばら　ふじこ）　【主に第Ⅱ部第1章〜第6章担当】

1953年生まれ。弁護士，さかきばら法律事務所（東京弁護士会所属）
早稲田大学大学院法務研究科教授，日本弁護士連合会両性平等に関する委員会委員，日本家族＜社会と法＞学会理事，ジェンダー法学会理事

　　[著書]　「離婚判例ガイド」（有斐閣，共著），「女性と戸籍」（明石書店）ほか多数

中村　多美子（なかむら　たみこ）　【主に第Ⅱ部第8章・第9章担当】

1971年生まれ。弁護士，弁護士法人リブラ法律事務所（大分県弁護士会所属）
日本弁護士連合会家事法制委員会委員，独立行政法人科学技術振興機構社会技術研究開発センター「不確実な科学的状況での法的意思決定」プロジェクト代表

渉外離婚の実務
―離婚事件の基礎からハーグ条約まで―

定価：本体3,200円（税別）

平成24年2月2日　初版発行	
監修者	渡　辺　惺　之
著　者	大　谷　美紀子
	榊　原　富士子
	中　村　多美子
発行者	尾　中　哲　夫

発行所　日本加除出版株式会社
本　社　郵便番号 171-8516
　　　　東京都豊島区南長崎3丁目16番6号
　　　　　ＴＥＬ（03）3953-5757（代表）
　　　　　　　（03）3952-5759（編集）
　　　　　ＦＡＸ（03）3951-8911
　　　　　ＵＲＬ　http://www.kajo.co.jp/
営業部　郵便番号 171-8516
　　　　東京都豊島区南長崎3丁目16番6号
　　　　　ＴＥＬ（03）3953-5642
　　　　　ＦＡＸ（03）3953-2061

組版・印刷・製本　㈱倉田印刷

落丁本・乱丁本は本社でお取替えいたします。
© 2012
Printed in Japan
ISBN978-4-8178-3974-9 C2032 ¥3200E

JCOPY 〈(社)出版者著作権管理機構　委託出版物〉

本書を無断で複写複製（電子化を含む）することは、著作権法上の例外を除き、禁じられています。複写される場合は、そのつど事前に(社)出版者著作権管理機構（JCOPY）の許諾を得てください。
また本書を代行業者等の第三者に依頼してスキャンやデジタル化することは、たとえ個人や家庭内での利用であっても一切認められておりません。

〈JCOPY〉ＨＰ：http://www.jcopy.or.jp/, e-mail：info@jcopy.or.jp
　　　　電話：03-3513-6969, FAX：03-3513-6979

幅広い層に対応する、調停実務の指針となる一冊。

離婚調停

秋武憲一 著

A5判　392頁　定価3,308円（税込）　2011年10月刊　商品番号：40437　略　号：離婚調停

- ●基礎知識と具体的設例を交えながら丁寧に解説しています。
- ●調停時に気をつけるべき「注意点」、わかりにくい法律用語をやさしく解説した「用語解説」が基礎理解に役立ちます。

離婚調停を適切妥当に運営するための知識と技法を解説。

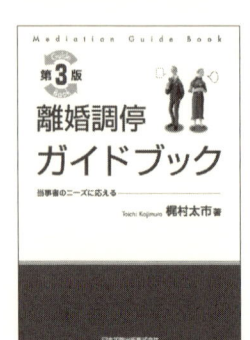

第3版 離婚調停ガイドブック
当事者のニーズに応える

梶村太市 著

A5判　552頁　定価4,935円（税込）　2007年10月刊　商品番号：40232　略　号：離

- ●平成15年初版以来、支持され続けているロングセラー書籍です。
- ●離婚法や調停手続法の単なる解説ではなく、実務をどのように運営すべきかという視点から解説しています。

日本加除出版

〒171-8516　東京都豊島区南長崎3丁目16番6号
営業部　TEL（03）3953-5642　FAX（03）3953-2061
http://www.kajo.co.jp/